麦肯锡说，未来20年大机遇

[美] 理查德·多布斯 (Richard Dobbs)
[美] 詹姆斯·马尼卡 (James Manyika) ◎著
[美] 华强森 (Jonathan Woetzel)
谭　浩　◎译

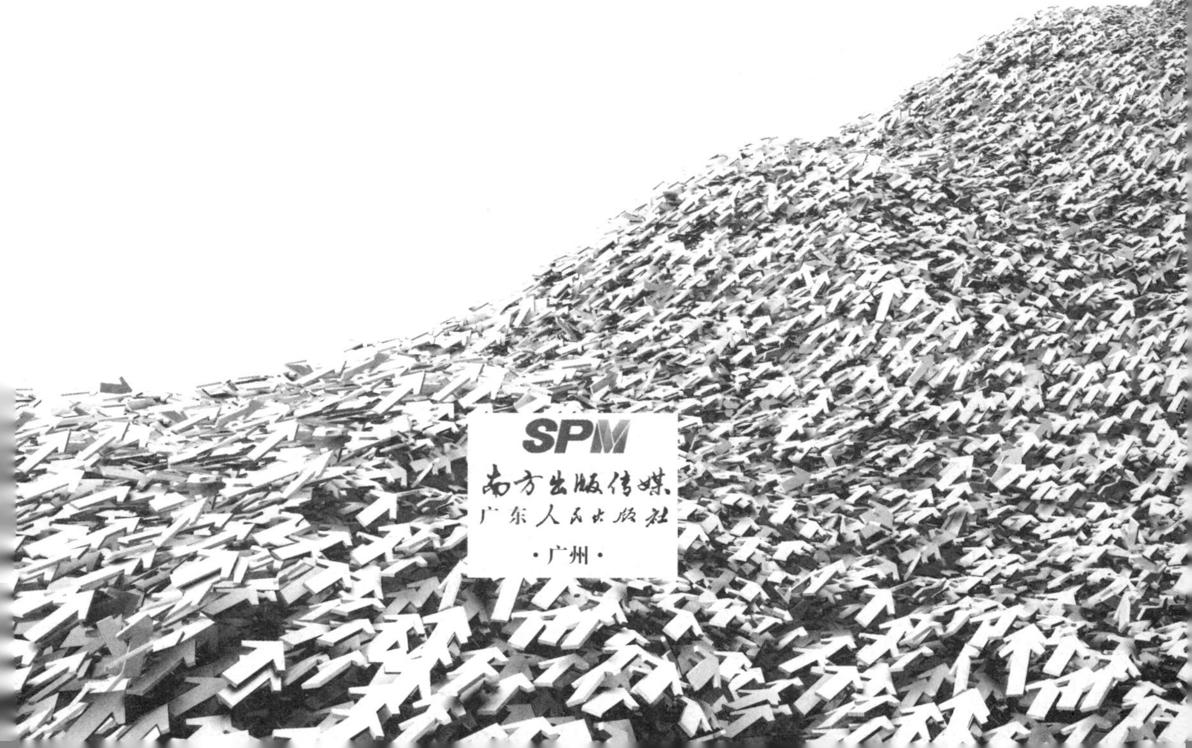

SPM
南方出版传媒
广东人民出版社
·广州·

图书在版编目（CIP）数据

麦肯锡说，未来20年大机遇/（美）多布斯，（美）马尼卡，（美）华强森著；谭浩译.
— 广州：广东人民出版社，2016.4
ISBN978-7-218-10621-2
Ⅰ.①麦… Ⅱ.①多… ②马… ③华… ④谭… Ⅲ.①世界经济－研究 Ⅳ.① F11
中国版本图书馆 CIP 数据核字（2015）第 294250 号

No Ordinary Disruption: The Four Global Forces Breaking All the Trends by Richard Dobbs, James Manyika and Jonathan Woetzel
Copyright © 2015 by McKinsey and Company
Simplified Chinese translation copyright © 2016 by Grand China Publishing House
Published by arrangement with PublicAffairs, a Member of Perseus Books LLC through Bardon-Chinese Media Agency.
All Rights Reserved.

No part of this book may be reproduced in any form without the written permission of the original copyrights holder.

本书中文简体字版通过 Grand China Publishing House（中资出版社）授权广东人民出版社在中国大陆地区出版并独家发行。未经出版者书面许可，本书的任何部分不得以任何方式抄袭、节录或翻印。

MaiKenXi Shuo,WeiLai20NianDaJiYu
麦肯锡说，未来20年大机遇
[美]理查德·多布斯　詹姆斯·马尼卡　华强森　著
谭　浩 译　　　　　　　　　　　版权所有　翻印必究

| 出　版　人：曾　莹
| 策　　　划：中资海派
| 执行策划：黄　河　桂　林
| 责任编辑：肖风华　古海阳　张　静
| 特约编辑：乔明邦
| 版式设计：张　英　何星星
| 封面设计：WONDERLAND Book design　仙境 QQ:344581934
| 出版发行：广东人民出版社
| 地　　址：广州市大沙头四马路 10 号（邮政编码：510102）
| 电　　话：(020) 83798714（总编室）
| 传　　真：(020) 83780199
| 网　　址：http://www.gdpph.com
| 印　　刷：深圳市彩美印刷有限公司
| 开　　本：787mm×1092mm　1/16
| 印　　张：17　　字　数：219 千
| 版　　次：2016 年 4 月第 1 版　2016 年 12 月第 4 次印刷
| 定　　价：42.00 元

如发现印装质量问题，影响阅读，请与出版社（020-83795749）联系调换。
售书热线：(020) 83790604　83791487　　邮　购：(020) 83781421

作者致辞 NO ORDINARY DISRUPTION

我们相信,即便在趋势突破时代,乐观主义者依然会赢得胜利。正是由于这些强大的趋势力量,我们生活的这个世界,在下一个20年甚至更远的未来将会变得更好。塑造未来世界的人一定是那些非常了解我们正在见证的变革的程度和持久性,并愿意重置直觉的人,他们也必将获得丰厚回报。

权威推荐

劳伦斯·H. 萨默斯（Lawrence H. Summers）
美国前财政部部长

没有人能预知未来，但《麦肯锡说，未来20年大机遇》却打开了"未来魔瓶"的盖子。通过阅读本书，你就可以知道做哪些准备，以应对未来，任何有心改变未来的人都应该仔细研读本书。

埃里克·施密特（Eric Schmidt）
谷歌公司执行主席

《麦肯锡说，未来20年大机遇》是一本不同寻常的商业书。商业与科技业内人士或周围人士听到"颠覆"一词有一段时间了，但本书作者给了它更加新颖和令人激动的意义。他们不仅给出了有预见性的诊断，也给出了具体建议——每天如何应对变化越来越快的世界。他们描述的巨变可能是势不可挡的，但他们的卓越工作，激发了人们从智慧、人性和深刻的乐观精神正视未来。

麦安哲（Andrew Mackenzie）全球矿石巨头必和必拓 CEO

  本书对过去 20 年里发生的变革，进行了一次引人注目的和严苛的诠释。全球各领域的领导不得不直面这些变革，替换脑袋里的陈旧思维和老一套决策思维，以应对短期内剧增的波动性，并把目光锁定在长期。对于政策制定者、银行家、企业精英和非政府组织的从业人士等有志于升级他们的全球视野，以帮助他们实现当下的目标。

雷德·霍夫曼（Reid Hoffman）
领英（LinkedIn）联合创始人兼执行官

  世界的连通性越来越强，越来越复杂。互联网时代，我们必须有一种全新的战略。《麦肯锡说，未来 20 年大机遇》告诉我们面对科技和不断加速的商品、资本和人才等方面的转型时，如何制定战略。本书也告诉我们如何让自己做好准备，以应对充满无限变革和无数机会的未来。我非常赞许本书，并推荐阅读。

《新加坡海峡时报》(Singapore Straits Times)

  麦肯锡研究院的三位研究员在《麦肯锡说，未来 20 年大机遇》一书中指出，一个相当不同的世界正在来临，世界的运营体系甚至在你读这本书时都正在被重写。科技向来是一种强大的力量，足以改变现状，今天的不同之处是科技已经入侵到我们生活的方方面面，且变革的速度正在越来越快。

《价值漫步》(Value Walk)

  一种及时又重要的分析，关于我们如何重置直觉，认清影响全球经济的冲突与改革四种力量。《麦肯锡说，未来 20 年大机遇》通过出其不意的视角，令人印象深刻的洞察力，使我们能够快速抓住现实工作与生活中的破坏力。

余永定
中国社会科学院学部委员

在预测宏观趋势方面,麦肯锡一直走在全球前沿。《麦肯锡说,未来20年大机遇》详细阐述了在接下来20年里可能改变世界的四种力量:崛起的新兴市场、技术加速变革、人口结构变化和全球互联。形势逼近我们不得不对产品、市场、竞争、客户等方面进行一轮彻底的思维革命。

《商界风云》（BusinessWorld）

  三位作者对现在的和将来的主流趋势进行了激动人心的分析。从不同领域收集了各种数据，并对这些正在改变我们看到的世界的颠覆性力量进行了引人注目的评论。

《全球设计》（Global by Design）

  《麦肯锡说，未来20年大机遇》的独特之处是把四种颠覆性力量拧合在一起，语言又兼具洞察力和一些奇闻趣事。本书胜在快速概括了政商领袖面临的力量和挑战，并借助现实世界中的案例进行了诠释。

《图书馆杂志》（Library Journal）

  《麦肯锡说，未来20年大机遇》是一本研究全球化对商业影响的有趣作品。

《科克斯书评》（Kirkus Reviews）

  危险！机会！麦肯锡研究院的三位研究员奉上了他们对未来的研究与预测，企业、组织、城市以及国家的领导者当下遇到的困难，经常面对的变革。自由论者看完此书，可能要惊声尖叫；而投资者看完此书则会关注新兴市场，并发现价值。

作者简介

理查德·多布斯（Richard Dobbs）
麦肯锡咨询公司董事
麦肯锡全球研究院主席

多布斯毕业于牛津大学，在麦肯锡咨询公司工作超过25年。他曾在韩国首尔生活过6年，现居伦敦。他拥有与高科技、石油及公共事业等行业客户合作的经验。2004～2009年，他担任麦肯锡企业融资实践部的联合领导人。

在麦肯锡全球研究院工作期间，他负责领导城市化、资源市场、资本市场以及生产力和增长等全球趋势方面的研究工作。多布斯的研究成果经常见诸《麦肯锡季刊》以及其他权威期刊。他还是畅销书《价值：四个会议》(Value: The Four Conferences)的合著者。多布斯曾在牛津大学赛德商学院、首尔大学和清华大学担任教职。

詹姆斯·马尼卡（James Manyika）
奥巴马总统全球发展委员会的9位委员之一
布鲁金斯学会（美国著名智库）高级研究员

马尼卡现担任麦肯锡公司全球高科技、媒体和通讯实践领导职务。马尼卡在津巴布韦的哈拉雷出生并长大。就读于牛津大学，并获得罗兹奖学金和电气工程博士学位。自20世纪90年代末来到硅谷后，他曾供职于多家世界顶尖的软件、系统、互联网、媒体和通信公司。马尼卡在创新、竞争力和科技对商业和经济的影响等方面的研究发表在许多商业出版物上。

华强森（Jonathan Woetzel）
麦肯锡全球研究院董事
非营利智库"城市中国计划"联合总裁

华强森自1985年以来常驻中国，长期负责麦肯锡公司在中国的业务。他现在领导麦肯锡"城市特别倡议"项目。他在几十个政府合作项目以及与能源、房地产、可持续性和经济发展等相关领域的业务经验十分丰富。他著有4本与中国有关的著作《中国经济的对外开放》（China's Economic Opening to the Outside World）、《资本中国》（Capitalist China）、《运营中国》（Operation China）（合著）以及《一小时读懂中国》（The One Hour China Book）（合著）。

颠覆所有趋势的四种力量

→ 经济活动和推动力开始向中国等新兴市场及其城市转移

→ 技术的范围、规模和经济影响力的加速

→ 全球人口结构的变化

→ 世界在贸易、资本、人口以及大数据等方面的连通程度增加

目 录 NO ORDINARY DISRUPTION

前　言　直觉重置：棋盘的另一半　1

第 1 章 | 超越上海
折返的经济钟摆　1

"一带一路"、亚投行、丝路基金等重磅战略无一例外地指向中国西边，全球经济重心真的会重返中亚？经济超体美国甘心被边缘化？中国用一场轰轰烈烈的造城运动让全球政商人士目瞪口呆，事后众多名流才猛然醒悟，恨失商机，但为什么事前没有人能预测呢？

经济重心重回中亚？　4
城市的世纪：让贫困农民变身高产工人　7
强大的增长引擎：城市的"甜蜜和美好"　9
新兴城市的市场攻防原则　12

第 2 章 | Uber 打车软件
科技加速变革的冰山一角　21

美国的技术大亨要颠覆一个行业易如反掌，但碰到一群倔强的"绅士"，事情就变得分外棘手了。毫无互联网经验的的士司机涌上伦敦街头，用一场大罢工向 Uber 讨说法，但疯狂的叫嚣，最后演变成低沉的哀号，这到底是 Uber 惹的祸，还是司机的无理取闹？

创新打通经济的"神经系统"　25
挑战现状的 12 项突破性技术　26
数据雪崩 VS 海量信息　31
陡峭的技术采纳曲线：微信 2 年狂揽 3 亿用户　33
"早起的鸟儿"有赌局　35
坚守五大原则，与"新常态"同步　37

第 3 章 | 老龄化的挑战
人均寿命超过 100 岁的世界是什么样？　47

一个国家的人口骤降 27%，结果会怎样？"鬼城"不只出现在中国辽阔的内蒙古草原，也散布在欧洲的波罗的海沿岸，不同的是，前者是人为的，而后者则是被不可抗拒的人口魔咒所束缚。

"鬼城"与都市之争：人口之殇　51
从"世界工厂"到"世界养老院"　53
银发越来越多，劳动力越来越少　55
退休年龄延迟到 70 岁？　57
老龄化：遗留成本 or 稀缺资源？　59

第 4 章 | 贸易、金融、人口和大数据
势不可挡的全球流通性　69

互联网普及率只有 16% 的非洲，却可以让近 50% 的居民随时

随地上网。互联网和移动互联网究竟是一对相生相伴的兄弟，还是一对相生相克的冤家？

几百年来，经济和贸易从来就是并驾齐驱，2009 年，为何全球经济急剧萎缩，而贸易却突增数倍？

暴增的"南南"贸易　73
无须把电子货币装上货轮　74
国际移民指数级增长　76
寻找流量里的万亿商机　77
撼动全球竞争根基　79
顺应互联的世界：从"价值链"到"价值网"　83

第 5 章　下一个 30 亿

即将买下全世界的新消费者　91

"双十一"原本只是单身大学生自嘲的小众"光棍节"，经阿里巴巴推广，如今成为全民狂欢的购物节，单日零售额高达 93 亿美元。

当电商平台依靠互联网疯狂揽金时，实体商超的冬天真的会降临吗？春天又在哪里？

逆转的消费者"东南飞"现象　94
临界点：趋向高端的消费狂潮　95
科技：知名公司被消费者欺骗？　98
到新兴市场去　99

第 6 章　反转的资源超级周期

粮食与矿石的"战争与和平"　113

中东地区爆发一浪高过一浪的"面包暴动"，英国战后首次发放援助食品，美国接受救助的人数逐年上升，在水力压裂技术的促进下，美国从最大石油消费国摇身变成最大生产国……看似独立的现象背后隐藏着怎样的隐秘丝连？

"资源超级周期"的尽头　117
需求：到火星开采资源　119
供给：政治阴霾下的畸形弹性　120
互联性：全球是一个市场　121
环境：不可忽略的隐性成本　123
高昂的生产，棘手的回收　124

第7章　嗜血的狼性
对廉价资本说再见？　137

特斯拉汽车还没上市，消费者就争先缴纳了1.6亿美元购车款，并作为运营资本，这是空手套白狼，还是融资方法的大胆创新？

资本价格误闯不确定通道　141
"储蓄罐"资金日益减损　143
低利率，高债务，新均衡？　146
企业不再断粮的5种策略　148

第8章　如果你的助理是机器人
错位的劳动力市场　157

机器人替代流水线工人，在工厂里很常见；机器人清洁卫生，也没什么奇怪。

可如果你遇到一位机器人推销员，且说得你没有理由不购买他的产品，你的内心会经历怎样的挣扎，又会做出多少努力，才能坦然接受"世界上根本没有机器人无法替代的工作"这样的事实？

或许，老板只想招聘机器人　161
技术改变工作性质　162
中国的劳动人员锐减50%？　164
人员与技能的超级大错位　165

第 9 章　小鱼吃鲨鱼

遁形的新竞争者　　177

电商诞生以来，惨烈的竞争就如影随形，在黎明前夜，第一个看到曙光的 eBay 却被出生在公寓里的淘宝灭掉，当新竞争对手掌握了遁隐术，又信奉着"小鱼吃鲨鱼"的游戏规则时，你应该以不变应万变，还是以万变应万变？

被彻底颠覆的竞争规则　180
层出不穷的新兴市场竞争对手　182
小鱼和鲨鱼，价值蚕食与分享？　184
如果给汽车安装黑匣子……　185
自我颠覆：新竞争文化的秘诀　188

第 10 章　不可或缺的政府

"看得见的手"与"看不见的手"　　197

从"欧洲病夫"到"经济奇迹"，短短 10 年，德国的经济转型速度为何如此之快？中国有何借鉴之处？急需移民的欧洲又极力驱逐难民，在一进一出的人口流动中，欧洲政策制定者的内心经历了怎样的挣扎？倒在欧洲偷渡路上的人们到底是经济的替罪羊，还是政治的牺牲品？

变革：决策人的串场路演　200
全球竞争和技术突破的就业政策　201
未来治理启示录　209
赢家通吃：新商业机会的共性　217

结　语　世界，不只是几页幻灯片　220

致　谢　228

参考书目与延伸阅读　231

直觉重置：棋盘的另一半

前　言

　　即便是在最好的时代，管理任何一个复杂组织都不会是一件容易的事情。如果各种各样的信息扑面而来，并不断提醒你，你熟悉的世界的运行方式似乎都是错误的，或者根本不靠谱，那么，管理一个组织就会变得更加困难了。变化不知从何而来，但又无处不在。即使最细心谨慎的人也会对这种变化感到意外——起初，变化发生得极为缓慢；然后，在突然间，一切都变了。各种行业、公司、产品、技术，甚至各个国家和城市的命运仿佛在一夜之间，以一种无法预测的方式，经历了翻天覆地的变化。现实生活中发生的事情正在以各种方式颠覆人们坚持的公认假设、长期预测以及有关全球经济运行方式的基本信条。

◆ 多年以来，全球零售业的目光一直盯着美国消费者。他们是全世界实力最强大、最多产的消费人群，代表着全球购物者的良好水平。在"网购星期一"（Cyber Monday，感恩节假期后的第一个星期一）当天，各大媒体都充斥着对电子商务热潮的报道。2014年12月1日，美国消费者创造了26.5亿美元的网购交易额。然而，仅在数周前，一个更大的"在线购物炸弹"被引爆了。11月11日是中国的"光棍节"，这个非官方节日迅速成为商家营造的一个消费时点。据说，这个节日是单身大学生为了抵制情人节于20世纪90年代发起的。如今，它已成为世界第二大经济体最引人注目的网购狂欢节。2014年11月11日，中国最大的网络零售商阿里巴巴的在线交易额高达93亿美元，创造了单日线上成交额的全球纪录。

◆ 2013年10月，美国能源情报署宣布了一条令人震惊的消息。能源消耗大国美国直到最近还在与矿物燃料生产持续下滑较劲。不过，它即将超越俄罗斯，成为2013年全球最大的碳氢能源生产国。事实上，由于水力压裂技术的出现，美国的天然气和原油产量持续快速攀升，但让美国能源情报署感到意外的是增速如此之快。1年前，该署预计，美国要到2020年才能超越俄罗斯。2004～2014年，仅北达科他州的原油产量就增长了10倍，从而逆转了该州持续数十年的人口减少趋势。

◆ 2014年2月19日，Facebook以190亿美元高价收购了仅有5年历史的创业公司WhatsApp。2009年年中，雅虎的两名前雇员创立了WhatsApp，他们开发的即时通讯应用软件现已拥有4.5亿用户，比Twitter的用户，甚至比美国的总人口还多。但在华尔街上，许多银行家并不熟悉这家公司。这款免费的手机通讯应用软件在新兴市场具有巨大吸引力，同时也拥有庞大的用户群。Facebook得益于向移动领域的成功又快速的转型，使它能够轻松承担这笔天价收购。2012年早期，Facebook的移动广告收入几乎为零，但到了2014年第三季度，移动广告收入在广告总收入中的占比已达66%。

◆ 2014年9月24日，全世界都可以看到这样一个熟悉的场景：在一间任务控制中心，一群科学家欢呼雀跃，正在庆祝取得一项科技成果。只是这次有所不同。该控制中心位于印度南部，而不是美国得克萨斯州南部。在这里，大部分科学家都是身着颜色鲜艳的沙丽服装的印度人。印度空间研究组织团队正在庆祝发射的飞行器成功进入火星轨道。印度总理莫迪模仿《星际迷航》中的修辞风格说道："我们超越了人类事业与创新界限。我们敢于深入未知领域。"最令人惊叹的是，这次冒险只花费了7 400万美元。莫迪指出，此次的项目费用还不及好莱坞科幻电影《地心引力》的摄制成本。这个将在太空运行近一年的"曼加里安"火星探测器体现了印度节约型创新文化。通过使用轻型设备，采用改造其他用途的零部件和采用工程技艺降低成本，印度成为第四个将飞行器成功送入火星轨道的国家，同时也是第一个首次发射火星探测器就取得成功的国家。

这些伟大而重要的故事蕴含着让人时而困惑，又时而愉悦的共同情节。速度、惊喜以及巨大又快速转向的全球市场，通常会对现有公司的命运造成冲击，同时也为新进入者创造了机会。

事实上，我们生活在一个几乎不停地遇到非连续性的世界里。竞争对手以近乎隐秘的方式崛起，突然间出现在你面前。那些在宽广护城河保护下的企业发现他们的防御工事其实早已不堪一击。巨大的新兴市场似乎像变戏法一样凭空出现。技术和全球化正在加速，并且加强了市场竞争的自然力量。曾经平滑的长期趋势线现在变成更像锯齿状山脊、曲棍球棍或富士山剪影，先稳步上升，后急转掉头向下。5年时间虽短，但足以发生很多事情。

中国已成为全球假日经济主导国，美国已成为最大石油生产国，一款手机通讯应用软件价值190亿美元，印度已成为空间探索的领先力量，这些新常态给公司、机构、城市和国家的领导者带来的困难，往往也是现实的挑战。许多高层领导者的经验来源于一个罕见的全球经济温和增长期。经济学家詹姆斯·斯多克（James Stock）和马克·沃森（Mark Watson）提出，人们有充分理由认为2008年金融危机爆发前的25年是一个"大缓和时期"（Great Moderation）。利率下降助涨了股票、债券以及房屋等资产的价格。自然资源变得越来越丰富，越来越便宜。就业机会非常充足，似乎总有训练有素的工人源源不断地填满工作岗位。某个行业一旦被技术和贸易颠覆和瓦解，大多数受到冲击的劳动力都能在其他行业重新找到工作。就像日夜轮换一样，房屋和投资品的价值每年都在毫无悬念地上涨。在发达经济体中，父母们普遍认为，孩子长大后的世界会比现在更加繁荣。即使消费者和政府没有现金，也可以借钱购买任何东西。当然，这一路上也会有磕磕绊绊。但总体上来说，"大缓和时期"正是这样一个连续又持久的发展趋势。

我们曾经熟悉的世界一去不复返。2008年金融危机是自"大萧条"以来最严重的经济萎缩，一大批破坏性技术、趋势和发展要素联手打破了宁静的世界。让"大缓和时期"的投资者和管理者过上舒适生活的长期趋势也被决然颠覆了。在经历了近30年的低利率时代后，资本的成本进一步下降的空间消失了。在接下来的20年里，资本的成本将步入上升通道。自然资源的价格长期稳步下降的时代已结束，从粮食到钢铁等所有商品的成本都变得越来越不稳定。全球人口增长慢慢停止，劳动人口加速老龄化，适龄劳动人口增长变缓和中国加入全球贸易体系所带来的人口红利将会消失，转而变成人口赤字。虽然国家间的不平等现象正在持续缩小，但在全球大部分地区，尤其在工作技能较低的地区，人们正面临着比他们的父辈更加贫困的风险。

这仅仅是一个开始。

一个截然不同的世界正在形成。就在我们说话间隙，全球经济的运行体制已被改写。这个改写过程缓慢演变、逐步展开，然后往往以爆炸的方式呈现出来，而不会以更新运行体制的方式引起人们注意。

冲击转型期变化的四种颠覆性力量

我们认为，受到四种颠覆性力量影响，今天的世界大体上处于一个剧烈的转型期。从发达经济体的工业革命时期到今天，这四种颠覆性力量之中的任何一种力量都可以列入最伟大的全球经济推动力名单之上。

虽然我们所有人都知道破坏正在发生，但大多数人无法理解这种力量的严重性以及随之而来的二级效应和三级效应。正如波浪的放大效应一样，这些颠覆性力量在相互作用，相互重合和相互依存的过程中不断积蓄能量、震级和影响力。总而言之，它们正在制造巨大的变化。

第一种颠覆性力量是经济活动和推动力开始向中国等新兴市场及其城市转移。新兴市场正在经历发达国家从19世纪开始的工业革命和城市革命。全球经济的力量均势正在高速东移和南移。2000年，95%的《财富》世界500强企业的总部都在发达国家，比如壳牌石油、可口可乐、IBM、雀巢和空中客车等。2025年，中国将超越美国和欧洲，成为更多大型企业的总部所在地。我们预计将近50%的年营业收入在10亿美元以上的大型全球公司来自新兴市场。"在过去几年里，我们法兰克福总部的员工开始抱怨'最近很少看到你了'，"德意志银行前首席执行官约瑟夫·阿克曼这样说，"好吧，我们的增长已经转移到亚洲、拉丁美洲和中东等地方了，这就是原因。"

同样重要的是，经济活动也会在新兴市场之间转移。每年，全球新增城市人口650万，相当于每年增加一座芝加哥市。2010～2025年，全球近50%的GDP增长来自新兴市场的440个城市，这其中95%的城市都是西方各领域的领导者从未听说过的，甚至无法在地图上指出来的中小型城市。孟买、迪拜和上海当然在此列。除此之外，中国台湾地区的新竹市已经是先进电子与高科技中心。巴西和乌拉圭边境线上的圣卡塔琳娜州是电子产品和汽车制造的区域性中心，同时也是万高电机南美洲总部所在地。我们估计，中国的天津市2010年的GDP在1 300亿美元左右，与瑞典首都斯德哥尔摩相当。我们预计，天津在2025年的GDP将增长到6 250亿美元，约等于瑞典全国的GDP总和。

第二种颠覆性力量是技术的范围、规模和经济影响力的加速。从印刷术、蒸汽机到互联网，技术始终是颠覆现状的一股强大力量。时至今日，不同之处在于，技术在我们的生活中的普遍性和变革的速度。麻省理工学院的埃里克·布林约尔松和安德鲁·迈克菲合著了畅销书《第二次机器革命》(*The Second Machine Age*)。他们在该书中把当前这个时代命名为"棋盘的另一半"。这是布林约尔松和迈克菲对一个关于指数级增长的古老故事的现代解读。故事是这样的：

> 一位中国皇帝对象棋的发明感到十分满意，于是他要奖励发明象棋的人。这位发明家在开始时只要求皇帝在棋盘的第一个方格内放 1 粒米，在第二个方格内放 2 粒米，第三个方格中放 4 粒米，第四个方格内放 8 粒米。总之，后面一个方格内的米粒数是前面一个方格的 2 倍。就这样放到棋盘一半的方格时并没有发生什么特别的事情。发明家得到了 1 匙米，接下来，他得到的米粒就要用碗和桶计算了。这个故事的结局有很多版本，其中有一个版本是皇帝破产了，发明家取代了皇位。因为在翻了 63 倍之后，米粒总数是 1 800 万万亿颗，足以覆盖地球表面两层。

未来学家兼计算机科学家雷蒙德·库兹威尔曾指出："自从第一台可编程计算机在'二战'期间被发明出来，计算机的运算性能已经提升了 32 倍多。"近年来，随着创新速度和扩散速度的成倍增加，科技将会超出人类直觉可以预测的范围，开始呈指数级变革和增长。

计算机的处理能力和互联性只是这个故事的一部分。随之而来的数据革命使计算机的影响力成倍放大，将前所未有的巨大信息量送入消费者和企业的手中。以技术为支撑的商业模式从阿里巴巴这类在线零售平台向 Uber 打车应用软件扩散。正因为这些互相放大的力量，越来越多人能够享受到一个高科技小配件、即时通讯以及无限信息的黄金时代。科技为拥有数十亿人口的新兴经济体的经济发展提供了保证，而如果没有移动互联网，这样的发展速度是不敢想象的。20年前，全世界拥有手机的人口还不到3%，有机会使用互联网的人更是不到1%。今天，全世界2/3的人都拥有手机，1/3的人能够通过互联网交流。就像WhatsApp一样，技术让企业能够以更少资本实现更快速扩张。如今，创业者和创业型公司往往享有大型现有公司所不具备的优势。技术应用与创新的节奏正在缩短企业的生命周期，迫使管理者不得不更加高效地制定决策和调配资源。

第三个改变世界的颠覆性力量是人口。简单来说，全球人口正在趋于老龄化。生育率持续下降，银发人口的比重快速增长。曾几何时，老龄化仅在发达国家表现得十分明显。在过去几年里，日本和俄罗斯的人口都在减少。如今，人口赤字正在向中国扩散，之后还将席卷拉丁美洲。老龄化意味着在全球大部分地区，人口将有史以来第一次进入增长停滞期。30年前，仅有很少比例的人口生活在出生率大大低于标准人口替代率（平均每个女性生育2.1个孩子）的地区。2013年，生活在低于人口替代率国家的人口已经占到全球人口的60%左右。这是一种沧海桑田的变化。欧盟委员会预计，2060年，德国人口将减少1/5，适龄劳动人口将从2010年的5 400万人降到2060年的3 600万人，下降幅度可能会低于法国。由于中国执行严格的计划生育政策，中国的劳动力在2012年达到峰值。泰国的生育率已经从20世纪70年代的5降至今天的1.4。如果生产率不变，适龄劳动人口的减少意味着较低的消费增长，从而导致经济增长总体水平受到抑制。赡养大量老龄人口将对政府财政造成沉重压力。

最后一个颠覆性力量是世界在贸易、资本、人口以及大数据等方面的互联程度，即我们所谓的"流动"。一直以来，贸易和金融都是全球化进程的一部分。在最近几十年里，这一状况发生了巨大改变。全球贸易体系已经扩展成一个错综复杂、不断蔓延的网络，取代了一系列连接欧洲和北美各主要贸易中心的航线。亚洲正在成为全球最大的贸易区。在过去10年里，新兴市场之间的"南南"流动使其在全球贸易中的比重翻了一倍。中国与非洲的贸易额从2000年的90亿美元增加至2012年的2 110亿美元。1980～2007年，全球资本流动增长了25倍。2009年，跨国旅行人数超过10亿，这个数字是1980年的5倍。贸易、资本和人口这三方面的连通性在2008年全球经济衰退期间全部暂停了，至今为止还在缓慢回升。但是，由科技支撑的互联性却在不受干扰地继续前行，持续加速，开创了全球化进程充满活力的新阶段，同时也带来了无与伦比的机会，助长了意想不到的波动性。

直觉重置：阵痛中再思考

21世纪初，这四种颠覆性力量加速发展，规模日益壮大。它们集体发力，对世界造成了深远影响。今天，它们正在摧毁几乎每一个市场和全球经济的每个部门或人类生活的各个方面长期建立起来的发展模式。看看你的周围，它们正在瓦解、粉碎和颠覆一切趋势。四种颠覆性力量几乎同时发生的事实意味着世界将会被彻底颠覆，这个世界将与我们大多数人成长、进步和如直觉般熟悉的那个世界完全不同。

上述非连续性变革带来的不仅是厄运和苦难，而且完全不是这样。事实上，这样的颠覆性力量在1990～2010年让10亿人摆脱了贫困，而在未来20年中，同样的力量将会让全球30亿人口跻身中产阶级行列。这么多人的经济状况得到了改善，其挽救生命的意义甚至大于消灭天花病毒（20世纪最伟大的医学成就之一）。迅速扩散的技术将让无数人受益。**企业日益发现，技术使得交付新产品、服务新客户或完成交易的边际成本趋向于零。随着越来越多的人通过全球通讯和商业系统连接**

在一起，网络效应让这些系统更有价值，同时也为有能力进入这些系统的人创造更多价值。因此，新世界将比旧世界更加富有，城市化程度更高，技术水平更高，环境也更加安全。人们有机会接触到强大的创新技术，并借此解决长期存在的挑战，为日益庞大的消费阶层提供新产品和新服务，为全球创业者提供各种机会。总之，我们将生活在一个奇迹层出不穷的时代。

这些进步将对我们简单地用过去的经验推断近期和远期的未来所得到的预测和形式上的计划造成严重破坏。许多曾被证明十分成功的假设、趋势和习惯突然间失去了大量共鸣。毫不夸张地说，我们从未像现在这样，动动指尖就能获得大量数据和建议。与最初的超级计算机相比，iPhone 手机包含的信息更多，处理能力也更强。在我们工作的这个世界，哪怕最专业的预测大师也会时常陷入措手不及的境地。这或许是因为直觉依然是我们进行决策的基础。这就是人性。我们的直觉来源于一系列我们对事物运行方式以及我们认为的事物运行方式的经验和想法。变化呈递增趋势，而且多多少少是可以预测的。对于结构完整、互联性高和开放性强的新兴市场来说，全球化进程得以相对容易地进行，劳动力市场可靠运行，资源价格持续下降。但这不再是当前乃至未来世界的运行方式。如果我们回顾过去，基于我们的经验所建立的直觉制定决策，我们很可能会犯错。在这个全新的世界里，领导者、决策者以及每个人都需要从最基本的原则开始对自己的直觉进行一次彻底的检查，并在必要的时候重置。这对于那些已经享有巨大成功的组织来说，尤为重要。

我们必须重新思考哪些假设促使我们就消费、资源、劳动力、资本和竞争等重大问题作出决策。我们不应抛弃经验和本能，而应该运用它们，并让它们适应即将到来的新世界。我们必须对战略、商业计划、市场准入、竞争对手评估和资源配置等问题进行全新的思考。

过去，发达国家是消费的推动力。消费者支出随着日本、美国和欧洲等强大的经济体的发展而提高。如今，新兴市场拥有庞大的新晋中产阶级消费者，他们才是全球消费的驱动力量。自2003年以来，中国的电子零售市场一直保持着110%的年复合增长率，已成为继美国之后的全球第二大电子零售市场。2020年，由阿里巴巴主导，以"光棍节"买家为消费主体的中国电子零售市场的规模可能会达到美国、日本、英国、德国和法国当前的市场规模总和。

扣除物价因素后，20世纪的商品价格下跌了近50%。在这期间，考虑到全球人口翻了4倍，全球经济产出增长了约20倍，人类对各类资源的需求大大提高，这样的发展速度无疑是惊人的。为什么会这样呢？技术突破增加了资源供给，提升了采掘效率。各大企业享受着更低的原材料成本。越来越多的家庭可以获得相对廉价而丰富的能源和食品。但这一趋势在2000年时被打破了。在21世纪第一个10年里，新兴经济体的资源需求急剧增加，多种资源储备枯竭，持续了100年的商品价格下降趋势完全中断。尽管美国的水力压裂技术飞速发展，但粮食生产、铜矿和石油开采等各类活动的成本越来越高。

过去，各国央行推出的政策带来大量通货紧缩压力，致使发达经济体投资乏力。此外，储蓄率攀升使得政府、企业和消费者的资本成本连续30年持续下降。

1982～2013年，10年期美国国债收益率从14.6%降至1.9%。廉价货币的时代很可能已经结束。美联储已经开始制定紧缩的货币政策。新兴经济体正在经历资本密集型基建热潮，超过"二战"后经济重建的阵痛。随着持续加剧的人口老龄化，政府不得不筹措更多的钱，导致全球储蓄率下降，从而造成资本需求量急剧攀升。

十几年来，总体趋势为全球带来了越来越多的劳动力，同时越来越多的劳动力开始与全球系统建立联系。除此之外，由于新兴市场的经济总量迅速扩张，许多新手也能找到就业机会。从全球范围来看，雇主一般都能找到拥有适当技能的员工。1980～2010年，共有11亿20～64岁的成年人加入劳动力大军。然而，2030年，众多的人口因素将使全球劳动力人口的增速降低近1/3。与此同时，技术正在以从未见过的方式搅乱劳动力市场。过去用计算机取代书记员和银行出纳员等体力工作和职员岗位，如今计算机开始取代记者和股票分析师等知识和技能工作。实际上，2025年，计算机将取代1.4亿知识型员工的工作岗位，机器人还将取代另外7 500万人的工作。但工程、软件开发和医疗保健等技术岗位的需求依然很高。麦肯锡公司的一次调查显示，10个被调查者中有4人表示，他们目前无法找到所需要的人才。这意味着我们很可能会看到一种奇怪的矛盾。2020年，按照目前的发展趋势，企业将面临8 500万拥有大学学历或职业培训经历的人才短缺。与此同时，9 500万低技能工人将面临失业。

过去，企业高管一般都会对国内外竞争对手有所了解，而且他们通常都能赶超那些新冒出来的竞争者。但相比固定成本高昂的知名大型公司而言，技术赋予了小型创业公司更多优势，竞争的激烈程度将会达到一个新高度。今天，新的竞争来自一波又一波快速成长的新生力量。在它们的成长规模达到临界值以前，我们无法在"战略雷达"上发现他们的身影。这些新生力量扮演着完全不同的角色。他们拥有更加低廉的成本结构，更快速的市场投放周期。他们更客观地了解西方竞争对手，同时也愿意接受更低的回报率。联合利华的奥妙牌洗涤产品的市场地位在肯尼亚面临的挑战并非来自宝洁公司，而是受到一家名为Kapa公司的内罗毕当地企业生产的Toss品牌的冲击，Kapa公司已经从一家工业企业转型为生产消费品的企业。

这是一个机会遍地但又令人深感不安的时代。大量工作等着我们完成——重置我们的集体直觉，针对高速增长的市场制定的新对策，变得更加灵活以应对不断被颠覆的趋势。本书内容建立在麦肯锡全球研究院

（McKinsey Global Institute，简称 MGI）对于趋势的理解之上，该研究院是麦肯锡咨询公司的经济与商业研究机构。我们的思想源自四个方面：一是麦肯锡对全球公司和组织进行的研究；二是我们与企业、政府和非政府组织的领导者，就这个世界固有的挑战与机遇展开的有意义的对话；三是 MGI 在过去 25 年里开展的深刻的有针对性的定量研究；四是广泛而多样化的个人经历。在我们这些人中，有的人在中国生活了超过 25 年，有的人从 1993 年起就一直在硅谷工作，还有的人从 1988 年以后就在伦敦、孟买和首尔三地穿梭。我们所有人都必须不断重置自我的直觉。本书前 4 章，我们主要描述了正在改变世界的四种伟大的颠覆性力量。后 6 章，我们论述了读者如何应对这四种颠覆性力量对现代领导者提出的挑战。

分析各种来源的情报和经验，我们认识到下一个 10 年需要怎样的领导者。我们也意识到过去对世界运行方式的理解是错误的，驾驭让世界经济发生转型的颠覆性力量，识别正在被打破的长期趋势，培养打一场知识战争的勇气和远见。这些不仅是政策制定者，或企业领导者需要学习的东西。毕竟，城市化、技术和更加密切的全球互联给政府和企业带来的压力是相同的。在劳动力、财政、贸易、移民、资源和技术规范等多个领域，新兴国家将不断向政治领袖、政府高层和非政府机构的高管施压，让他们不得不重置自身的直觉。

我们写作本书的目的并不是为了向读者提示风险或让你们对摆在面前的众多宝贵机会视而不见。我们是想指导你重置你的"内部导航系统"。

这一过程不会马上开始。我们在本书中论述的有关世界经济的领域都必须迫切地适应新常态。然而，考虑到人类的独特性、创造力和想象力，我们更加倾向于逐渐适应变化。行为经济学家抛出了近因效应和锚定心理等概念。心理学家则指出了惯性的强大力量。愤世嫉俗的分析师或许会提到"形式病"（Pro Forma Disease），这是因为你过去三年看待世界的方式在未来五年也不会改变。超级企业的"巨轮"多次搁浅在这些心理的"浅滩"上。塞缪尔·约翰逊（Samuel Johnson，18世纪英国作家、文学评论家和诗人）有句名言："每个人都有一种什么也不做的能力。"重温我们对世界的假设，不采取任何行动会让大多数人陷入极其弱势的地步。只有清楚认识不断变化的环境，我们才能做好获取成功的准备。

第 1 章

超越上海
折返的经济钟摆

"一带一路"、亚投行、丝路基金等重磅战略无一例外地指向中国西边,全球经济重心真的会重返中亚?经济超体美国甘心被边缘化?中国用一场轰轰烈烈的造城运动让全球政商人士目瞪口呆,事后众多名流猛然醒悟,恨失商机,但为什么事前没有人能预测呢?

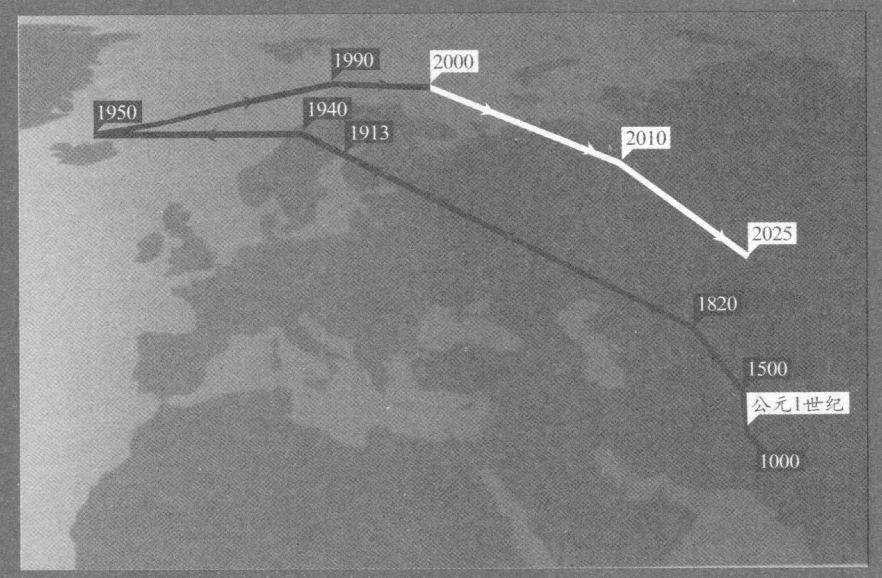

印度和中国占比全球2/3的经济活动，成为世界中心长达1500年。

英国第一次工业革命，欧洲成为世界中心长达3个世纪，然后转到北美。

2000年起的25年里，中国、印度等新兴经济体崛起，中心向这些地区转移。

资料来源：MGI 分析；格罗宁根大学。

图 1.1　全球经济重心转移

  尽管现在的交通已经比几年前更加便利，发达国家还是有很少人去过加纳的库马西市，它坐落于加纳首都阿克拉市西北约257公里。每天，库马西机场有13个航班飞往阿克拉市，20美元就可以买到一张最便宜的单程票。目前，开通这条航线的航空公司有安戳科航空公司、飞行540航空公司、非洲世界航空有限公司以及加纳星虹航空公司。库马西市是联合国前秘书长科菲·安南的故乡，人口约200万，人口密度接近纽约市，但面积仅与休斯敦市相当。库马西市是阿散蒂地区的中心城市，长期以来一直都是木材与黄金的生产中心。

  库马西人是廉价的基础商品的狂热消费者，但他们还没能跻身全球中高档品牌的消费群体。在非洲西部地区最大的露天市场科捷提亚里，铁皮屋顶下草草搭建了1.1万个摊位，这就是他们的"购物中心"。这里鲜有跨国公司的业务部。在当地，唯一达到国际标准的酒店是法国卢浮宫酒店集团旗下的金色郁金香酒店。渣打银行在库马西市开设了加纳分行，尼日利亚富达银行也在库马西市设立了8家分行。发达经济体只有很少几家公司在库马西市开展业务。星巴克在美国售卖"库马西牌"咖啡，但在库马西当地却没有开设门店。他们为何这么做呢？库马西市可谓是一个落后国家里的"穷旮旯"，加纳去年的人均国民收入约为3 880美元，位列全球第163位。

但全球新兴市场有成千上万座像库马西市一样的城市，这也是许多公司将来会登陆的地方，只是大部分公司还不知道这个地方而已。正如许多新兴经济体的城市一样，库马西市即将收获经济转型期的丰硕果实。

新兴经济体的大规模工业化已经将世界经济的重心转移到东方和南方。这些国家的人口从农村向城市的迁移潮推动了惊人的经济增长，而且这种迁移潮正以一种前所未有的高速度进行着。这些发展推动了需求的暴增，迫使我们重置直觉。上海、圣保罗和孟买等新兴经济体的大城市已经成为全球公司关注的重点区域，但真正戏剧化的消费增长将会发生在大部分人现在还难以在地图上找到的地方，比如库马西市。

经济重心重回中亚？

从公元1年到公元1500年，世界经济重心横跨全球人口最多的两个国家——中国与印度。但城市化以及伴随而来的工业革命却发端于英国，随后席卷了欧洲大陆与美国。在这一过程中，世界经济重心势不可挡地转向了北方与西方，先是欧洲，然后到北美。"一战"期间，金融中心越过大西洋，从伦敦转移到纽约。两次世界大战期间，欧洲经济衰退以及共产主义在俄罗斯和中国的传播，上述因素都强化了这种转移。在美国领导下的西方奋力前进时，东方的发展却陷入了停滞。1945年，美国实际上成为了全球唯一的充满活力的经济力量。

"二战"后的数十年间，一场趋势突破的基础悄然成熟。20世纪后半叶，经济钟摆开始逐渐向东方倾斜。从20世纪50年代开始，欧洲逐渐走出危机的阴霾。日本经济强劲复苏，开始重建工业。20世纪80年代末期，日本成为全球第二大经济体。此后，韩国紧追日本。"沉睡巨人"亚洲开始苏醒，并进一步加速了这一进程。最终，世界上两个人口最多的国家中国和印度开启了经济改革之路。

　　1978年，中国开启经济市场化改革。在此之后，中国经历了30年的经济飞速增长期。20世纪90年代，印度开始融入全球市场，信息技术产业迅速崛起，转型得以加速与提档升级。同样是在20世纪90年代，发达国家依然主宰着全球工业。那时，美国是全球最大的制造国，日本和西欧一些国家也堪称全球制造业巨头。2000年，拥有全球4%人口的美国占据了世界经济活动的1/3和全球资本市值的50%。在这些数字背后，某种转变正在积蓄力量。1990～2010年，世界经济重心加速转移。经济活动向新兴地区的转移并未受到2008年经济危机和此后全球经济衰退的影响。当欧洲依然身陷衰退泥潭时，日本艰难地走出了"失去的10年"，美国也勉强结束了经济低速扩张的局面，发展中国家最终接过经济强国的衣钵。2012年，在总量为1.4万亿美元的全球经济活动中，中国占据了9 000亿，或者说70%。中国现在已经是全球第一大制造国。

　　不仅是中国，印度、印度尼西亚、俄罗斯和巴西等新兴经济体现在都已成为全球制造业的主要力量。1990年以来，制造业增加值已从5万亿美元翻升了1倍，达到10万亿美元；在过去10年里，大型新兴经济体在制造业增加值的占比也从21%增长到39%，几乎翻了1倍。新兴经济体接纳的全球外国直接投资（FDI）占比从2007年的34%上升到2010年的50%，2013年达到60%以上。这些增长数据只是下一步增长的前兆。从现在到2025年，这些区域的增长速度将比发达经济体快75%，且新兴经济体的年消费额将达到30万亿美元，几乎占全球总消

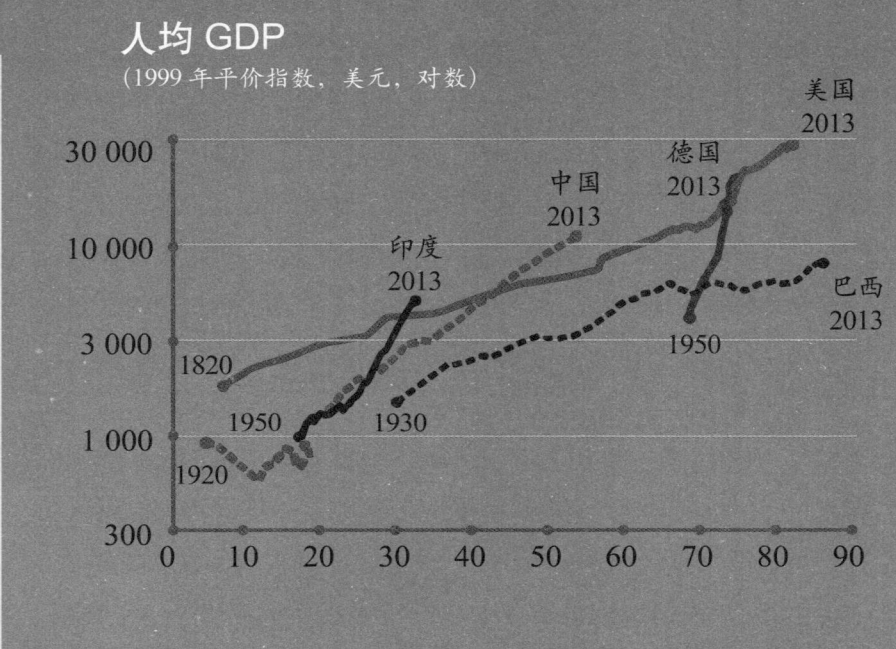

图 1.2 不同地区的城市人均 GDP 增长对比

费额的 50%。预计 2025 年，经济重心重回中亚，这里正位于公元 1 年的经济重心所在位置的北边。

这种力量的速度与规模都是十分惊人的。最初，拥有 900 万人口的英国用了 154 年实现人均经济产出翻番。1 000 万人的美国实现这一壮举用了 53 年。中国和印度分别只用 12 年和 16 年就完成了这个目标，这两个国家的人口数量几乎是英国和美国的 100 倍。换句话说，中国和印度的经济增速几乎比英国工业革命时期的经济增速快 10 倍，经济规模则是它的 3 000 倍。

城市的世纪：让贫困农民变身高产工人

为什么是现在？城市化是一个进行中的大趋势，正在为发展中国家提供支持和动力。数个世纪以来，我们被更高收入、更多机会和更好的生活品质所吸引。于是，人口一直在向城市迁移。无论从规模，还是从速度上来说，今天的城市化进程都是前所未有的。我们正处于有史以来最大规模的人口从农村迁移到城市的时代。

全球城市人口每年增加 6 500 万左右，这相当于英国的人口总和。中国和印度的快速城市化是这一数字的主要推手。尽管欧美国家和拉丁美洲分别于 18、19 世纪和 20 世纪下半叶完成城市化，但中国和印度这两个人口都超过 10 亿的国家，目前还正处于城市化进程当中。中国总理李克强曾表示："城市化不仅是城市居民数量的增加或城市面积的扩张。更重要的是工业结构、就业、生活环境和社会保障的彻底转变。"大部分中国人很快就会看到这种变化。举个例子，塔坪村位于秦岭山区，共有 103 位村民，这里距离繁华的西安市约 90 分钟车程。塔坪村有一条铺有硬化路面的马路，两边排列着几十栋瓦片屋顶的房屋。这些房屋的外墙上挂着成串晒干的玉米棒子。这些房屋里面铺着水泥地面，有裸露的灯泡、柴火炉子和电视机。28 户家庭在这里勉强维持生计。身体健壮的村民都到城市打工了，留下来的人要么到山里采草药，要么种大豆和玉米，要么依靠每月 80 元人民币的微薄养老金度日。"我怎么可能幸福？"24 岁的邓林党（音）问道，"我没钱，父母都有病。"邓林党小学肄业，到离家不远的六安市一家砖厂打工，每天的工资是 70 元人民币。因为赚钱很少，他对未来的婚姻也不抱过多奢望。他必须照顾生病的父母，不可能到沿海地区找一份赚钱更多的工作。

在中国，大约有 4 亿人过着类似的生活，而政府却正在精心打造他们的城市。执教于耶鲁大学的史蒂芬·罗奇（Stephen Roach）长期担任摩根士丹利中国问题专家。他指出："城市化是'未来中国'的基本组成要素。"

2014 年 3 月 17 日，中国公布了一个对农村人口向城市转移进行管理的新计划。中国一直以来都有实施宏大工程的悠久传统。政府预计，2020 年，中国将有 1 亿多人口从农村迁移到城市。目前的计划是，到那时，将有 60% 的人口生活在城市里。中国政府承诺，在不久的将来，所有人口规模在 20 万以上的城市都有铁路和高速公路相连，人口在 50 万以上的城市则会接入快速发展的高铁网络。与中国一样，亚洲和其他发展中国家也在制订类似计划。

2025 年，亚洲将有近 25 亿人口生活在城市里，这意味着全球每 2 个人中就有 1 个人是城市居民。10 年后，中国的城市人口将是现在的 3 倍，印度的城市人口将会翻升 1 倍。今天，美国城市人口是多少呢？ 2.5 亿左右。

这个问题非常重要，因为城市是一个国家的人口与现代社会和全球经济接轨的地方。城市将贫困农民转变成高产工人、世界公民和消费者。当前的城市化浪潮在帮助 7 亿人口脱贫方面发挥着重要作用，其中大部分人口都在中国。这意味着比原计划提前 5 年达到联合国"千年发展目标"——贫困人口数量减半。

1990～2025 年，全球消费阶层的人数将达到 30 亿。消费阶层是指每日可支配收入在 10 美元以上的人群。其中绝大部分人口将生活在新兴经济体的城市里,享受着他们父辈几乎无法想象的各种机遇。人类历史上从未出现过如此多的人口充分参与全球经济的局面。他们会观看第一部电影、品尝第一口可口可乐、第一次接触互联网、第一次全面体检、拥有第一个银行账户,这些都是城市的生活体验。

汤米·徐在上海郊区的农村长大,他还记得在稻田里捕捉青蛙,拿去卖钱的经历。他所在的村子很早就被并入了浦东新区。浦东新区是上海市最耀眼的金融新区,这里密布高楼大厦,公园和购物中心鳞次栉比。

20 世纪 90 年代初期,汤米在一家肯德基餐厅举办婚礼。如今,他已成为北京一家智囊机构的高管。他的妻子是一家上市公司的销售总监。虽然开着讴歌轿车的汤米的故事只是一个个案,但却很有代表性。仅就新兴市场而言,我们预计,到 2030 年,像汤米这样的新生城市消费阶层每年的消费支出将达到 30 万亿美元,而 2010 年的这一数字是 12 万亿美元。这一群体的消费支出将占到全球消费总支出的 50%。

强大的增长引擎:城市的"甜蜜和美好"

城市有哪些好处呢?从历史上看,人们摆脱农业劳作,到城市就业,他们的产出通常会翻升 1 倍。随着每一代人的成长,这种产出的增长速度也在翻倍。当然,贫民窟和棚户区的景象也成为城市化进程的部分产物。城市贫困是一种真实和暗含危险的现象。但经济史学家告诉我们,几百年来,城市居民的生活标准始终高于农村居民 1.5 ~ 3 倍。

城市成为强大的经济增长引擎的原因有很多。规模经济、劳动分工、知识溢出和贸易等因素都提高了人口密集的城市中心区的生产率。最新研究表明,城市人口密度提供了加强社会与经济互动的机会,从而推动了生产力的超线性提升。人口和技能对企业有吸引力,反过来,

法恩乳业销售员
骑着自行车售卖产品

企业又吸引着农村居民到城市寻找工作。大多数企业之所以希望把开展业务、共享公路、提供港口服务的公司和提供快捷人才储备的大学资源吸引到城市中来，是因为它们能带来创意和新商业模式。

法恩乳业（Fan Milk International）是西非地区目前最大的冷冻奶制品制造商，这家企业正是在阿克拉和库马西等城市成长起来的。它开创了一种非常环保的销售模式。销售员骑着载有箱子（无需冷藏可直接食用）的自行车穿梭于拥堵的街道，售卖产品。公司还添置了手推车和摩托车等交通工具。因为法恩乳业所在的大部分市场都无法保障稳定供电，所以，他们设置了采用太阳能板提供电力的亭子用于冷藏奶酪和牛奶。法恩乳业的业务已经扩展至非洲 7 个国家，销售额达到 1.6 亿美元左右，利润非常丰厚。2013 年，达能集团以 3.6 亿美元收购了法恩乳业 49% 的股权。

城市规模意味着城市人口还可以从其他方面获益。一般而言，城市的教育系统好于农村，城市的基础设施和公共服务更加高效节约，这也让城市里的企业和工人受益。

来自印度的数据表明，大型城市的用水、住房和教育成本比人口分散的农村地区低 30%～50%。运行良好的城市能够通过更好的基础设施、创新技术、人才和经济多元化进一步提高生产率。这构成一种良性循环。

高等教育是经济发展的重要组成部分。在英国和美国，许多学院和大学设在农村地区。

但在发展中国家，大学几乎全部集中在城市里。西非顶尖大学夸梅·恩克鲁玛科技大学就位于库马西市。它创立于 1950 年，最初是一所技术学校，如今已发展成占地 8 平方英里，由商学院、法学院、医学院等 6 个学院组成的综合性大学，吸引着加纳和西非其他国家志向远大的聪明学生前来就读。20 世纪 50 年代末，科菲·安南去美国前曾就读于该大学。

新兴城市的市场攻防原则

早在1 000年前,城市就出现了。游历欧洲、中东、非洲、拉丁美洲或亚洲的旅客会看到熟悉的中心广场、城墙、行政大楼或政府大楼,巨大的宗教建筑和市场建筑,这些都是城市的共同特征。然而,今天快速的城市化进程正在改变城市当初的定义和概念。城市正在以不可预知的方式发展着。1950年,纽约和东京是全球仅有的人口超过1 000万的城市。如今,人口超过1 000万的城市圈已有20多个。其中,中国有两个,分别是2 000万人口的上海市和1 600万人口的北京市。北京市的人口几乎与荷兰的全国人口相当。

经济前途正在向新兴国家的城市转移,这一现象令商业领袖管理增长的想法发生了根本性转变。持续升温的城市化浪潮为我们带来了新的消费人群、大量商机和千载难逢的创新机遇。基础设施、智慧城市技术和城市服务的需求高涨。庞大的城市人才队伍正在加入全球劳动力市场。这些高密度的人才市场充当了大公司尝试不同商业模式、技术、产品和战略的试验场。**有效利用这些新增长市场并非易事,往往需要具备高超的区域市场智慧,无情的优先排序和驾驭风险的能力。但是,商界领袖开始将这些新兴城市视为机遇,而不是风险。**这并非只是说辞而已。为了利用机遇而调动资源和人才,这和防止风险之间有着巨大不同。这类似于进攻和防守的差别。

陌生的城市,新兴的增长点

过去,许多大公司只专注于发达经济体和新兴经济体的特大城市,就能取得优秀业绩。今天,采取同样策略可覆盖占全球GDP70%的市场。但到了2025年,这样做只能分享全球1/3的增长成果,这将不足以维持大型公司的增长目标。相反,2010～2025年,发展中国家的440个城市将贡献近 50%的全球 GDP 增量。

在 440 座新兴城市中，我们仅熟悉上海、孟买、雅加达、圣保罗或拉各斯等约 20 座城市，而几乎没有听说过其他 420 座城市。有多少人在他们的战略视野中发现了苏特拉、佛山或阿雷格里港的名字？尽管这三座城市的人口均超过 400 万，同时也是快速发展的经济体中十分强大的经济力量，但很可能没有几个人知道它们。印度西部城市苏特拉的纺织品产量占该国总产量的 1/3，佛山的地区生产总值在中国城市排名中占据第 7 位，阿雷格里港是巴西第四大州南里奥格兰德州的首府。这三座城市都在飞速发展，且拥有日益壮大和充满活力的消费人群。从现在到 2025 年，其中每座城市为全球增长所做的贡献都将超过马德里、米兰或苏黎世。

要驾驭这些新来者远非易事。除了本国之外，许多新兴市场城市并不为外人所知。其中一些城市的运营成本会大大超过本土市场。对不同产品和服务的消费建立在不同的收入水平之上，因此国家与国家，城市与城市之间，甚至一个城市内的收入和人口统计趋势也存在很大差异。要想制定最优决策，企业需要具备有关城市区域市场的大量信息，以便决定将关注点放在哪些城市或具有相似特征的城市群。

从未体验过的共享式服务

消费者所有权模式正在发生变化，城市正处于这种变化的中心。一般而言，城市居民拥有更高的可支配收入。在许多城市里，居民，尤其是年轻居民越来越习惯租用服务和商品，而不是购买资产，这为那些在发现消费者的新需求十分敏感的企业提供了机会。

有了技术的驱动和密集的城市网络的支持，家政服务和交通运输成为服务创新的代表性领域。2011 年，英国乐购旗下的韩国"家＋"（Homeplus）零售连锁店在首尔的一个地铁站开设了全球首家虚拟超市。

上下班的人们用一款应用软件扫描墙上和地铁站台门上与实物商品等大图片的条形码，超市就能在当日将商品送到购物者家中。这项服务在第一年就受到热烈欢迎，于是"家+"将这种虚拟商店扩大到20多个公交站。美国创业公司Instacart正在面向10个城市提供一种服务，消费者可以在同一个网站上订购多个商店的产品，并可在订单下达后的1个小时之内发货。此外，类似Zipcar和Lyft等拼车服务以及Uber的交通服务越来越受到不打算买车的城市居民欢迎。

除了在人口密集的城市，这类共享服务日益普及的现象很难复制，但这也并非发达经济体独有。在很多新兴市场的城市里，也会定期提供类似服务，虽然可能是由夫妻店或社区服务提供商提供的非正式服务。随着个人收入的增长，这些城市的消费者花钱购买优质服务的愿望会越来越强烈。举一个发生在印度的案例来说明这种趋势。大约30年前，印度医生上门出诊是一件很普遍的事情，但随着城市交通日益拥挤，这种服务也越来越少见。现在，Portea Medical在印度的18座城市提供家庭保健服务，公司将地理位置信息及时发送给距离病人最近的临床医生，采集患者的健康数据并上传到一个电子平台，然后展开预测分析患者的健康趋势，并提供建议或干预措施。

匹配人才与创新资源

对于才华出众、受过良好教育的年轻人来说，城市的吸引力越来越大，而大城市吸引和留住人才的能力强于小城市。麦肯锡公司的研究表明，欧洲与美国的GDP差距，其中3/4的原因是更多美国人生活在大城市中，即便美国中小城市的规模也比欧洲大城市更大。这一事实非常重要，因为与农村地区相比，大城市的网络效应更强大，工资溢价也更高。人口稠密的城市对创新者和创业者更加有吸引力，他们一般聚居在更容易接触到同行、导师、金融机构、合作伙伴以及潜在

客户网络的城市。城市具备超线程的规模特征；平均而言，城市人口每翻升 1 倍，每位居民的财富就会增加 15%，生产能力和创新能力也会得到提升。

在大城市中，挖掘人才的企业往往担忧城市的商业成本。最近，企业选址在市区或市中心，而拥有高技能的城市居民生活在城市郊区的传统城市生态系统正在发生逆转，这一趋势加剧了企业的成本压力。如今，随着工人和越来越多的白领人士选择生活在城市核心区，许多城市都在发展市区和市中心的居住空间与多功能空间。

考虑到更低的成本或者拥有厂房、仓库等大型资产，某些企业选址在城市核心区以外的地方，它们发现要将那些想要生活在大型城市中心区附近的技术人才吸引过来变得越来越难。而有能力克服这一障碍的企业则拥有了一个丰富且规模不断增加的人才基础。人才的涌入也让位于城区的大学受益，这甚至成为企业入驻这类大学周边的一个必要条件。

2014 年 6 月，美国辉瑞制药公司在麻省理工学院附近的马萨诸塞州剑桥市新设立了一个规模为 1 000 人的研发中心。位于匹兹堡市的卡内基-梅隆大学协同创新中心吸引了谷歌、苹果和英特尔等公司，它们在该大学内设立了多个研发中心。在许多发达国家的大城市里，创新街区的数量也在日益增加，它们对技术型创业公司和小型设计类生产商具有吸引力。这些城市的协同空间案例有伦敦的 TechCity、1871 年的芝加哥、1776 年的华盛顿特区以及巴塞罗那的 22@ 创新区。在旧金山，成立于 2010 年的非营利组织 SFMade 旨在促进本市制造业的发展。在纽约，Made in NYC 也有着类似的目标，他们的宗旨是为近 7 000 家本地小型制造企业提供支持。在欧洲，类似 Design for Manufacturing Forum 这样的组织致力于在工业设计师、工程师和创客运动（Maker Movement）之间建立联系，从而在鹿特丹这类城市群附近创建一个分散化的精益制造生态系统。

把城市作为试验场

作为人口和政治环境的一个缩影,城市非常适合私营公司和公共部门在此开展试验。无论学校改革试验还是自动驾驶汽车的管理试验,城市管理者拥有的试验许可往往要大于农村地区的管理者。私营公司管理者与公共部门领导人在研发方面的合作越来越多,目的就是为了满足城市发展需求寻找创新解决方案。因此,城市正日益成为创新项目的重要合作伙伴,尤其在新产品和服务在全国范围内铺开之前,企业先行在几个独立市场进行试点。

某些城市创新试验的驱动力来自那些重新定位既有设施用途的新技术。奥地利电信集团将维也纳数百座废弃电话亭改造成了电动汽车充电站,司机可以用发送短信的方式支付电费。在纽约市,思科公司与"24/7"的一个合作项目将该市 250 个不再使用的电话亭改装成了带触摸屏的信息台。从技术展示到市场推广活动,城市成为了测试新想法和新商业模式的理想试验场,而且这个试验场还提供了一个规模依然可控的丰富多样的环境。

城市管理者也从这些创新试点项目中获益。以城市基础设施为例,在秘鲁首都利马市郊区,工程技术大学的工程师通过利用当地最丰富的资源之一——潮湿的沿海空气,找到了一种解决干净饮用水匮乏问题的创新方法。他们在一个巨幅广告牌的上部安装了一个湿气收集器和一台净水器,收集器的作用是当空气与水冷凝器的冰冷表面接触时将空气中的水蒸气凝结为液体。这个系统每天可以生产近 100 升干净饮用水,这些饮用水经过管道从装置底部的水龙头流出。在瑞典的于默奥市,漫长而黑暗的冬季加上长期日照不足催生了一家名叫 Umea Energi 的公司,它在 30 个公共汽车站安装了具有治疗作用的紫外光装置,从而使搭乘公共汽车的人流量增加了 50%。麻省理工大学的可感知城市实验室(Senseable City Lab)举例说明了智慧城市技术的潜力。

它专注于通过新型传感器和手持电子设备研究城市和城市生活。在位于新加坡的新校区，可感知城市实验室与新加坡陆路交通管理局密切合作，开发出3个了解城市交通基础设施的互动应用软件。

运营成本加速提升

对于希望将公司设在城市或在城市寻求扩张的企业来说，高昂且还在不断上涨的运营成本是一个很大的问题。上海、孟买等新兴市场的特大城市已成为全球商业地产价格最贵的地方。在城市建成区，基础设施很容易变得拥挤不堪，进一步提高了商业活动的成本和不可预见性。因为交通拥挤不堪，城市扩张无序，环境污染和犯罪猖獗等原因，拉丁美洲和亚洲的一些城市正在逐渐失去作为经济增长引擎的优势。去过雅加达的游客对严重的交通拥堵并不陌生，造成拥堵的原因是设计流量为１00万辆的公路上涌入了150万辆汽车。据估算，仅交通拥堵每年为印度尼西亚首都造成的生产力损失就高达10亿美元。在众多排行榜单中，经营成本最高的城市不是旧金山和东京，而是罗安达和安哥拉，这些地方缺乏优质的办公空间和生活区，公共服务和供应链也很糟糕，再加上不发达的商业和有限的基础设施，这些都给企业带来了极高的运营成本。

在发达国家，除了土地成本之外，企业还面临着严格的区域划分制度、土地使用规定和环保法规等挑战。对于服务型公司来说，这些规章制度或许依然还处于可控范围之内，但那些需要大量机器设备、土地或仓库的企业就必须面对过高的经营成本。尽管许多新兴市场的城市依然因其自身优势发挥着重要的工业中心作用，对商业空间和居住空间日益增长的需求正在将工业用户挤出城市。100多年来，孟买的帕雷尔区一直是纺织厂的聚集地。然而，在过去30年里，这些纺织厂逐渐被高级餐厅、高档办公区以及奢华的酒店和公寓取代，2015年建成的 World One 公寓大楼跻身世界最高住宅建筑之列。

各家公司正在想尽一切办法化解这些压力，与此同时，他们也在寻找新机会。2014 年，松下公司决定为派往中国的员工发放空气污染补贴。2014 年 7 月，谷歌公司扩大在旧金山市中心的办公空间，购买了一栋 8 层办公楼，同时还租下了附近约 23 000 平方米的办公大楼。目前，谷歌公司在旧金山海滨拥有一个办公区集群。在印度 IT 产业中心班加罗尔市，各大公司经营自己的公共汽车和发电厂，以此确保该市不可靠的公共交通和电力供应不会影响公司的商业活动。同时，为了改善城市交付的可靠性，物流服务提供商正在投资建造两级城市配送中心和配有实时车载通讯系统的智能卡车，希望将交付延迟和不可预测性问题降至最小。

各公司还在寻机与城市管理部门合作，为应对这些挑战提供解决方案。基础设施建设的融资与交付便是合作的领域之一。新德里地铁项目、新加坡供水系统的现代化改造、哥伦比亚麦德林市的公共缆车系统以及温哥华投资 35 亿美元的各大交通运输项目都是采用公共部门与私人部门合作的成功案例。2014 年 3 月，库马西市政府宣布建造 Sky Train 高架轨道交通系统，以缓解交通拥挤问题。南非标准银行为此项目融资 1.7 亿美元。技术与智能应用是大公司和创业公司与各城市政府展开合作的又一个领域。伦敦交通局通过与城市进行数据共享，鼓励 BusIT London（基于用户当前位置为其推荐最佳公交线路）和 NextBus（为美国和加拿大的几座城市提供实时巴士信息）等新型应用程序的开发。旧金山城市交通运输局与科技公司和停车收费码表提供商合作开发 SFPark，这是一款将新码表与传感器、移动应用程序和动态计价相结合的停车解决方案，可减少城市拥堵和停车延迟问题。

如果只是对库马西市和数千个崭露头角的发展中国家城市进行一个大致了解，企业领导者很容易得出这样的结论：今天不参与其中，企业并未错失太多机会。但是，在一个快速巨变的时代，仅仅截取经济生活中的某个片段加以研究，可能会造成重大的误导。在 Instagram（一款最初运行在 iOS 平台上的移动应用，该应用以一种快速、美妙和有趣的方式把你抓拍下的图片与他人分享。——译者注）大行其道的时代，我们必须为头脑中的思想和我们对经济的印象加上新的"滤镜"，才能将真实情况看得更加清楚。我们的直觉，或者说将图片变成故事的神经中枢必须被重置，这样才能拥有处理进入大脑的信息的智慧。**我们在了解这些城市时，应该发掘表象下的活力，珍视其中的宝贵机会，同时降低对风险的敏感程度。**最重要的是，我们对城市的了解必须能够预测其向前发展的趋势。

第 2 章

Uber 打车软件

科技加速变革的冰山一角

美国的技术大亨要颠覆一个行业易如反掌,但碰到一群倔强的"绅士",事情就变得分外棘手了。毫无互联网经验的的士司机涌上伦敦街头,用一场大罢工向 Uber 讨说法,但疯狂的叫嚣,最后演变成低沉哀号,这到底是 Uber 惹的祸,还是司机无理取闹?

移动互联网

1876
第1部电话

115年

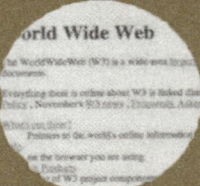
1991
第1个网站

16年

2007
第1部苹果手机

更高级的机器人

1764
哈格里夫斯的珍妮

198年

1962
通用的尤曼特

48年

2010
谷歌的沙人特

3D打印

1448
印刷机

505年

1953
计算机印刷

31年

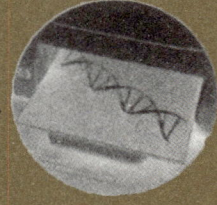
1984
3D打印

**图 2.1
有历史意义的
突破间隔期越来越短**

　　大本钟、西敏寺、白金汉宫以及穿梭于曲折拥堵的大街小巷的黑色出租车，这些建筑或汽车都说明，伦敦是一座不乏全球著名标志的城市。无论对于观光客，还是伦敦市民来说，黑色出租车都是典型的伦敦特色之一。伦敦出租车司机有充分理由为这一行业、传统和技术感到自豪。众所周知，为了掌握诸如熟记 6 000 多条街道这类"知识"，他们需要通过持续多年的严格训练课程。每一位司机在通过训练课程之前平均参加了 12 次终期考试。然而，2014 年 6 月 11 日，伦敦的出租车司机终于忍无可忍了。这天下午，他们发起了一场范围广泛的大罢工，1 000 多辆黑色出租车把伦敦的标志性街区堵得水泄不通，特拉法加广场、国会广场和白厅的交通完全瘫痪。这是为什么呢？这都是 Uber 惹的祸。更确切地说，司机们在反对伦敦处理 Uber 这类新创运输公司的方式，Uber 公司的商业模式基于一款 GPS 智能手机软件，该软件可以更低的成本在乘客与司机之间建立有效联系，同时还具有出租车计费器功能。出租车司机提出的理由是，伦敦的《私家车法案》禁止私人车辆安装出租车计费器。

数字技术的进步正在推动新兴竞争对手的崛起，他们将目光投向了有利可图的伦敦出租车市场。虽然伦敦的出租车司机不情愿接纳新技术，他们从"认知"上排斥GPS，且大部分出租车司机只收现金，但是竞争保护、高进入壁垒依然让出租车行业繁荣昌盛，并维持着高昂的打车费用。平均每次打车费用高达27英镑左右，直到2011年年底，智能手机应用软件Hailo才迟迟发布，并为用户提供打车服务。

同一天，伦敦黑色出租车司机与欧洲其他几个城市的出租车司机一起将他们的不满情绪发泄到Uber公司身上。2009年，Uber软件一经面世，就取得了巨大成功，迅速扩张到至少50个国家的230个城市。除了其他高调的投资人以外，在谷歌风投和私人股权公司TPG的支持下，Uber于2014年6月完成一轮融资，市值达到180亿美元。2012年，Uber进入伦敦市场，之后伦敦成为增长最快的市场之一。2013年下半年，已有7 000多位司机开始使用Uber。

随着打车应用软件的数量激增，Uber遇到了Hailo、Addison Lee和Kabbee等竞争对手，而黑色出租车行业却驶入了慢车道。在Uber大获成功的刺激下，原本专门为黑色出租车打造的Hailo开始提供私车租用服务。这被许多出租车司机视为严重的背叛之举。作为对Hailo公司的回应，它的办公室遭到了肆意毁坏。在大罢工的同一天，Uber宣布欢迎黑色出租车使用他们的服务。

那些曾经备受尊敬、难以撼动的商业模式轻轻松松地被迅速瓦解了，而有此遭遇的不仅只有伦敦的出租车司机。一直以来，技术进步就是颠覆现状的一股力量，但影响的市场如此之多，速度和规模如此之大是前所未见的。

虽然技术让一些公司的日子难过，但消费者却成为了最大受益人，受益程度远不是从官方发布的数据中可以反映出来的。谷歌、微软必应和苹果 Siri 等应用提供的互联网搜索服务就是很好的例子，它们帮助消费者省下了本应为此类服务支付的大笔费用。20 世纪 80 年代，消费者拨打一次 411 查询电话号码就要支付一次费用，但通过互联网搜索电话号码从一开始就是免费的。因此，这些好处是不可能被 GDP 这类官方统计数据记录的。全球经济的"代谢速率"加快，对消费者、企业和政府具有深远影响。不断加速的科技变革缩短了创意、商业模式和市场定位的生命周期，这也迫使管理者重新思考获取和管理信息的方式，同时也创造了各种重大机遇。

创新打通经济的"神经系统"

从人类第一次经历工业革命到我们身处其中的计算机革命，技术创新始终在支持动态的经济变革。但今天有点不一样了，正如我们在本书前言部分介绍过的内容一样，我们正身处"棋盘的另一半"。

在这个喜忧参半的进程中，两次历史性突破之间的周期一直在缩短，其程度可以用量级计算。从古德堡印刷术到第一台电脑打印机，相隔 500 多年，但此后到 3D 立体打印机仅用了 30 年。从 1764 年发明的"珍妮纺纱机"到通用公司研制的首台工业机器人 Unimate，人类走过了 200 年。然而，发明世界上最先进的人形机器人 Shaft 只用了 50 年。

斯坦福大学经济学家、正反馈研究的开创者、《技术的本质》（*The Nature of Technology*）作者 W. 布莱恩·亚瑟（W. Brian Arthur）指出："从 18 世纪 60 年代瓦特蒸汽机问世到 1850 年左右，伴随着工业革命，机器为经济建立了一套肌肉系统，而现在又为其建立了一套神经系统。"摩尔定律认为计算机的处理能力每 18 个月增加一倍。这一定律为我们对技术变革的期待提供了支撑。更快、功能更强大的计算机以及数据访问量呈指数级增长，远远超出了我们的想象。20 世纪 90 年代，人类基因测序项目堪比无数工人动用无数蒸汽铲车多年施工建造巴拿马运河。一个科学家团队花费 13 年，投入了 30 亿美元，最终揭开了人类基因图谱的神秘面纱。如今，一台价值 1 000 美元的设备就能在几个小时内完成对人类基因的测序。

挑战现状的 12 项破坏性技术

更多技术变革正在更快速到来。"下一个大发明"的清单每天都在变长。这些技术变革也被大量的噪音和质疑包围，从乌托邦式的空想到可能导致灾难性后果的各种诉讼和反诉讼层出不穷。我们过滤噪音，从各种纷乱中理清头绪，重点关注未来数年真正会对现状构成挑战的 12 项技术。既有我们熟悉的技术，也有令人倍感意外的技术。我们预计，如果对这些技术进行选择性应用，到 2025 年，它们每年将为我们带来 14 万亿～33 万亿美元的潜在经济价值。我们对经济价值的测量采取了比较宽泛的方法，包括了收入、通过提高效率所节约的资金以及消费者盈余等指标。这些破坏性技术可以被划分为以下四个大类。

基础材料的变革

2003 年，一个由来自全球各地的科学家组成的团队，历时 13 年，投入 30 亿美元，才使得人类基因测序获得首次成功。技术的飞速发展使得基因测序的速度超越了摩尔定律。仅仅 10 年后的 2014 年 1 月，世界领先的基因测序机销售商亿明达公司推出了 HiSeq X 超级计算机，它每年可以完成 20 000 条基因测序，而单位成本不过 1 000 美元。快速下降的基因测序成本正在促进有关基因如何决定性状或变异导致疾病的研究。日益下降的基因测序价格门槛与大数据分析结合在一起，将使我们能够对医疗情况做出迅速诊断，准确给出针对性的治疗方法，甚至还可运用到农业、食品和药品领域，通过合成生物学方法定制生物体。材料科学是又一项破坏性创新。在分子层面操作材料的工艺使纳米材料变为了现实。这些突破赋予了碳和黏土等普通材料一些令人称奇的新特性：更好的反应性、不同寻常的电学特性以及更高强度。药品、防晒霜和自行车架等产品也用到了纳米材料。如今，新型材料还在不断被创造出来，例如具有超高强度和弹性的材料，具有自我修复和自动清洁等强大功能的材料等。在航空、制药和电子等领域，智能材料和记忆金属（可恢复到最初形状）也找到了用武之地。

重新认识能源时代

在北美，将水平钻孔与水力压裂结合起来的压裂技术促发了大多数人始料不及的页岩能源行业的繁荣。在不到 10 年时间里，美国天然气的单位价格从 12 美元降至 4～5 美元。同时，供过于求的局面还导致汽油价格维持在低位。在北达科他州巴肯页岩矿区，石油生产商正在转向采用水力压裂技术开采石油，也正在开发煤层气和可燃冰等非常规能源。

与此同时，在非常规矿物燃料革命开始起步之时，可再生能源发电技术的成本也在持续迅速下降。

自 1990 年以来，太阳能电池发电成本从每瓦特发电量 8 美元一路下跌，现在的成本只有当时的 10%。包括中国和印度等大型新兴经济体在内，全球各国都在制订野心勃勃的计划，以提高风力和太阳能发电装置的采用率和数量。到 2025 年，太阳能和风力发电量占全球发电量的比重将从目前的 2%，可能上升到 15%～16%，每年减少二氧化碳排放量 12 亿吨。

最后，储能技术可能会成为又一种颠覆性力量。锂电池和燃料电池等技术已经开始为汽车和便携消费电子产品提供能量。到 2025 年，用于为汽车提供动力的锂电池组的价格将从现在的 500 美元/兆瓦小时下降到 160 美元 / 兆瓦小时，而锂电池组的寿命周期也延长了。储能技术的进步使得电动汽车的价格更具竞争力。将储能技术用于提高电网可靠性，减少电力中断次数和实现分布式发电可以大大提升公用电网的效率，将电力输送到全球各地的偏远地区或缺电地区。

让机器人为人类服务

工业自动化已经进行了几十年，如今，工厂车间里的机器人还在发生着飞速变化。前几代机器人与人类还相差很大距离，有时候它们被固定在地上，甚至关在笼子里。它们的研发成本高达几十万美元，不仅如此，工程师还要用几天时间才能将程序指令输入到机器人的存储器中。今天，新一代机器人的功能越来越强大，这得益于机器视觉与通讯、传感器以及人工智能技术的进步，提升了机器人的感知度和灵敏度，智力也在不断开发中。举一个例子，巴克斯特（Baxter）是一台价值 22 000 美元的通用机器人，它可以与人类一起工作。只需引导它的手臂做出完成任务所需动作，它就能够学会新的例行程序。巴克斯特甚至可以通过"点头"，表示"听懂"指令。它的"脸上"还有一双眼睛，可以做出不同表情。随着机器人的性能不断改善，过去被认为成本太高或太精细而无法通过自动化完成的任务，现在都可以交给机器人。机器人的应用范围已经从工业延伸到服务业、机器人手术甚至增进人类机能等领域。

自动驾驶汽车是又一项破坏性技术，这项技术在过去的 10 年内取得了突飞猛进的发展。2004 年，美国国防高级研究计划局在莫哈维沙漠举行"大挑战"（Grand Challenge）比赛，拿出 100 万美元奖励首台成功跑完全程约 241 公里的无人驾驶汽车。但是没有一台汽车获得这笔奖金，成绩最好的汽车来自卡内基 - 梅隆大学，它也不过行驶了 7 公里多一点。10 年过后，谷歌公司的无人驾驶汽车至今已在城市街道累计行驶了约 112.65 万公里。这期间只发生过一起事故，还是因某个人手动驾驶其中一台丰田普锐斯汽车造成的。如今，新车型在制动、停泊和防撞等驾驶员辅助系统方面都取得了新进展。2025 年，地面车辆和航空器的无人驾驶革命即将来临，特别是在监管机制也能同步改革的情况下。

最后，增材制造技术（Additives Manufacturing，3D 打印领域的专业术语）将成为另一股制造业的颠覆性力量。虽然 3D 打印并不是一项新技术，但随着技术和性能的提升、新材料的出现以及价格的不断下降，3D 打印机会变得越来越普及。它在简单消费品和原型设计方面的作用广为人知。现在，3D 打印机被用来制造助听器、牙套和假肢等医疗和牙科产品，并正在尝试将该技术用于其他复杂度更高、产量更小的制造领域，如航空零部件和涡轮机。新的应用领域还在迅速激增。2014 年 9 月，由创业公司 Local Motors 打造的全球第一辆 3D 打印汽车 Strati 在芝加哥组装完毕，并开始行驶。采用 3D 打印技术还能生产人体器官：用糖基水凝胶作为制造肾脏或其他人体器官细胞组织构架，然后用类似喷墨打印的方式将其喷到患者自身组织的干细胞上。随着消费者和企业开始打印自己的产品，制造过程将变得"民主化"。

IT 和我们如何应用

我们对移动互联网技术并不陌生，目前已有超过 10 亿人在使用智能手机或平板电脑，这项技术正在极大地改变我们感知这个世界并与其互动的方式。想想看，物联网的迅猛发展——嵌入式传感器、机器执行器以及其他实体物件被用于制造业、基础设施建设以及医疗保健等各个行业采集数据、远程监控、决策和过程优化等环节。石灰窑内的传感器可以告诉操作人员如何优化温度设置，日用消费品的传感器可以将产品被使用的方式告知制造商，桥梁上的传感器可以向城市

12 个破坏性领域

在接下来的10年里
12种技术有巨大潜力造成颠覆性力量

1. 下一代的基因组科学
   低成本的基因测序，高级的大数据，合成生物学，"重写"DNA。

2. 高级材料学
   拥有更高级性能的材料、强度、质量、导电性等。

3. 储　能
   更长久储存能源的设备、系统，如电池。

4. 先进的油气开采技术
   开采成本更加经济。

5. 再生能源
   再生资源发电，降低有害气体排放。

6. 先进的机器人
   越来越强大的机器人有感觉、灵敏，完成智能作业辅助人类。

7. 自动化或半自动化交通
   交通工具可以独立运行，不需要人类操作。

8. 3D打印
   基于数字模式，用添加物制造物品。

9. 移动互联网
   越来越强大的机器人有感觉、灵敏，完成智能作业辅助人类。

10. 物联网
    利用硬件和软件，交付整个网络或互联网，多用地服务。

11. 云计算
    利用硬件和软件，交付整个网络或互联网，多用地服务。

12. 知识性工作的自动化
    智能软件系统能够完成知识性任务，如松散系统和精细判断。

图2.2　12个破坏性领域

管理人员发出维护警报。目前，99%以上的实物并未采用物联网连通，因此这里蕴藏着巨大机会。

价格更低、性能更好、连通性更强的移动计算机设备正在促进劳动创新和提高工人的劳动生产率，并在此过程中创造了大量的消费者盈余。未来10年，智能手机让发展中国家的20亿～30亿人接入全球互联网，这一趋势的力量还会继续增强。云技术也在为这一信息化趋势提供支持。云技术正在让数字世界变得更加简单、快捷、强大和高效，它正在改变公司管理信息技术的方式。在未来几年里，云技术还将持续促进具有轻资产、灵活性、高度移动性和可扩展性等特征的新商业模式的增长。伴随着机器学习、人工智能和人机互动等方面的不断进步，这些技术的应用范围还将继续扩大。技术变革使得计算机能够执行过去被认为只有人类才能执行的任务。从IBM公司在电视益智节目"Jeopardy！"中打败人类冠军的超级计算机Watson到法律领域的自动发现过程，甚至是可以自动撰写体育报道的软件，知识性工作的自动化进程正在以我们几年前无法想象的规模推进着。

数据雪崩 vs 海量信息

数字化是贯穿上述大部分技术突破的共同主线。究其本质，数字化是一个简单命题：将信息转换成1和0的数字串，以便计算机处理、交流和存储。在过去30年里，这一简单概念以个人计算机、消费电子产品和全球互联网的形式改变了我们的生活。现在它又成为颠覆性力量的基础。数字化大幅降低了发现、处理和共享信息的成本，甚至使成本趋近于零。在此过程中，数字化创造了海量数据——大数据。过去，信息往往是宝贵而稀有的。

想想看，你从图书馆借阅的图书只能保留几周时间。但现在信息已经是无所不在了。按照微软公司产品管理高级总监埃伦·凯利（Eron

Kelly）的说法：“在未来 5 年里，我们生成的数据将超过人类过去 5 000 年生成的数据总和。"1 个 EB 的数据相当于美国国会图书馆储存的所有信息的 4 000 多倍。2020 年，数据总量将超过 40 000EB，几乎是现在的 15 倍。

数字化正在从三个方面改变着我们的世界。首先，数字化将实物产品转换成了虚拟产品。电子书、新闻网站、MP3 音频文件和其他形式的数字媒体严重冲击了黑胶唱片、磁带和纸媒的销量。3D 打印技术将会重新定义实物产品的销售和分配。鞋子、珠宝和工具等产品可能会以传输电子文件的方式来销售，买家只需根据需要或在消费时打印出物品就可以了。

其次，数字化增加了许多常规交易的信息量，从而让这些交易更加丰富，更有价值，更高效率。比如用 RFID 标签对实物商品的运输进行数字追踪，用二维条形码向消费者传递信息。

第三，数字化正在创建可促进生产和交易的在线平台，让"小鱼小虾"和"鲨鱼"展开面对面的竞争。类似 eBay 和阿里巴巴这两个全球电子商务标杆企业的在线交易平台甚至可以将最微小的公司和个人变成微型跨国公司。相比传统小型企业的出口占比平均不到 25%，超过 90% 的 eBay 商家都在从事向其他国家出口的业务。

数据雪崩（The Data Avalanche）必定变得更加强大，而唯一的原因就是"开放数据"运动，这一运动指的是以低成本和机器可读取的格式将数据与政府、企业等原始组织以外的机构进行免费共享。加拿大、印度和新加坡等 40 多个国家已经承诺公开他们的电子数据，包括天气记录、犯罪统计和传输数据等。开放数据的激动人心之处主要与增进公民权能和改善公共服务的质量有关，例如城市交通运输和个性化的医疗等。我们预计选择性的应用开放数据每年将释放 3 万亿美元的经济价值，相当于全球 GDP 的 4%。

2011 年，肯尼亚成为首个发起"开放数据倡议"的撒哈拉以南非洲国家，希望通过提升政府采购数据的透明度为该国每年节约10亿美元。"我们正在转向电子采购，这样一来，现在……我们采购钢笔只需20先令，而不是以前的200先令。支付流程也更加快捷了。但这不只意味着取消了人为因素。更重要的是开放数据让人们树立了公众意识。"肯尼亚信息与通讯部常任秘书比特安格·纳德莫（Bitange Ndemo）如此说道。印度普纳市利用数据分析确定事故多发地区，并通过消除人行横道过少或红绿灯间隔时间太短等交通事故中的常见因素改善城市的交通基础设施。2010年海地地震后建立的"开放式街道地图"（Open Street Map）项目整合不同渠道的数据，使之成为政府和私营援助机构在向医院、诊疗中心和难民营供应物资时获取可靠信息的重要来源。

陡峭的技术采纳曲线：微信2年狂揽3亿用户

今天，运行速度变得更快的不仅有电脑，还有消费者。在这个技术加速革新的新时代，最令人惊叹的是技术应用的速度正在飞速提升。从历史上看，新技术在向全球普及的过程中总会遇到某些阻力。让人们开始习惯使用新玩意，扩大生产规模、建立销售渠道以及其他企业为人们购买这些设备找出更多具有说服力的理由都需要花时间。

从贝尔发明电话到电话进入一半美国人的家庭用了50多年。无线广播用了38年才积累了5 000万听众。21世纪的技术采纳曲线变得更加陡峭。智能手机面市后的5年里，美国人的拥有率就超过了50%。在Facebook用户数量首次达到600万后的5年内，这一数字就翻了100倍。中国的腾讯公司开发的移动文本及语音信息通讯服务软件微信在不到2年时间里积累了3亿用户，比美国的成年人口总数还多。技术普及周期的缩短加快了创新速度。在苹果手机发布2年后的1999年，开发者共推出了约15万个应用程序。2014年，这一数字达到120万个，用户下载次数超过750亿次，相当于地球上每个人平均下载了10次。

积累 5 000 万用户的时间

- 收音机: 38年
- 电视机: 13年
- iPod: 4年
- 互联网: 3年
- Facebook: 1年
- Twitter: 9个月

资料来源:MGI 分析;社会经济报告。

图 2.3
技术被接受的速度正在加快

互联网作为数字产品的分销系统是不存在任何阻力的。就销售规模而言，唯一的障碍是消费者的兴趣和好奇心。

就数字领域而言，技术采纳曲线更加陡峭还体现在实物产品及生产流程上。随着机器视觉和通讯、传感器以及人工智能的技术进步，新一代工业机器人的感知度、灵敏度和智力都有所提升。2009 ~ 2011年，短短三年时间，工业机器人的销量增长了170%，预计到2020年该产业的年收入将超过400亿美元。

这一变革还将持续加速。上网人群数量越多、联系越频繁，创新技术的扩散速度就越快。2013年，全球网民数量约为25亿人，预计到2018年这一数字将接近40亿。随着技术的价格门槛变得越来越低，产品的全球流通更加便利，目前的技术创新和普及趋势还将延续下去。不到一年时间就能让数以亿计的用户使用上新产品将成为一种常态。这才是打破现状的真正的颠覆性力量。

"早起的鸟儿"有赌局

本章中讨论的数据、数字化和破坏性技术的应用为我们带来了巨大好处。不妨想一想，新商业模式带给你的速度和便利性体验以及你从收集的数据中获得的价值。或者商品与服务的产生和销售规模的扩大导致边际成本显著下降。又或者由于支持平台、分销渠道和支付系统数量的增加，你向消费者传达信息的速度变得更快了。你甚至还可以获取更多信息，帮助你改进产品设计、定价和营销方式和经营的各个方面。

然而，将这些技术的价值货币化并不是一件容易的事情。麦肯锡全球研究院指出，技术时代是消费者为王。在新的互联网产品创造的价值中，以更低价格、提高生产率或更多选择和便利性等形式产生的消费者盈余多达三分之二。前面章节论述的破坏性技术会将大部分价值带给消费者，同时还将给公司带来巨额利润，以鼓励他们采用这些技术和促进生产。为了说明这个机会的规模，我们来看看以下变化：2013年7月31日，美国经济分析局发布的GDP数据首次将研发和软件纳入一个新类别——知识产权产品。我们估计，目前数字资本在全球GDP的增长来源中已占到三分之一左右，其中例如谷歌的搜索算法或亚马逊的推荐引擎等无形资产是最主要的驱动力。

  对于企业和政府而言，失去对科技浪潮的驾驭能力就意味着失去了一个巨大的经济机会，并且更容易受到潜在颠覆性力量的冲击。黑莓公司的教训告诉我们，数字化和技术进步可以在眨眼间颠覆一个行业。历史上这样的企业受害者不胜枚举。对于消费者来说，急切等待一款最新的智能手机对于消费者来说或许是一件乐事；但对于企业来说，期待并为下一波技术海啸的到来做好准备却成为了决定企业成败的关键。"早起的鸟儿"将面临着一场技术赌局，他们要在极其多样的新技术中做出选择。比如，增材制造是我们确认的破坏性技术之一，这个领域存在广泛的技术和材料，包括金属粉末激光烧结技术、采用热塑性塑料的熔融沉积成型技术以及3D打印技术，所用的设备尺寸和成本不等，既有1 000美元的入门级打印机，也有价值数十万美元的工业级打印机。即便你不是这个行业里的"早起的鸟儿"，你也必须决定什么时候，如何以及是否利用这些技术并准备好紧跟这些技术。

  最后，了解技术是每一位企业领导者必须掌握的核心技能。你不必懂得如何使用结构化查询语言（SQL），也无需会操作3D打印机，但更为重要的是，你需要具备关注那些懂技术的消费者正在做什么的能力。

  领导者必须构建和管理一套系统化的方法，让员工的技能与最新技术保持同步，同时要确保高管团队和董事会始终对最新的技术发展有充分的了解。重构长久以来建立的战略计划流程，这包括监测趋势、针对各种场景制订计划以及摒弃潜在的竞争和风险来源的过时假设。

坚守五大原则，与"新常态"同步

在常青藤盟校的第一堂课上，系主任通常这样告诫学生："看看你的左边，再看看你的右边。明年你们当中的某些人就会消失不见了。"类似事情正在全球领先的公司发生着。1950年，标普500指数的成分股公司的平均在榜时间超过60年。2011年，这一平均时长降至18年，且并未表现出停止缩短的迹象。

按照目前的速度，考虑到兼并收购、新兴公司的快速崛起以及在位企业的频频倒闭，到2027年，75%的标普500指数成分股公司将被取代。越来越多的企业发现他们主导的时代就像一名专业运动员从巅峰到退役的职业生涯，而不是著名大学教授的终身教职。这种主导地位的持续时间只有几年，而不是几十年。虽然不存在通吃不同行业、职能部门和市场的技术良方，但我们发现能够坚守五大原则的企业领导者能够抓住最佳机会，始终处于行业顶端，并通过改造自身与"新常态"保持同步。

充分利用你的数字资本

许多公司开始意识到，他们目前拥有的非结构化数据在加强现有流程和未来商业策略方面发挥的重要作用。到处都能看到各公司利用数据增加市场份额，降低成本，提高生产率和改进产品与服务的例子。零售业利用大数据对定价进行动态优化，预测需求，生产建议和改进库存管理。制造商利用大数据生产更符合客户需求的定制产品，同时优化他们的供应链。中国最大的在线批发商阿里巴巴的实时数据室俨然是美国国家航空航天局的地面指挥中心。数据服务型创业公司正在蓬勃发展。在过去几年里，IBM、微软、甲骨文和SAP投入数十亿美元争相收购那些开发先进的数据分析软件的公司。

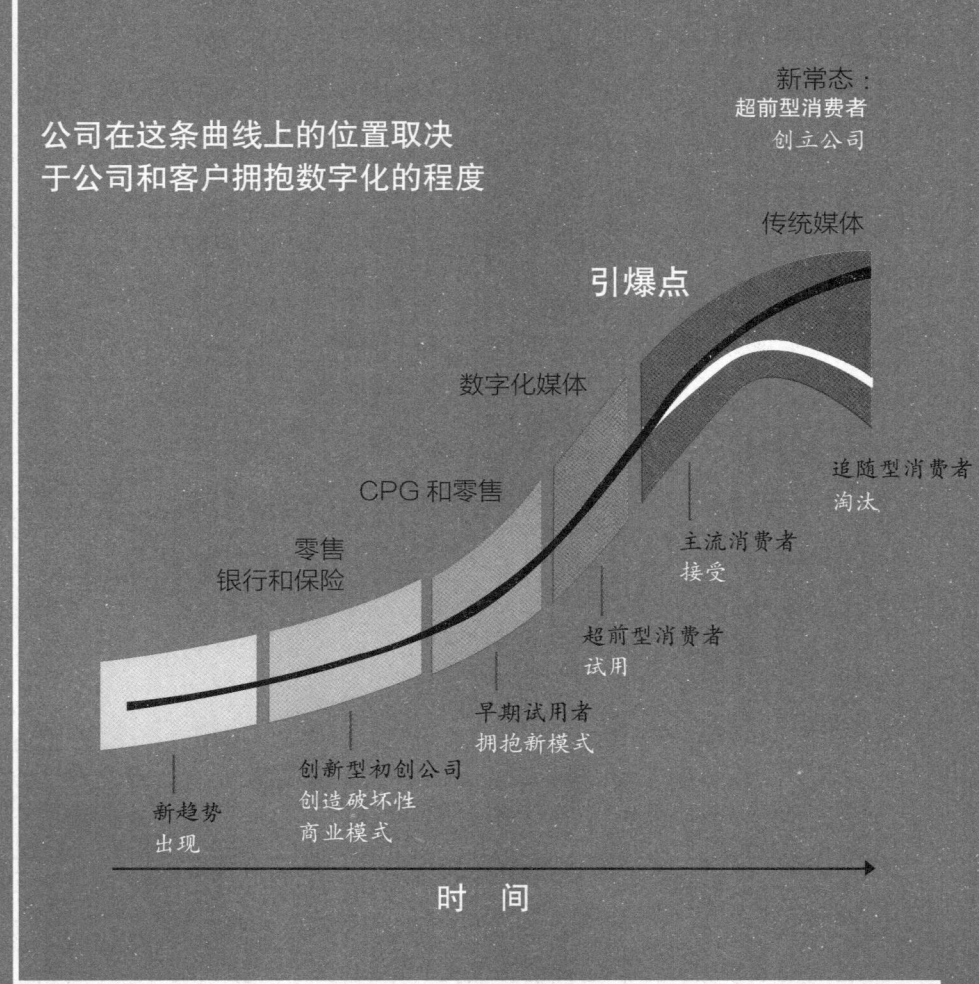

图 2.4 数字化如何改变工业

实际上，消费者行为数据和物流追踪数据等无形数字资产可以是全新产品及服务的催化剂。出租车服务的颠覆就是一个很好的例子。Uber 公司利用算法确定需求高峰期的"峰值"打车价格。另一家提供拼车服务的创业公司 Lyft 则采用了"Happy Hour"定价模型降低空闲时段的打车费率。

医疗行业是通过将数据、分析模型和决策支持工具等数字资本的所有要素整合起来创造巨大经济价值，提升客户体验，并形成难以复制的能力的又一个案例。大约 500 万美国人患有充血性心力衰竭，这是一种可通过药物或植入装置来治疗的疾病。美敦力公司（Medtronic）开创了行业领先的 CareLink Express Service 服务，该服务通过一个远程心脏监控网络将植入患者的心脏监控设备连接到医生的网站，医生可在网站上远程查看和分析数据，提高治疗过程中患者的护理质量和效率。在该项目的试验阶段，患者的等待时间大幅缩减至 15 分钟以内。"这些数据就是未来的财富。"美敦力公司战略与患者数据管理副总裁肯·里夫（Ken Riff）如此说道。

开发低边际成本的数字产品

数字化极大降低了获得、发现和配送产品与服务的成本。更高效的配送和更低的进入门槛刺激了更多个人、创业者和企业参与数字市场和新商业模式的试验。不仅如此，数字化还极大削弱了地理上的障碍，从而推动了迷你跨国公司、威客公司和微型供应链公司发展。

全球最大的 P2P 小额贷款在线平台 Kiva 的放贷总额已超过 6.3 亿美元，大部分客户来自新兴市场国家。一笔典型的交易可能是加州的一名电脑程序员向肯尼亚的农民提供贷款。Kickstarter 是一个将创业者与有兴趣投资创意项目的个人联系起来的众筹平台。自 2009 年以来，该平台为 7 万个创意项目筹集了 14 亿美元以上的资金。小型或个人注册投资顾问是美国投资咨询行业增长最快的部门。为了具备向客户直接提供投资建议的能力，他们向富达和嘉信理财购买了交钥匙后端系统（Turnkey Back-end Systems）。

在搜索、电子商务、社交媒体和共享经济等市场，数字基础设施的较低边际成本让新贵公司能够建立近乎无限规模的商业模式。Facebook砸下190亿美元收购的移动通讯平台WhatsApp自发布后的5年内就积累了5亿月度活跃用户。Snapchat在面市后仅仅2年的时间里就拥有了4亿用户，照片分享活跃度超过了Facebook和Instagram。共享经济创业公司正在以惊人的速度成长。Airbnb是一款让房主将房间出租给陌生人的应用，目前用户通过该应用预定住宿已超过1 000万次。每周约有45万活跃用户使用Uber，超过100万Lyft用户通过点击按钮来寻求拼车服务。

边际成本经济学的变化、进入新市场、快速增长或优化过程和成本结构同样也让传统市场参与者得到了好处。法国电信运营商Free Mobile将一个由"粉丝"和支持者所组成的大型活跃数字社区打造成核心资产，对其"移动攻击者模式"进行了彻底改造。2012年，Free Mobile在不到3个月的时间里赢得了260多万新用户，在没有线上预算的情况下一年内获得了13%的市场份额。奢侈品零售商巴宝莉也成为一流的多渠道用户体验的代名词，其位于伦敦摄政大街121号的旗舰店拥有全世界最高的零售展示屏幕、真实的数字订阅和嵌入巴宝莉产品内部的RFID芯片。当你站在支持RFID功能的镜子前时，这些微型芯片就会触发一些定制化内容。

诺德斯特龙奢侈品百货商店率先在公司内部利用数字化的低成本优势开发了一些运输和库存管理设施，随后该公司又将这些数字化投资项目向外部推广，创建了一个强大的电子商务网站以及移动购物应用软件kiosks。与此同时，诺德斯特龙奢侈品百货商店还具备了管理各渠道客户关系的能力。

寻找消费者盈余货币化的新途径

崛起的大数据和越来越便宜的数字化商业工具带来了一个有趣且可能是反直觉的暗示。从理论上说，这两种趋势会给有能力收集、维护和使用对其有利数据的公司带来巨大优势。但消费者依然是这个技术变革加速时代的王者。消费者获得了新互联网产品所创造的三分之二的价值，即我们所说的消费者盈余包括更低成本、更优产品以及更高生活质量。企业面临的挑战是如何让消费者掏钱购买这些了不起的新事物——视频、内容、游戏、存储空间、短信功能以及便利性。

到目前为止，仅有为数不多的几种盈利模式被证明可有效地让价值回归企业。广告收入就是其中一种，它推动了Facebook和谷歌等著名公司的高利润增长。广告收入的盈利模式依然可行，但用户也会期待持续提高有效定位广告受众、衡量和分析广告的能力。

从直接支付和订阅的情况来看，企业针对在线内容收费的能力正在不断提高。在这种模式下，"免费增值"定价策略（提供免费基础服务，但针对过滤广告、游戏虚拟物品、高水平服务和更有价值功能的使用权收费）正在成为一种越来越普遍的盈利方式。这样的公司包括Zynga、Spotify、领英和苹果等。在领英网站注册会员是免费的，但升级成为高级会员则需向企业盈余账户（Business Plus Account）缴纳最低每月59.99美元会费。缴费之后，用户就可以登录系统，更加深入了解谁在查看他的资料，向潜在联系人发送更多信息以及使用更先进的搜索过滤器。

第三种盈利模式是通过创新B2B交付产品（如众包商业智能或外包数据科学服务），或通过开发消费者愿意付费使用的相关产品、服务或内容来实现大数据的货币化。例如，在领英公司的营业收入中，20%来自订阅服务，30%来自营销服务，50%来自人才解决方案，其中的核心部分就是向用人单位提供有针对性的人才智力和工具。

要想为你的企业赚取更多的消费者盈余,你必须不断尝试。从基于交易的传统电子商务向订阅模式的转变是一种越来越受欢迎的途径。为了锁定消费者忠诚度和二次消费,许多公司推出了基于自动导航关系的产品。例如在零售业,德国柏林的 Glossy Box 公司已向网络订阅用户发送了超过 400 万份新开发的美容产品,大多数用户每月只需付费 21 美元,就可以获得 5 款美容奢侈品。Dollar Shaving Club and Harry's 这类公司则是通过收取固定费用的方式每月向用户供应剃须刀片。这家公司正在对吉列等老牌企业构成挑战。在英国,Graze 是一项订阅服务,他们每周向客户供应个性化的健康点心盒。2013 年,它的营业收入达到 6 410 万美元,几乎翻了一倍。

在媒体行业,就数字内容的货币化展开的探索试验是十分普遍的。数字付费订阅、数字订阅与纸质订阅捆绑销售减缓了《纽约时报》的广告收入下滑和报纸发行量减少的趋势。《纽约时报》首席执行官马克·汤普森(Mark Thompson)将这种主动采用"收费墙"(Paywall)的行为称为"这几年最重要和最成功的商业决策"。《泰晤士报》自称拥有超过 87.5 万名数字订阅用户。目前,它通过发行量获得的收入已经超过广告收入。

Piano Media 是斯洛伐克的一家创业公司,该公司建立了一个囊括了该国最主要媒体的收费墙系统。在最初的盈利模式中,Piano Media 根据用户在每个网站停留的时间把订阅收入在用户访问的原始网站(30%)和其他媒体网站之间进行分配。

2012 年,在 Piano Media 进军中欧其他国家市场之前,它在斯洛伐克这个 500 万人口的小语种封闭市场中推出订阅服务,并成功证明了这一概念的可行性。

2014 年 8 月,Piano Media 通过收购 Press+ 进行业务扩张。Press+ 是美国一家小额支付和收费墙领域的领先公司,它创造的营收规模是 Piano Media 的 9 倍。

不能等待尘埃落定

在新技术赌局中,面对飞速发展的技术变革,人类的本能是等待一切均已尘埃落定后再来下注。但时间正是我们的敌人。今天的新技术,明天就可能会过时。一个看似毫不相干的收购或战略举措可能就会动摇一个行业。从数十种3D打印技术中搞清楚哪一种将成为标准技术,是一件耗时且成功概率很低的事情。大多数公司都在竞相努力使之成为其常规业务的一部分。

对于许多成熟公司而言,由于严格界定的风险偏好、高门槛的新投资以及既有的IT系统,他们并不会考虑将赌注押在早期技术上。以汽车保险行业为例,许多成熟公司既会紧盯灵活的新闯入者,又会小规模投资远程信息技术和行为数据方面的一些试点项目。接受创新可能会重新定义公司监控客户行为的方式,因此也会影响定价和风险评估。在美容行业里,有些公司也会被技术弄得措手不及。一款名为Mink的3D打印机可以让用户在自己家中"打印"定制化妆品。如果这款打印机在2015年以目标零售价200美元上市销售,这将会威胁到既有公司原本健康的安全边际。

作为一个意料之中的例外,科技巨头凭借雄厚的财力和敏锐的眼光脱颖而出,并在下一代变革性技术上押下重注。在2005年移动互联网发展初期,谷歌公司收购了安卓系统。2006年,谷歌公司又在在线视频广告业务起步阶段,花费16亿美元收购了YouTube。事实证明,这两笔收购都是十分高明的企业行为,是对主流传统智慧的公然挑衅。谷歌联合创始人拉里·佩奇在众人感到担心之前,就表达了一种紧张感。在谈到收购安卓系统的决定时,他表示:"我有一些难过,同时又有一些内疚。为什么我花时间做这件事情?为什么我不把时间用在搜索、广告或者其他业务上?但证明我们所做的这件事情是相当重要的。"

在其他行业里,一些大公司已经认识到,与充满活力的科创企业建立共生关系是投资科技领域的一种有效方式。这样做可以将核心业务面临的风险和颠覆性力量降至最小，同时还有可能让公司有机会获得前景广阔的新产品和服务的所有权，或者能够部署这些产品和服务。在现行组织架构中，这些大公司向前景光明的创业者提供"加速器"和创新实验室，以此为他们提供支持性环境、导师、设备和资金。2012 年，通用电气推出 GE Garages，这是一个致力于重振先进制造业的技术创新的实验室孵化器概念。GE Garages 在美国设立车间，为创业企业提供使用 3D 打印机、电脑数控机床和激光切割机等设备的机会，并为他们提供专家意见和寻找潜在的合作伙伴。2014 年，通用公司在全球范围内开始推广这一概念。最近，通用电气在尼日利亚的拉各斯市设立了一个 GE Garage。2013 年，与谷歌公司共同出资，安联保险公司开发了自己的首款数字加速器（Digital Accelerator），关注的重点是，在慕尼黑，大数据如何推动新的保险与金融商业模式的发展。

为了人才、组织和投资而关注技术

通过任命首席数字官和提升他在组织内的重要性，某些公司已经成功将这种技术形态制度化了。索纳·查维拉离开戴尔公司，以电子商务高级副总裁的身份加盟美国最大的连锁药店沃尔格林。几年过后，她被提升为电子商务总裁。2013 年，她又成为直接对 CEO 负责的数字总裁兼首席营销官。2011 年，在查维拉的带领下，沃尔格林收购了 drugstore.com，并开发了美国最受欢迎的一款移动健康应用软件。用户通过该应用软件扫描条形码，可以重置处方和设定个性化的药品提醒功能。今天，该连锁药店 40%以上的处方重置在线订单均来自这款应用软件。多渠道客户使用该软件比实体店客户多消费了 3.5 倍。

还有一些公司采用"人才并购"（为了留住运营人才而收购企业公司）的方法，或建立合作关系追赶前景广阔的趋势，加速获取知识产权、人才和技术。雅虎公司豪掷10亿美元收购轻博客（Tumblr），部分原因是为了将天才创始人大卫·卡普纳入麾下。2014年5月，沃尔玛砸下3亿美元收购硅谷的广告软件公司Adchemy，将这个拥有60人的团队并入沃尔玛内部的技术部门@Walmart Labs。2013年，在27个国家拥有1 300家商店的化妆品零售商丝芙兰收购了数字技术专业公司Scentsa，以改进店内购物体验，让Scentas的技术遥遥领先于竞争对手。

德国传媒巨头斯普林格集团将科技和数字化纳入到投资策略。2014年，斯普林格卖掉多家地方性报纸、女性杂志和电视杂志。随后，它将大笔资金投入到付费内容、数字广告和在线分类广告等三大数字支柱业务。斯普林格集团还在柏林推出了"即插即用加速器"（Axel Springer Plug and Play Accelerator）。2013年，它又与私人股权公司泛大西洋资本集团共同设立合资公司，致力于数字分类广告业务。斯普林格集团还经营一家风投机构斯普林格创投公司，对比价网站、忠诚度购物应用软件等创业公司和一家领先的初期投资基金进行风险投资。

在这个技术飞速发展的时代，这些努力并不能保证一家公司一定可以繁荣发展。**但在这个商业模式和策略很快就会过时的世界里，企业领导者必须不断思索让企业永葆活力的方法。**

第 3 章

老龄化的挑战
人均寿命超过 100 岁的世界是什么样？

一个国家的人口骤降27%，结果会怎样？"鬼城"不只出现在中国辽阔的内蒙古草原，也散布在欧洲的波罗的海沿岸，不同的是，前者是人为的，而后者则是被不可抗拒的人口魔咒所束缚。

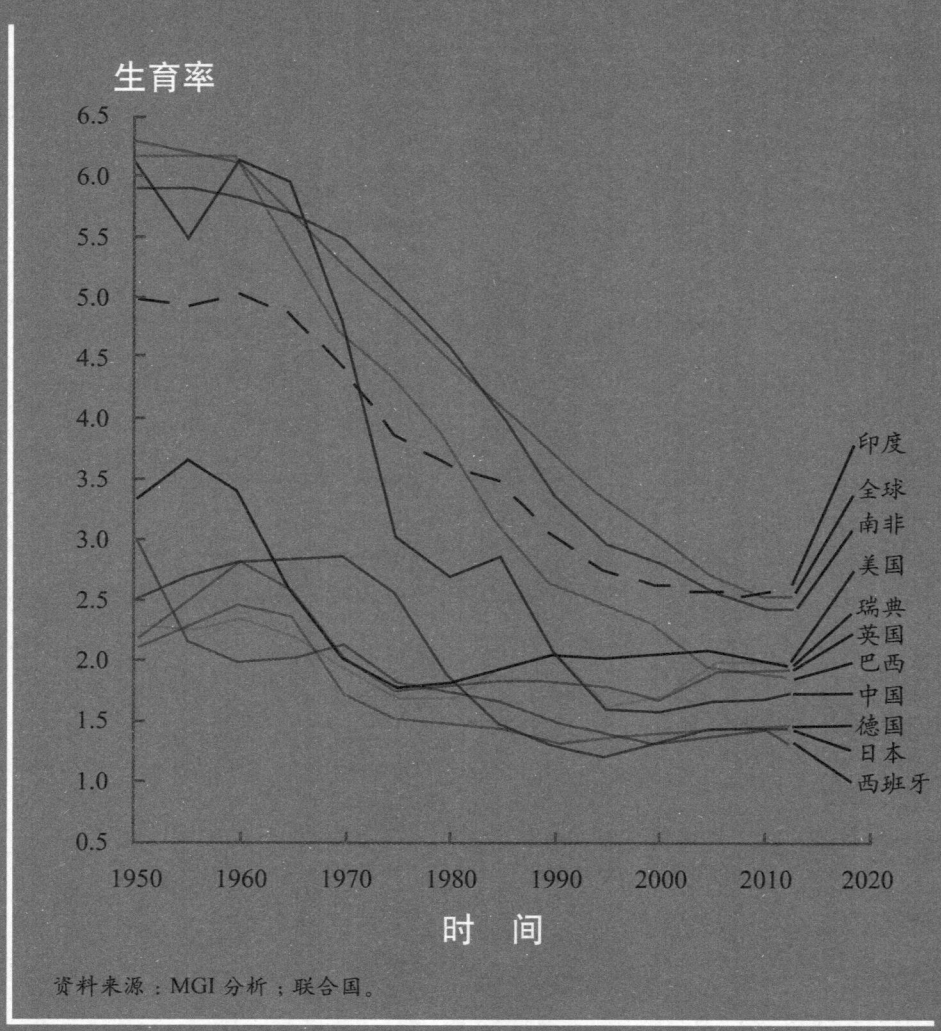

图 3.1 全球生育率下降

如今,用机器人清洁地板已不是什么新鲜事。2002年,位于马萨诸塞州的 iRobot 公司首次推出 Roomba 机器人,它似乎更像是一位电子女仆。这家公司总共售出了 1 000 万多台 Roomba 机器人。在日本,机器人正在飞速发展,开始取代管家的角色,成为家庭医疗助手和人类伴侣。日本奈良先端科学技术大学与巴雷特科技公司的研发人员将名为"全臂机械手"(Whole Arm Manipulator)的机器人硬件与计算机智能结合起来,发明了可以帮助人类穿上或脱掉夹克、衬衫和睡衣的机器人手臂。位于大阪市的 ART and Vstone 公司设计的仿人机器人 Robovie-R3 让电影《星球大战》中的机器人 R2D2 走进了现实生活。Robovie-R3 能够以每小时约 2.4 公里的速度在商场购物者身边缓慢移动,还能在老年用户穿越人群时扶住他们的手臂,帮助他们提购物篮——当然,它们不会要求停下来喝一杯咖啡。

首次来到东京的游客,通常都会认为这座城市充满了未来感。日本有许多像丰田市生产普锐斯汽车高效工厂一样的工厂，机器人设备早已取代了工人。但 Robovie-R3 以及最近设计出来的机器人并非为了满足工业生产的需要，而是为了满足这个年龄中值为 46 岁，65 岁以上人口占 24%的全球老龄化最严重国家的现实需求。再加上外来移民人口较少以及极低的生育率（每个妇女生育 1.4 个孩子），根本没有足够的人员照顾日益增多的老年人口。在一次记者招待会上，丰田市的官员被问到如何应对本国的人口问题时，他们回答："或许机器人可以照顾我们。"这并不是一个令人感到鼓舞的回应。

全世界的分析师都喜欢将地球描绘成一个年轻动感的世界，我们需要做的只是等待年轻人成长起来。全球大部分地区，情况的确如此。巴基斯坦的年龄中值为 22.6 岁，全国近 55%的人口在 25 岁以下。在撒哈拉以南非洲地区，40%以上的人口是 15 岁以下的儿童。每家以消费与服务为主业的公司都在思考如何才能打入这些不断增长的年轻消费群体。

但事情还有另外一面，这也是当今世界，经常被忽视的趋势转变之一。在"二战"过后的数年里，全世界似乎眨眼间变得年轻了。几乎所有国家的富人和穷人数量都在增长。接种疫苗的条件得以改善，婴儿死亡率持续下降，没有爆发大规模毁灭性的世界大战，这就创造了一个良性循环的发展环境。全球总人口不断增长，适龄劳动人口的数量飞速增加，从而推动经济发展。人口剩余为我们带来了巨大红利。更多人口意味着对商品、服务、住房和学校的需求增加，反过来，这又创造了更多工作机会和更多税收。凭借科技带来的放大效应，人们的工作效率也在不断提高。

现在，全世界正在变老。虽然我们并不是今天才认识到人口老龄化趋势，但长期预测正在变成现实。在许多高度发达的大国经济体以及中国这个全球最大的发展中国家，人们的寿命延长了，但生育率却降低了。

"婴儿潮"一代人正在变老，慢慢触及退休年龄，与此同时，生育率却在急剧下降。这种趋势即将达到一个临界点。在未来几十年的某一个时刻，这一趋势很可能导致近代以来除了非洲以外的全球大部分地区的人口首次达到平衡状态。全球许多地区都会出现人口迅速老龄化、劳动力老化以及政府社会事业不断膨胀的状况。就这一点来说，人口数量已经开始下降的日本就是人类未来的真实写照。

这些发展确实要求我们对直觉进行重置，转变对老年人的看法，将他们视为消费者、客户、员工和股东。

"鬼城"与都市之争：人口之殇

全球经验告诉我们，各国的人口出生率都会随着富裕程度的提高而呈下降趋势。随着经济发展，各国居民会采用更多节育措施，女性面临更多选择，父母也不再认为大家庭在经济上具有必要性，人们也不会通过多生孩子应对婴儿高死亡率。一般而言，国家富裕程度越高，女性一生中生育孩子的数量越少。德国的生育率是1.4，而尼日尔、索马里和马里等国家的生育率则在6以上。虽然最新研究表明，在高收入国家中，尤其是拥有大量移民的国家，生育率趋势可能发生有限逆转。例如，英国的生育率为1.96，而在一些制定了相关政策帮助家庭抚养子女和就业的国家，低生育率的长期趋势不太可能被打破。

30年前，占全球人口比例很小一部分的少数国家的生育率明显低于必要的人口替代率，即发达国家的1个妇女生育约2.1个子女，发展中国家的一个妇女生育约2.5个子女。生育率推动着发展中国家的人口增长。1970年，墨西哥和沙特阿拉伯的生育率高达7，印度、巴西和印度尼西亚的生育率是5。在许多低生育率的发达国家，移民推动了人口增长。从20世纪60年代到2012年，移民人口生育的子女占英国总人口的比例从3%上升到12%，提升了4倍；美国的这一比例从6%上升到14%，增长了两倍多；加拿大和法国的这一比例各增长了50%。

截至 2014 年，由于全球经济普遍呈现繁荣景象，全球约有 60% 的人口生活在生育率低于人口替代率的国家。其中包括大部分发达国家和中国（1.5）、巴西（1.8）、俄罗斯（1.6）和越南（1.8）等发展中国家。预计在全球 19 个最大经济体中，除了墨西哥之外的 18 个经济体的净移民人口数量也将减少。

2006 年，阿方索·卡隆执导的电影《人类之子》（*Children of Men*）描绘了一幅糟糕的未来场景，那时生育子女成为了一个奢望，甚至被视为奇迹。虽然现实情况还没有严重到那种程度，但现在几乎所有欧洲国家的生育率都已低于人口替代率。预计到 2040 年，欧盟总人口仅增长 5%。此后，欧盟总人口开始减少。长期以来，德国（2014 年的生育率是 1.4）的人口增长的疲软状况一直十分突出。欧盟委员会认为德国人口到 2060 年将减少 19%。预计到 2060 年，德国的适龄劳动人口将从 2010 年的 5 400 万减少到 3 600 万。

德国可以通过从俄罗斯、土耳其、非洲及其他国家吸纳移民的方式弥补人口缺口。但并非所有国家都具备吸引新移民所必需的经济实力和文化特质。由于年轻人都选择离开故土去他乡寻求财富，许多低生育率的欧洲国家正在承受人才大量流失的恶果。波罗的海和黑海周边的欧洲国家的人口正在持续减少。未来几十年，这些地区的许多城镇将变成废弃的"鬼城"。到 2060 年，保加利亚的人口预计减少 27%，拉脱维亚、立陶宛和罗马尼亚也将遭遇类似困境。在欧洲人口减少的大趋势中，英国将是一个例外。由于移民家庭的人口生育率较高以及目前相对较多的移民数量，英国将在 2060 年取代德国，成为欧盟中人口最多的国家。

人口下降的现象并非只出现在欧洲，除了非洲之外，全球人口增长高峰时代可能已经远去。在未来 50 年内，年均人口增长率将从 1964～2012 年的 1.43% 降至 0.25%，这一趋势将对全球经济和政治产生深远影响。

从"世界工厂"到"世界养老院"

在趋势突破时代，明显但通常不被看好的特征正是各方势力采取一致行动，以更快速度放大和变革的突破口。我们在城市化和技术变革方面已经看到了这种现象。在人口方面，同样的态势也表现得十分明显。人口生育率普遍下降，同时，人类的预期寿命正在持续延长。换句话说，新出生的人口相对较少，而几十年前出生的人却越活越久。全球人类的预期寿命上升是战后让人类自我感觉相当良好的现象之一。全球人口出生时的预期寿命已从1950～1955年的47岁上升到目前的69岁。几十年后，即在2045～2050年，人类平均的预期寿命将达到76岁。

简单地说，人口结构表已经被颠覆。1950年，发达经济体的15岁及以下儿童的数量是60岁及以上老年人口的两倍。2013年，老年人口在这些国家总人口中的占比达到21%，而儿童在总人口中的占比是16%。鉴于当前趋势，到2050年，发达经济体的老年人口将达到儿童的两倍。2014年，信用评级机构穆迪公司预计，20%以上的人口超过65岁人"超高龄"国家的数量将从今天的3个增加到2020年的13个。到2030年，这个数字将会进一步增加到34个。

这样的人口周期变化不仅限于发达经济体。中国是目前全球人口最多、经济实力上升最快的国家。在某个生机勃勃的春日，成群即将毕业的学生头戴学位帽，身穿学位服在武汉的各个景区拍照留念。武汉是一座拥有数十所高等院校和120万学生的内陆城市。但武汉与中国其他城市一样，正承受着与欧洲城市相似的人口压力，尽管二者的原因完全不同。

在中国，计划生育政策被坚持了30多年，这也拉高了中国的年龄中值。中国的年龄中值约为37岁，与美国相当。2030年，中国的55岁及以上人口占总人口的比例很可能将从目前的26%上升到43%以上。

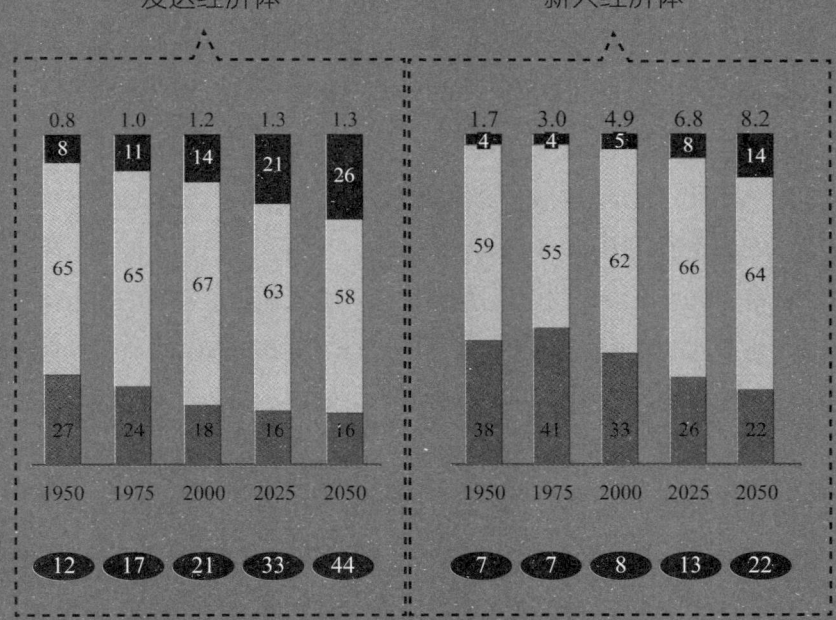

图3.2 老年人口占总人口的比例迅速增长

中国人把即将到来的老龄化挑战称为"4:2:1现象",即今天的1个成年子女必须赡养2位父母和4位老人。2040年,中国患有老年痴呆症的病人数量比发达国家患此病的人数总和还多。被喻为"世界工厂",拥有从事劳动密集型工作的庞大工人群体的中国有朝一日终将变成"世界养老院"。

除了人口结构之外,科技也在加速人口老龄化趋势。各种新技术让人们变得更加健康、更加长寿,我们预计未来10年,人类的预期寿命还将显著延长。例如,结合基因测序技术、大数据分析技术和能够改造生物体的各种技术的下一代基因组学可能会让人类的生物学知识更加丰富,从而帮助我们治愈癌症和心血管病等不治之症。

目前,这类病症每年夺去大约2 600万人的生命。根据癌症专家的评估,我们预计,到2025年,基因诊疗技术将使人类的寿命延长6个月到2年。

此外,桌面设备将把基因测序变成医生的常规检测手段之一。不久之后,3D打印技术也能让医生"打印"出生物结构和器官。材料科学的进步还将促使人类开发出应用于给药系统的纳米材料。

银发越来越多,劳动力越来越少

生育率下降、人口增长放缓和老龄化将对未来的劳动力市场造成深远影响。劳动人口的供给将会变慢,人们的工作年限比现在更长。甚至"劳动力"一词的定义也将发生变化,除了今天所指的"20～64岁的人口"之外,还可能包括年龄更大的人群。

"愿你的心总是充满快乐,愿你的歌曲永远被人传唱,愿你永远年轻。"鲍勃·迪伦在歌曲《青春永驻》中如此唱道,尽管令人难以置信。这位嗓音沙哑的民谣歌手已经73岁了,他还在四处巡演。2014年7月,年满70岁的摇滚乐手米克·贾格尔依然穿着紧身皮裤登台演出。

棒球老将杰米·摩耶在49岁时还能打出漂亮的高球。美国最高法院的法官通常工作到80多岁才退休；目前，美国最高法院法官的年龄中值为64岁。不久的将来，这种现象会更加普遍地出现在一些平凡的工作岗位中。

为什么会这样呢？按照当前的发展趋势和定义，全球劳动力的年增长率将从1990～2010年的1.4%左右放慢到2030年的约1%。1964年，15～64岁的适龄劳动人口占总人口的比例是58%，这一比例在2012年达到峰值68%。

然而，在未来50年里，全球适龄劳动人口的比例将降至61%，与此同时，65岁及以上老年人口占全球总人口的比例将从2012年的9%升至23%。

目前，中国的适龄劳动人口占总人口的比例约为70%，为全球适龄劳动人口占比最高的国家之一。2013年1月，中国国家统计局公布的适龄劳动人口比例实际上在2012年已开始下降。随着中国人口的老龄化，到2030年，中国的适龄劳动人口比例将降到67%。我们估计，发达经济体到2030年，将新增3 000万左右的劳动人口，仅比2010年增加6%。按照穆迪公司的预测，2015～2030年，全球劳动人口的增长率仅相当于2001～2015年的50%，而大部分增长都是由美国、英国和加拿大等少数几个国家贡献的。

更长的预期寿命和更低的投资回报率意味着，老年人将越来越没有能力承担退休生活。此外，由于适龄劳动人口减少，享受福利的人口增多等不合理的人口结构将会增加预算赤字，政府提高退休年龄的压力日益加大。

因此，55岁及以上的高龄劳动力占全球总劳动力数量的比例预计将从2010年的14%上升到2030年的22%。在发达经济体和中国，银发劳动力的问题表现得更加尖锐，他们的银发劳动力占劳动人口的比例将分别增至27%和31%。

退休年龄延迟到 70 岁？

很早以前，各国就预计到了人口结构的转变，他们正在努力寻求应对措施。尽管德国每年提供的家庭补贴高达 2 650 亿美元，但仍然难以转变人们提高生育率的文化态度。研究表明，中国的生育率不太可能很快恢复。日本、俄罗斯以及北欧国家，移民往往是改变国家人口结构的一种有效手段，但这又会带来一些社会和文化方面的冲突。在现代历史上，劳动人口的老化和减少是前所未有的，而这一颠覆性力量将影响到我们每一个人。退休人口的增长率将比人口增长率快两倍，也就是说，要用更少的劳动人口养活更多的老年人口。在接下来的 20 年里，全球退休人口预计将达到 3.6 亿。大约 40% 的即将退休人口将来自发达经济体和中国，这其中约 3 800 万人接受过大学教育，并掌握有用技能。

除了给全球养老金带来压力之外，这一趋势还将使全世界的储蓄面临挑战，并产生大量新的财政压力。标准普尔公司在 2013 年的一份报告中指出，目前，发达经济体的一般政府债务净额中位数增长率不到 40%，但如果不进行政策改革，与年龄相关的支出将使这一数据上升到 2050 年的 190%。与伊利诺伊州目前面临的情况类似，美国其他各州和各大城市在养老金方面由于不足引起的矛盾，只不过是更大战争中的早期冲突。

那些拥有成熟的社会保障和养老制度的国家的政府越来越担心成本问题。经济合作与发展组织（OECD）研究表明，在 30 个发达经济体中，男性的平均退休年龄已从 20 世纪 50 年代早期的 64.3 岁下降到 20 世纪 90 年代早期的 62.5 岁，提早了近 2 年。同一时期，女性的平均退休年龄则从 62.9 岁下降到 61 岁。现在，这一趋势被颠覆了。自 20 世纪 90 年代中期以来，14 个国家已经或计划延迟男性退休年龄，18 个国家已经或计划迟延女性退休年龄。在未来 40 年里，近一半的经合组织成员

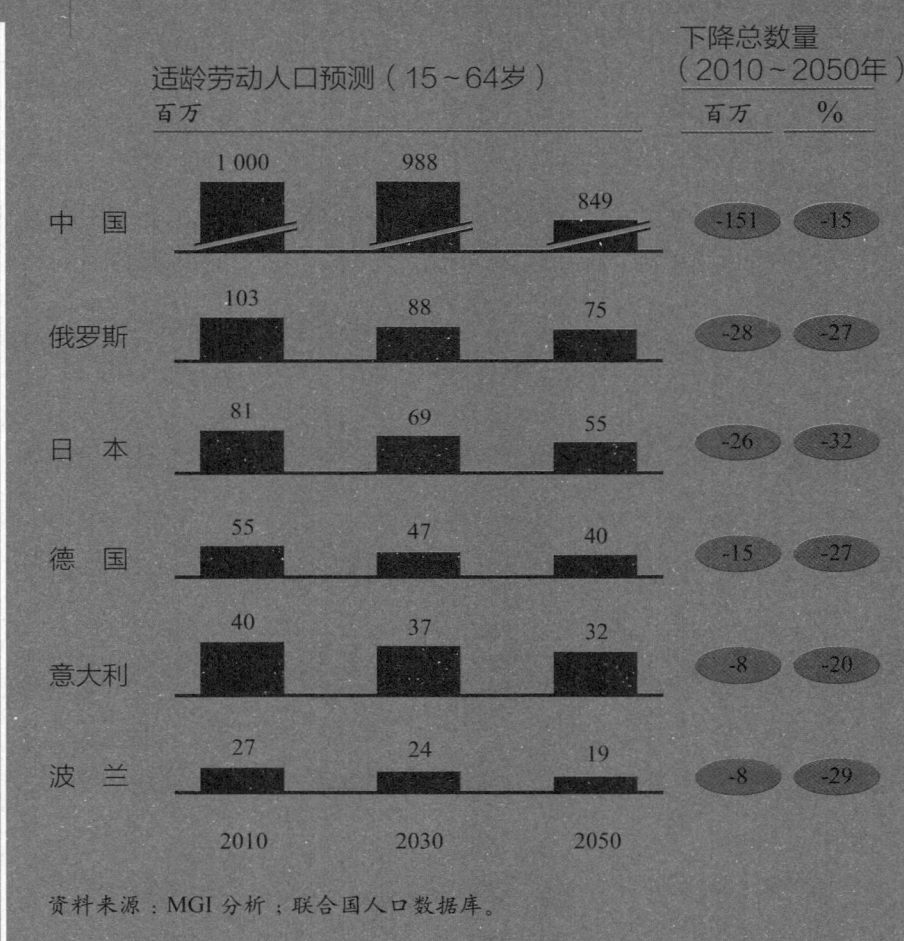

图 3.3 许多国家的劳动力绝对值大概率下降

国将会迟延退休年龄。然而，正像经合组织指出的那样，这只不过是"过渡阶段"，因为人类的预期寿命还在不断延长。英国特纳养老金改革委员会认为退休年龄应延迟到 70 岁。

面对以前员工的退休期不断延长的情况，越来越多私营企业开始退出养老金固定收益计划。从 20 世纪 80 年代起，发达经济体开始向养老金固定缴费计划转变，这一转变过程在 21 世纪第一个 10 年呈现加速趋势。

1980 ~ 2008 年，美国在册员工参与养老金固定收益计划的比例从 32% 下降到 20%，并在 2013 年锐减至 16%。与此同时，参与养老金固定缴费计划的员工比例则从 1980 年的 8% 增至 2013 年的 42%。许多雇主已经冻结了他们养老金固定收益计划，预计在未来几年里，其他雇主会同时冻结并终止养老金固定收益计划。

人们对退休的态度也开始发生转变，以回应老年人增加给财政的压力。一份针对 50 岁及以上美国人的问卷调查显示，近三分之一的人认为他们退休后"极有可能"还要从事一些有偿工作，另外 28% 的人认为"有可能"。五分之一的人表示，他们在退休以前已经在工作场合遭受过年龄歧视，而且在退休后有过求职经历的人中，大部分人都遭遇过求职困难。

老龄化：遗留成本 or 稀缺资源？

作为企业领导者，你不可以停滞不前，眼睁睁地看着员工和客户慢慢变老。为了适应新常态，企业领导者需要在企业运营方式以及管理客户、员工和股东的方式上做出一些根本性变革。医疗行业处于人口结构变化的最前沿。对于美国医院有限公司（Hospital Corporation of America）这类企业而言，老龄化是一把双刃剑。联邦医疗保险覆盖的人群患有老年人常见病的人数越来越多，这将推动该公司的 165 家医院和 113 家独立手术中心的服务需求。但老龄化趋势又让越来越多经验丰富的医疗专家离开了工作岗位，至少按照当前情况来看就是这样的。一位执业护士退休时，可能已经积累了 35 年的工作经验，这些知识在急救时是非常重要的。美国医院有限公司已经逐渐意识到，可以采用弹性的工作安排，让退休员工继续发挥余热。因此，在必要时，可以让退休护士从全职工作转为轮班，这样一来，他们既可以持续获取收入，又能避免全职的工作压力和长时间劳累。

给 55 岁以上员工培训与转岗

长期以来，青年人群一直是主要的劳动大军。企业领导者通常认为，过了 25 岁，自己就过气了。高龄员工的成本更高，因此在企业重组时，他们往往是被买断或辞退的首选对象。但在这个日益老龄化的社会里，雇主必须重置直觉。高龄员工不应被视为遗留成本，相反应该把他们看成是企业的资产和资源。雇主总希望在更大范围内选到更优秀人才。随着人口结构的变化，将会有更多技术熟练，教育程度优良，经验丰富的人才等待雇主发掘。

从历史上看，雇主都持有一种非黑即白的心态。在职员工每天从事全职工作，直至退休为止。雇主已经习惯了对雇用条款和条件拥有决定权。然而，技术、虚拟工作方式和人口结构变化可能会让这一范式发生改变。为了让退休员工和对全职工作失去兴趣的人重返工作岗位，企业必须建立一种灵活的劳动关系。各种灵活的工作安排有助于维系企业与员工的关系，但条件是这些工作安排对于高龄员工的吸引力更大。

在日本，类似丰田公司这类企业过去有着严格的以年龄为基础的退休计划，但现在他们已经开始实施重启雇用计划，允许退休员工申请丰田或附属公司的工作岗位。丰田公司通过该项目，已经重新起用了一半左右的退休员工，公司采用弹性生产获得了退休员工的技能和经验。反过来，退休员工也能获得收入，参与社交和继续以兼职方式从事工作。

在设计一些需要高级技能并存在限制条件的职业发展路径时，政策变得越来越重要。法国安盛集团推出了一项旨在提升员工，尤其是高龄员工的内部工作流动性的"Cap Métiers"计划。如果非一线员工转换岗位，安盛集团会向他们提供就业保障和职业培训。该集团30%的员工（包括大部分高龄员工）在这项计划推出的最初几年里更换了岗位。泰雷兹公司决定推行一项以职业发展为目的的综合政策（例如，对45岁以上员工进行系统性的职业评估），让公司55岁以上员工的数量每年增加5%，开展职业培训和实行师徒结对，并对在职与退休之间的过渡期进行管理。

另一个至关重要的举措是提供针对性培训以留住高龄员工，对他们的工作进行重新定位并让他们的技能与时俱进。英国天然气公司在培训和学徒计划中取消了年龄限制。学徒和培训生的平均年龄有所提高，有些培训生的年龄已经达到了57岁。该公司还积极鼓励高龄员工担任年轻雇员的导师，采用灵活的措施为高龄员工和看护工提供支持。

"婴儿潮"时期出生的一代人逐渐老去，引发了对劳动力短缺的担忧。针对美国老年人会从东北部、中西部和平原地区移居至佛罗里达和西南部过冬的既定迁徙模式，一些美国公司已经对人力资源需求进行了针对性调整。药店巨头CVS公司的劳动力计划总监史蒂夫·温意识到"如果公司不知道如何招募和留住高龄员工，公司就无法经营下去"。鉴于这一情况，CVS公司推出了一项名为"雪候鸟"的计划。该计划规定新英格兰地区的药剂师、图像主管和化妆品销售员冬季可以在佛罗里达州的药店工作。这大大提升了每年参与该计划的1 000多人的满意度。因此，当你听到该公司熟练员工的留存率比行业平均水平高出30%时，也就不足为奇了。

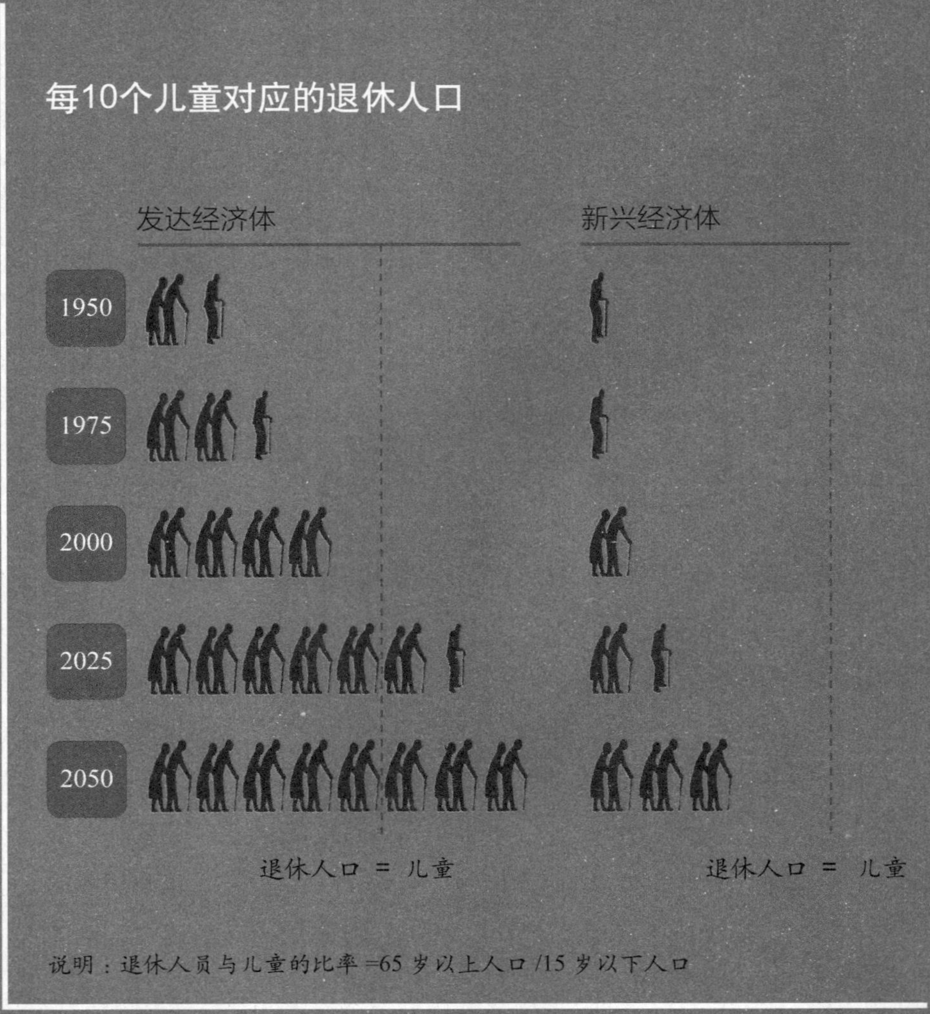

每10个儿童对应的退休人口

	发达经济体	新兴经济体
1950	👴👴	👴
1975	👴👴👴	👴
2000	👴👴👴👴👴	👴👴
2025	👴👴👴👴👴👴👴👴	👴👴👴
2050	👴👴👴👴👴👴👴👴👴👴	👴👴👴👴

退休人口 = 儿童   退休人口 = 儿童

说明：退休人员与儿童的比率=65岁以上人口/15岁以下人口

图 3.4
1950～2050年，退休人口与儿童的比率会增加

针对老龄人口的营销

今天,面向消费者的公司非常关注他们在25～54岁人群中的形象。战略家制订详尽计划吸引年轻消费者,培养他们的消费偏好,在他们走向成熟,达到收入和消费高峰时段时牢牢抓住他们的注意力,而这些人的年龄一旦超过50岁,就会成为上述公司抛弃的对象。但随着社会发展,老年消费者成为了市场主力,他们作为活跃消费者的时间更长了。如果越来越多老年人延长工作年限,他们的可支配收入就会越来越多。由于这类消费者的偏好和需求随着时间流逝而发生改变,公司必须重置直觉,以便根据自身情况满足老年消费者的需求。

例如,那些正在向退休生活艰难过渡的人越来越在乎成本。在法国,50～54岁人群和70～74岁人群的年家庭购买力平均相差18 000欧元。2030年,这一差距预计扩大至22 000欧元。老年消费者面临着购买策略的取舍。非退休人群更倾向于"更聪明地购物",即在品牌折扣网站上淘特价商品,而退休人群追求的则是价值,例如,他们会购买超市自有品牌商品。

消费模式还存在着第二个重要趋势。一般来说,临近退休,老年人会减少住房、家庭以外的食物和服装的支出,同时增加家庭食物、医疗服务甚至电子产品方面的开支。尤其重要的是,他们对健康保健以及解决他们的移动性和独立性需求的关注。在满足上述需求的产品和服务方面,存在着一个快速增长的市场。例如,达能集团最近在西班牙推出了一款有助于加强骨密度的产品Densia,该集团还计划向包括法国在内的欧洲其他市场扩张。

一代又一代人进入到这个高速增长的市场,理解他们的需求,而不是盲目依赖早期的方法变得越来越重要。对于中国这样快速增长的国家来说,更是如此。考虑到中国当前的人口结构趋势,从现在起到2020年,中国将增加1.26亿老年消费者。他们的消费模式很可能不同于现在已经退休的人群，这代人经历过特殊年代，他们的可支配收入非常少，服装方面的支出仅有 7%。事实上，我们针对中国消费者最新的调查显示，现在 45～54 岁人群的消费模式与 34～45 岁人群的消费模式更加相似。公司应该重新思考中国老年消费者的需求。

传统家庭结构的瓦解将对老年人造成很大影响，社区和数字连通服务将成为他们的需求。在线平台和其他商业创新模式可以解决老年人的孤立感，这是一个与独居老人高度相关的因素。为了解决老年人对社区意识的渴望，ElderTreks 公司开始提供假日旅游服务。印度的托马斯·库克旅行社针对 60 岁以上富裕的印度游客推出了"银发假期"（Silver Break）旅游套餐，其服务特色包括便捷交通、轻松的旅行日程和专门化的饮食。此外，**由于老年消费者越来越习惯使用笔记本电脑和智能手机等产品，企业管理者应将这类行业作为未来的主要增长动力**。例如，新加坡电信运营商 SingTel 针对这一趋势开发了 Silverline 项目，鼓励人们捐出旧的 iPhone 手机，并在手机上安装专为老年用户开发的应用软件，并向他们免费提供一年的通话和数据套餐。

为建立品牌知名度所制订的广告策略也应做出调整。定位于老年人的低概念广告是午夜电视节目的主角——通过拍手的声音激活的电灯开关、成人纸尿裤以及由出演过 20 世纪 70 年代情景喜剧《欢乐时光》高龄影星亨利·温克勒（Henry Winkler）高调代言的反向住房抵押贷款广告。但是，已经锁定这类趋势的公司则正在制订更加复杂和微妙的营销策略。2007 年，联合利华的多芬品牌针对 54～63 岁的女性消费者推出了一组名为 Pro-Age 的香体剂、护发以及护肤产品。与新产品同时推出的还有一款充满挑逗性的广告，选用了与目标人群一样有着老年斑、皱纹和银发的裸体模特出演。其中一个插播广告在 YouTube 网站上的点播量竟然高达 250 多万。预计到日益变老的"婴儿潮"一代人对老品牌形象的需求和所遇到的问题，金佰利在 2011～2013 年针对 Depend 品牌的尿失禁产品发起了一系列品牌重新定位活动。令人意想不到的是，这项活动还吸引了丽莎·林娜（Lisa Rinna）和前橄榄球运动员等年轻明星参与。他们愿意突破尿失禁产品引起的不好联想，证明这款产品很好地体现了一种积极的生活方式。

针对老年人提供产品和服务

精明的市场营销人员总会根据消费者的年龄段和其他重要特征细分核心市场。全球各地的公司、非营利机构和公共部门都在开发服务于老年人的新产品和新服务，并对客户的终身价值进行创新性思考。我们常说"为年轻人服务"，但现在越来越关注"为老年人服务"。

我们还需要反思城市和社会福利的设计，照顾到新消费者的需求。带有社区和为老年人量身打造的活动的住房开发项目、翻新改造的公寓、便捷的医疗服务以及与电动高尔夫球车短程移动相配套的基础设施很快就将成为主流。在新加坡，人口老龄化自 20 世纪 80 年代就被提上了国家议程。公共交通、住房政策以及"老少宜居城市"（City of All Ages）等项目逐渐将新加坡的各个社区变得更加适合老年人生活。即便在印度这个年轻人众多的国家，这也是一个非常活跃的话题。按照联合国估算，印度 60 岁以上人口已经超过 1 亿人。2050 年，印度的老年人口将突破 3 亿人。2011 年，印度成立了首个国家级"印度老年人生活协会"，这是一个服务于老年人社区的公司行业协会。目前这是一个规模小，分散化但却在飞速发展的市场。塔塔和马克斯印度公司等房地产开发商已经宣布了专门面向老年人打造生活社区的计划。

在针对"银发"市场打造定制服务和产品方面，零售、医疗、科技、金融以及娱乐行业的私营公司成为了"早起的鸟儿"，而日本再次成为该领域的领导者。一般来说，大型购物中心往往是青少年和年轻人的购物天堂。但在 2012 年，以零售为主营业务的永旺集团在日本千叶县的船桥市开设了一家主要服务于老年人的购物中心。这是一项更加宏大的计划的首次行动，永旺集团旗下共有157家购物中心，他们打算重新定位其中大部分购物中心，以便打入价值101万亿日元（约1.18万亿美元），以日本"银发"消费人群为代表的消费市场。在这家购物中心里，手扶电梯的移动速度比普通手扶电梯的速度慢，人们可以在这里接受体检，各类商品的价格标签也采用了更大字号的文字标示。对于想结交新朋友的人，购物中心还提供名为"开始交友"（Begins Partner）的老年人约会服务，这或许就是购物中心开张当天有约5 000人在门口等候的原因之一。

零售银行业针对老年人提供的定制化产品和服务也越来越普遍。为了银行客户的差异化视觉、听觉和访问需求，银行对电话、网络、ATM机和所有物理接触点进行了改造。道明加拿大信托银行开发了一个带有电视遥控功能的工具栏，客户可以轻松浏览网页、调整字体大小和音量并及时获取帮助。巴西的布拉德斯科银行为患有听力障碍的客户提供耳机。德国的德意志银行设计了无障碍ATM机，并配有盲文和声音。未来10年，老年人市场将变得越来越主流，为阿尔茨海默症患者提供的老年人投资服务和专门的欺诈保护服务便是一个例子。

除了定制化营销、产品和服务之外，企业和各类组织还必须创新和构思新产品。史蒂夫·乔布斯有句名言："消费者并不知道自己需要什么，直到我们把产品拿给他们看。"预测消费者的迫切需求往往是产品开发过程中重大的创新驱动力。将人力资本和金融资本投入到老年人产品的重新构思上，很可能让你收获巨大的"银发"红利。

2013年，亚马逊公司推出一个名为"50+活力健康生活馆"（50+ Active and Healthy Living Store）的新零售项目，销售营养品、保健品、运动健身产品、医疗产品、个人护理品和其他一些针对性产品。该公司表示，推出这个项目是为了向"50岁以上的购物者提供一个平台，让他们轻松找到数十万种与健康生活有关的产品"。英国萨伽公司专门针对50岁以上客户打造了各种产品和服务，满足他们对保险、旅游、健康和约会等方面的需求。该公司拥有大约 270 万客户，在 2014 年年底的市值为 17 亿英镑。以色列的 CogniFit 公司开发了一款大脑训练应用，可让老年人对自己的认知能力进行评估，并给予个性化的大脑训练。目前这款应用正通过手机移动端迅速向全球推广。

在科技领域，日本富士通公司针对银发一族进行了广泛的创新。2013 年，公司推出了名为"Raku-Raku"（"简单简单"或"舒适舒适"）的第二代老年人智能手机。这款手机搭载安卓系统，便于老年人查看和操作；触屏控制更像是按钮一样，只有上下滚动功能，采用了大号字体和图标，无须戴眼镜也能看得十分清楚。它甚至能放慢电话另一端说话人的语速。2011 年，这款手机在日本的销量达到 2 000 万部。此后，富士通针对法国市场，对此款手机进行了本土化改造，并与当地机构建立合作关系，将其推向了法国市场。2014 年，富士通还推出了一款配有内置导航系统的拐杖，它不仅可以把使用者带到他们想去的地方，他人还可以追踪使用者的位置。未来的下一代拐杖还将具备监测心率和体温的功能，必要时还可发出求助信号。

目前，这种拐杖还处于研发中，但它代表的却是一个强大的隐喻。过去，拐杖是一种带有消极意义的物品，它是大多数消费者穷尽一生尽量避免用到的工具，是"衰老"的同义词。**但科技以及我们对一个不断发展的市场的了解，迅速改变和重置了我们的思维方式。** 拐杖成为了一种积极、实用和强大的生活工具。

换句话说，拐杖就是能力的体现。

第 4 章

贸易、金融、人口和大数据
势不可挡的全球流通性

互联网普及率只有 16% 的非洲，却可以让近 50% 的居民随时随地上网。互联网和移动互联网究竟是一对相生相伴的兄弟，还是一对相生相克的冤家？

几百年来，经济和贸易从来就是并驾齐驱，2009 年，为何全球经济急剧萎缩，而贸易却突增数倍？

地区间的总贸易额

---- 500亿~1000亿　■ 1000亿~5000亿　■ 5000亿以上　● 占全球贸易的比重（%）

1990年，美国和西欧是贸易流的主要节点

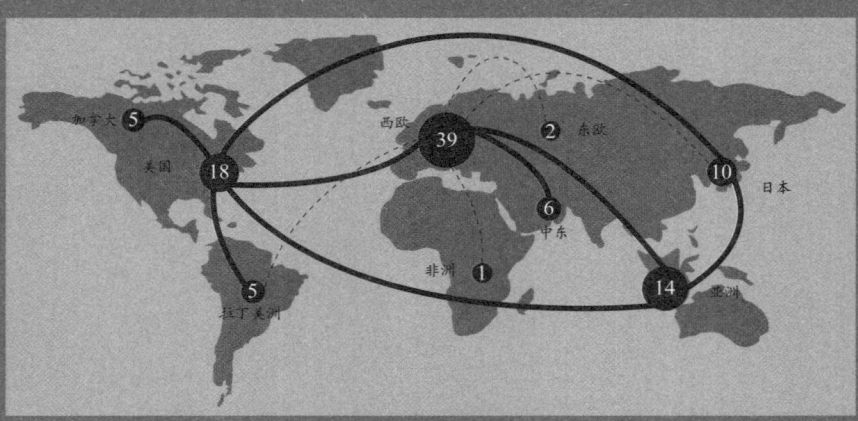

地区间贸易[2]=19 000亿美元

2013年，贸易流变成复杂网络，亚洲和中东更加重要

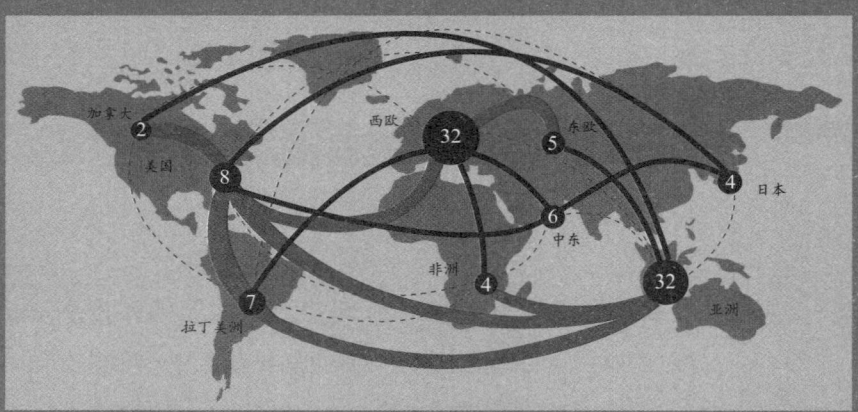

地区间贸易[2]=112 000亿美元

注释：
1. 只包括商品。
2. 这些数值不包括地区内的贸易额。如果加上这类数值，2009年的数额达到183亿美元，2010年8月前的数据，2011年2月和2014年5月更新。

资料来源：MGI分析；全球视野。

图 4.1
扩展的贸易航线和
贸易格局复杂化（上）

上海市城区不断向外延伸,成为我们了解全球化过去、现在和未来的一个缩影。黄浦江勾勒出的弧形外滩代表着过去的历史,19世纪殖民列强在此修建了美轮美奂的企业总部大楼。30年前,黄浦江东岸的浦东新区还是一片稻田和村庄。如今,这里已经成为了现代化的金融中心。中国工商银行大厦、汇丰银行大厦、花旗集团大厦、德意志银行大厦等金光闪闪的摩天大楼既是金融巨擘的所在地,也是庞大资本进出中国的门户。在这里,磁悬浮列车只用7分钟就能将游客和商务人士运送到29公里外的浦东国际机场。2013年,共有4 720万旅客从这个机场飞往世界各地。虽然仍有游船定期往来于上海的各个码头,但真正的船运业务其实发生在巨大的洋山港。全长约33公里的东海大桥将这个全球最繁忙的港口与大陆相连。2013年,洋山港总计处理了约3 200万个集装箱,比2004年货运量的两倍还多。

把制成品出口到美国和欧洲换取美元和欧元,这已经不再是上海，乃至整个中国的贸易模式。进出上海口岸的货物、服务和人员的规模和速度显著增长：从刚果进口的石油、出口至越南的摩托车、飞往巴黎的游客、通过银行流入中国内陆工厂的资金以及到纽约市场购买国外债券的资金。时常出现的疯狂举动体现着全球互联（Global Connections）的上升速度、强度和复杂性，还有人员、货物、服务、资本和信息的加速流动性。

  数十年来，这种潮流一直呈上升态势。全球互联总是伴随着经济增长而变得更加频繁，但长期趋势正在被打破。20 世纪，货物一般通过航线缓慢地从一个地点运输至另一个地点。21 世纪，货物、人员和信息的流动速度大幅提升，有时甚至达到音速和光速。就在此刻，全球化浪潮以及货物、服务、资本和人员的跨境流动正在迅速增长和扩散。新兴市场日益繁荣带来的颠覆性力量以及互联网和数字技术的扩散驱动和放大了这种流动性，使得全球互联不断增强，而这正在改变着游戏的本质。货物、服务、人员、信息和资本的流动每年都在增长，每年对全球 GDP 的贡献达到 15%~25%。如果这些颠覆性力量的影响持续下去，到 2025 年，流动规模将扩大到目前的 3 倍。

  没有一个国家和公司对此袖手旁观。正如壳牌公司北极项目执行副总裁安·皮卡德所说："我认为全球互联更加紧密了。身处阿拉斯加却还要考虑挪威和格陵兰的情况。互联性变得尤其重要。"全球经济网络越来越错综复杂。这种流动既意味着机遇，也蕴含着爆发危机的可能性。企业从未像今天这样可以接触到这么多客户，利用各种新的资金来源，找到新的供需来源。然而，持续增强的全球互联增加了冲击各个部门和国家传播的渠道。一个发生在看似偏远地区的破坏性事件（如日本地震、乌克兰政治危机或希腊财政危机）就能瞬间影响全世界。为了在不受冲击的前提下，了解这些能量的流动，你必须知道这种互联性如何影响你的企业，然后对你的直觉进行相应的重置。

暴增的"南南"贸易

随着交通运输网络的集装箱化和生产率的提高,长达几个世纪的贸易增长趋势开始加速。如今,大量新技术和网络使这一趋势得以加快。新兴经济体的消费者数量和企业数量不断增长,正在重塑、加强和深化全球化进程。供应链网络变得日益复杂,覆盖的地理范围更加广阔,全球商品与服务贸易达到前所未有的规模与速度。2009 年是标志性的一年。这是自 1944 年以来,全球经济首次呈现萎缩态势,与整体经济增速相比,各国的贸易联系及货物流通量增长更加迅速。

- 1980～2012 年,全球商品贸易总值的年复合增长率达到 7%,服务贸易总值的年增长率则达到 8%。
- 同一时期,由于供应链的迅速扩张,商品贸易额从 1.8 万亿美元扩大至 17.8 万亿美元,增长近 10 倍,占全球 GDP 的 24%。
- 国际交流成本大幅下降和旅行人数急剧攀升,2001～2012 年全球服务贸易额从 1.5 万亿美元上升至 4.4 万亿美元,实现近 3 倍的增长,相当于全球 GDP 的 6%。
- 截至 2011 年,全球商品和服务贸易额已超过 2008 年。今天的全球贸易额达到了前所未有的高度。2012 年,跨国商品、服务和金融贸易额达 26 万亿美元,占全球 GDP 的 36%,是 1990 年贸易额占 GDP 比重的 1.5 倍。

国际贸易不仅只是贸易额的增长。正如汇入三角洲的河流一样,国际贸易的范围和类型也在扩大。1990 年,一半以上的商品流通是在发达国家之间进行的。典型的国际贸易是将日本的丰田跑车出口到美国。然而,2012 年,这类贸易仅占全部商品贸易的 28%。

1990年以来，贸易路线也从美国和西欧的贸易枢纽发展为全球范围的贸易网络，亚洲成为全球最大的贸易地区。如今，新兴经济体在全球商品贸易中所占比重达到40%，其中60%的商品出口到了其他新兴经济体，即所谓的"南南"贸易。1990年，这类贸易额仅占全球商品贸易额的6%；到2012年，这一数字增长至近24%。这其中可能包括刚果向中国出口的原油，巴西运往马来西亚的大豆，或者印度出口到阿尔及利亚的药品。中国与非洲的双边贸易呈现爆炸性增长，贸易额从2000年的100亿美元增长至2012年的近2 000亿美元。随着这些国家收入的增长，对各种商品具有强烈需求的消费者人数急剧增加，商业活动也越来越频繁，新兴经济体之间的贸易在全球贸易中的份额很有可能还将持续增长。

在一种重要的趋势突破中，技术正在让过去只有大型公司才能涉足的国际贸易变成一种各类公司，甚至个人都可以参与的活动。 eBay、阿里巴巴等在线平台对商品生产和跨国贸易起到了推动作用。90%以上的eBay卖家都在从事跨国生意，而在传统中小企业中，这一比例只有不到25%。出口商品的品种也在不断发生变化。过去，全球贸易主要以低成本制造国生产的劳动密集型产品和资源丰富国家的大宗商品为主导。时至今日，药品、半导体产品和飞机等知识密集型产品在国际贸易额中所占比例接近50%。知识密集型产品的贸易增速比服装、玩具等劳动密集型产品高出30%。20年前，典型的贸易商品是3美元一件的T恤；而现在，典型的贸易商品则是30美分的药丸、3美元的电子书和300美元的iPhone手机。

无须把电子货币装上货轮

数十年来，在全球范围内，石油一直是主要的流动资产。时至今日，这一"黑金"的流动性已被另一种快速流动的商品取代，那就是货币。金融让贸易和资本流动变成了一种特有现象。与石油或皮鞋贸易相比，大量货币和信贷的流动更加容易——你无须把电子货币装上货轮或集装箱船。因此，自1990年以来，金融全球化的速度快于贸易全球化也就不足为奇了。1980～2007年，年跨境资本流动从0.5万亿美元增长至12万亿美元，增幅达23倍，这在很大程度上是由欧洲的货币与贸易一体化推动的。2008年金融危机过后，上述资本流动先是巨幅下滑，随后又迅速反弹。2012年，资本流动估值达4.6万亿美元，几乎是1990年的5倍。

与实物商品贸易一样，资本流动也变得日益多样化和复杂化。长期充当自有资本流入国的发展中国家，如今也开始成为全球外国直接投资的资金来源国。此外，跨境投资资产网络的深度和广度也在不断扩大。据报道，安哥拉向备受关注的传媒、银行、通讯和能源等行业砸下了100亿～150亿美元。

S.D.Shibulal是印度外包巨头Infosys的创始人之一，他的投资公司在西雅图地区购买了700多套公寓。2014年5月，中国的光明食品斥资10亿美元收购了以色列乳制品合作企业特鲁瓦（Tnuva）的大部分股权。新兴经济体的资本流出占全球资本流出比例从1990年的7%上升至2012年的38%。

资本市场是资金在全球范围内快速流动的主要舞台。但今天的大玩家不仅集中于纽约、伦敦和东京等传统的金融中心。他们的身影还出现在迪拜、孟买和里约热内卢等城市。虽然美国和西欧国家的家庭资产在2000～2010年的年均增长率在3%～4%，但新兴市场的家庭资产年均增长速度更快：中东和西非的年均增长率为23%，中国的年均增长率为16%。纵然新兴市场的总资产仍小于发达经济体，但他们正在奋起直追。

2008年经济衰退以及随后的一段时间，金融全球化的力度被严重削弱。2012年，跨境资本流动与2007年的峰值相比减少了60%。长期趋势并未发生改变。随着全球金融与银行系统的自我重建，资本状况的改善以及监管制度变得更加高效和协调，金融系统将得到有效的重置，从而使金融全球化继续快速推进。

国际移民指数级增长

全球各地的人与人之间的联系越来越紧密。虽然出国旅游、工作和学习的人数在过去几个世纪以来一直稳步增长，但近几十年才井喷式增长。当人们开始到城市里寻求更高收入时，向国外移民或出国旅游就变得更加容易了。联合国经济和社会理事会的数据显示，国际移民的数量从1990年的1.54亿上升至2013年的2.32亿。与20世纪90年代相比，21世纪第一个10年的移民数量翻升了1倍。其中还出现一个新特征，即发展中国家之间的移民增长速度快于从发展中国家向发达国家移民的增长速度。劳动力市场也首次呈现全球化趋势。这一现象反映了人们在收入和技能上的差异。

1994～2006年，在美国，在国外出生的科学家和工程师与本土出生的科学家和工程师的比例扩大了1倍。同一时期，超过一半的硅谷创业公司雇用了出生于海外的科学家或工程师；25%的公司雇用了中国或印度移民。自2012年以来，罗马尼亚30%的住院医师离开祖国，移民到更加富裕，更高收入的英国、德国和法国等欧盟国家。在最为富裕的海湾国家卡塔尔，来自孟加拉国的移民劳工超过13万。他们大部分人都在从事2022年世界杯的场馆建设工作。资深驻外记者霍华德·福兰驰在其著作《中国的第二大陆》（*China's Second Continent*）一书中引用了一个广为接受的观点：在过去20年里，大约有100万中国人移民到非洲。对于拉美国家而言，相对繁荣的智利、阿根廷和巴西等国家展现出来的吸引力与美国对北美洲国家的吸引力颇有相似之处。在布宜诺斯艾利斯，大部分出租车司机以及几乎所有在街角经营水果摊和菜摊的小贩都是玻利维亚人。国际移民组织的报告表明，自2001年以来，阿根廷境内的玻利维亚人增加了48%，达到34.5万人。与此同时，巴拉圭人和秘鲁人也在快速增长。

不仅出国工作的人越来越多，跨国旅行的人数也呈现指数级增长。1950年，全球约有2 500万人出国旅行。2013年，国际旅客的数量超过了10亿人。他们带来的影响是深远的，这不仅因为他们在国外消费，还因为他们促成了大量的文化交流和知识交流。据估计，全球旅游业的生产总值为2万亿美元，旅游从业人员超过1亿人。2013年，超过1.1亿美国公民持有护照，这一数字是2000年的两倍。2020年，出国旅行的中国人预计将达到1亿人以上。巴黎的老佛爷百货公司设有一个"亚洲部"，专门负责接待日益庞大的中国顾客。在科罗拉多州的滑雪胜地威尔山山顶，经常可以看到澳大利亚教练教授墨西哥滑雪者如何穿越黑钻滑雪道。

学生也是跨国流动的主要人群。目前在美国留学的国际大学生超过75万人，比2006年多出20万人，其中25%来自中国。森林湖学院（Lake Forest College）是芝加哥市郊外的一所小型文科学院，在2015届的410名学生中，63名学生（15%）来自33个不同国家。史蒂文·舒特校长每年都拿出一些时间招生，他的招生范围不仅是纽约和波士顿，还有中国的上海和北京。"美国教育是一个享誉全球的品牌。"这位校长如此说道。

寻找流量里的万亿商机

近几年变化最大的或许还是信息在全球的传播速度。目前，全球超过2/3的人使用手机，而且这一比例还在迅速上升。"现在手机的数量比全球总人口数还多……利用Skype这类互联网服务，我们几乎不花一分钱就能与全世界的任何地方的任何人通话。"新加坡国立大学李光耀公共政策学院主任马凯硕（Kishore Mahbubani）如此说道，"这样的电话普及程度意味着人与人之间的联系达到了前所未有的水平。"网络已覆盖到全球 1/3 的地方。Facebook 的网络社区用户已超过 10 亿人，几乎相当于全球第二大国的人口总数。全球在线流量从 2000 年每月 84 千兆字节上升至 2012 年的每月 40 000 千兆字节以上，足足增长了 500 倍。在过去 10 年里，跨语境流量增长了两倍多；自 2008 年以来，Skype 通话总时长增加了 500% 以上。

上述现象已经造成了巨大影响，这种影响还将继续放大，尤其在发展中国家。目前，与互联网相关的消费和支出已经超过了全球的农业或能源领域。2005 年，经济规模和经济活力对全球影响重大的 30 个国家的手机用户占全球手机用户总数的 53%；仅仅 6 年后，这一比例已经飙升至 73%。2015 年，在全球约 27 亿互联网用户中，16 亿人来自这些国家。

互联网仍将继续让拥有大量人口的许多地区受益匪浅。非洲的手机用户增长迅猛，从 2001 年不到 2 500 万增长至 2012 年的 7.2 亿左右。这极大地扩展了非洲获得市场与服务的机会，移动通讯对非洲 GDP 的影响程度是发达经济体的 3 倍。然而，非洲的互联网普及率依然十分低下，互联网对非洲 GDP 的贡献率平均只有 1.1%，是其他新兴经济体的一半。虽然非洲大陆的互联网普及率只有 16% 左右，但约有 25% 的非洲城市居民每天都能上网，比例最高的非洲国家是肯尼亚（47%）和塞内加尔（34%）。

互联网普及率的差距带来了巨大的经济机遇。2025 年，非洲的互联网用户将达到 6 亿人，是目前的 4 倍；而智能手机数量将增长 5 倍以上，达到 3.6 亿部，这意味着其每年将为非洲的 GDP 贡献 3 000 亿美元。2013 年，总部位于德国的全球数字孵化器 Rocket Internet 向南非移动网络运营商 MTN 注资 4 亿美元，支持中东和非洲地区的众多电子商务创业公司。双方共同成立的合资企业将为 Rocket Internet 带来数量庞大的新用户,并允许其继续加速建立和推广已被证明在其他地方取得成功的商业模式。Rocket Internet 在非洲的成功案例包括 Jumia 电子商务平台模仿亚马逊、EasyTaxi 打车应用软件模仿 Hailo、Carmudi 汽车分类广告以及 Javago 酒店预订系统。

撼动全球竞争根基

全球流动(Global Flows)的兴起、变化和增强不仅令人着迷,更对全球各地的商业具有重要意义。

首先,企业的联系越多,发展越好。虽然某些公司和员工已经,或将要被这种持续增强的联系淘汰,但研究进一步为各种长期经济理论提供了支持,及各个国家、城市和公司就会从参与全球流动中获益。发达经济体的跨国公司及其全球客户、供应商和人才网络将为它们的增长和生产率做出巨大贡献。在 2008 年金融危机以前,跨国公司占美国所有公司的比例还不到 1%,但它们创造的利润总和却占到 25%,对生产率的贡献达到 41%,研发费用在美国私人部门当中占比更是接近 75%。

互联性对国家的重要意义不言而喻。各种形式的全球流动每年为全球 GDP 增长贡献 2 500 亿~4 500 亿美元(15%~25%),同时也加速了参与全球流动的国家的增长。事实上,与连通性最低的国家相比,全球流动对连通性最高的国家的 GDP 增长贡献率高达 40%。2012 年,德国成为全球连通性最高的国家。在过去 20 年里,虽然某些新兴大国的排名明显提升,但总体而言,排在前列的多为发达经济体。举例来说,由于印度和巴西积极参与全球服务(印度)以及大宗商品和金融(巴西)的流动,这两个国家的排名分别提升了 15 位和 16 位。中国参与商品和金融流动,使其排名跃升了 5 位。上升幅度最大的国家是摩洛哥,其在连通性排行榜上跃升了 26 位。

连通性指数（2012年）

所选国家参与的百分率
- ■ 1~10
- ■ 11~25
- ■ 26~50
- □ >50

	流量					级别变化 (1995~2012)[2]
	商品	服务	金融	人口	数据与通讯	
1 德国						+1
2 中国香港					N/A	-
3 美国						-1
4 新加坡						+1
5 英国						-1
9 俄罗斯						-
16 沙特阿拉伯						+19
20 韩国						-
21 日本						-1
25 中国						+5
30 印度						+16
43 巴西						+15
47 阿根廷						-6
49 南非						+4
53 摩洛哥						+26

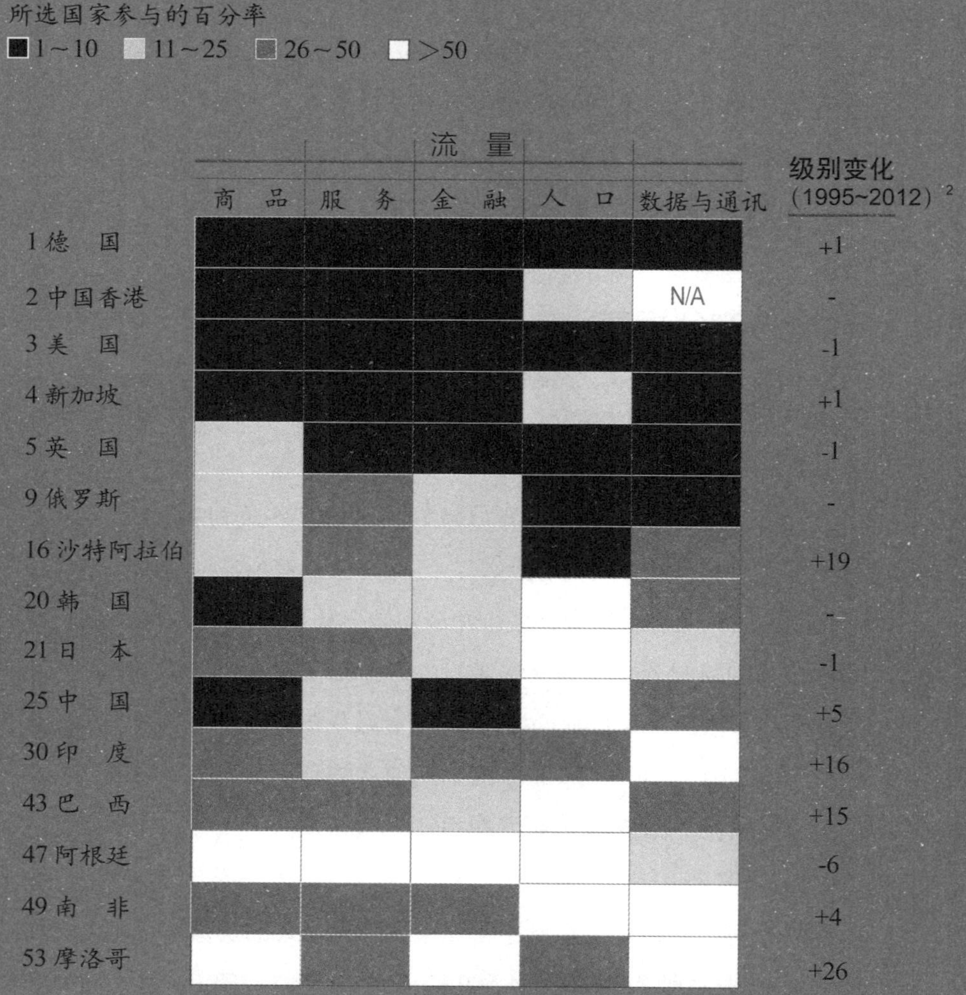

注释：
1. 从2010年开始，移民数据作为人口流动数据；2013年互联网跨境流量作为数据与通讯流量。
2. 没有计算数据与通讯流量，因为1995年数据不可用。

资料来源：MGI分析；联合国；世界银行；世界贸易组织。

图4.2
扩展的贸易航线和贸易格局复杂化（下）

其次，正如我们将在第9章中看到的那样，全球互联正在改写游戏规则，成为动摇竞争基础的重要因素之一。全球流动的新局面为更广泛的全球竞争参与者提供了更多切入点。新兴市场的大公司正在成为日益强大的竞争者。传统的行业界限开始模糊起来。小型公司和创业公司摇身一变，立即就能成为全球化公司。过去是发达经济体的跨国公司互相竞争，而如今的竞争可以发生在来自全球任何一个地方以及任何一个意想不到的行业的个人或大大小小的公司。

再次，全球互联为公司资产的有效利用提供了一条新途径。大公司可以调动资产负债表上的现金资产，为那些开辟新市场的公司和项目提供融资。**通用电气在非洲就是这么做的。对于通用电气来说，非洲是最有前景的增长地区之一，2013年非洲市场为它带来了52亿美元的收入。**

2014年，通用电气与世界挑战集团（Millennium Challenge Corporation）合作，共同为"加纳1 000"项目提供5亿美元融资，这是通用电气在加纳西部援建的一个1兆瓦大型发电站项目。除了投资有形资产，一些公司还在挖掘知识、技能和数据等无形资产的价值，以此帮助这些国家参与全球流动。有些公司这么做是出于慈善目的。可口可乐公司利用其在撒哈拉以南非洲的市场分销优势，帮助坦桑尼亚及其他几个国家管理艾滋病药物的储备和发放。正如可口可乐公司首席执行官穆泰康所说："我们不出借卡车、船队或摩托车。我们借给他们专业知识。"

最后，一个连通性更强的世界会为我们带来一些意想不到的新成果。几十年以前，像希腊这样的小型经济体的主权债务违约很难引起全球金融界的关注。希腊自19世纪以来，有一半时间在应对债务危机。但由于欧元一体化以及欧洲金融业的高度整合，希腊的财政问题对德国、法国和英国的银行造成了威胁。自然灾害或看似孤立的地缘政治冲突也会破坏全球玩家的供应链或阻碍他们进入各国市场。商品价格也正在展现出一种颇有趣味的新模式。自20世纪70年代的石油恐慌以来,商品价格与石油价格之间的相关性达到了前所未有的高度。20世纪八九十年代,玉米、小麦、牛肉和木材等大宗商品的价格几乎与石油价格毫无关联,木材价格与石油价格甚至是负相关的;但如今这些商品的价格波动已经趋向一致。两个因素可以解释这一现象:其一,中国等发展中国家的能源需求在增加;其二,某些资源(石油)成为了另一些资源(粮食)巨大的投入成本。技术进步使得各种能源之间的互相替代成为可能,如用玉米乙醇替代石油。未来,资源之间相关性提升、需求激增以及供给受限将使大宗商品的价格波动更加剧烈。

至于如何应对这些颠覆性力量及其所带来的机遇和风险,最具灵活性的公司将享有巨大优势。实际上,那些在资本再配置效率等灵活性指标方面,长期表现良好的公司面临的风险更低,业绩表现也更加突出。根据1 600多家公司的数据,我们发现在灵活性方面排名前1/3的公司,即年资本配置效率最高的公司,其股东的总体回报率比那些灵活性垫底的公司(资本配置状况常年不变)要高出30%。

汽车行业在提升灵活性方面的表现最为抢眼。近年来,大众公司开始转向一种模块化的架构,为在同一条组装线上制造多种产品提供了更多灵活性。宝马公司通过使用一种可在工厂间移动的机器人Mobi-Cell尽可能提升资产的敏捷性。为了提高灵活性,丰田公司对生产线设计和各模块间的一系列流程进行了标准化。但其他行业也一直在努力提高灵活性,他们通常的做法是与供应商共享信息和建立更加紧密的合作。

高性能真空泵制造商Helix将生产流程分解为所谓的子流程,并将这些子流程与供应商共享。一旦Helix的工厂出现问题,供应商就能轻松地接手部分生产流程。美国一家领先的零售商通过集成化IT系统在销售网点与供应商进行数据共享,方便供应商了解实时的交付流程。

顺应互联的世界：从"价值链"到"价值网"

多年以来，大多数企业高管都已经开始从全球视角考虑问题。然而，一些知名跨国企业，尤其是发达经济体的跨国企业，对于新兴市场的重视程度依然明显不足，即便这些国家的后起之秀正在大肆扩张。全球互联性的趋势突破对企业提出直觉重置的要求。他们必须尽早制定实现全球发展的计划，建立适应新市场的商业模式，了解新出现的竞争对手，在全球范围内挖掘人才，并为连通性日益增加的全球经济可能出现的冲击和波动做好准备。过去主要关注全球供应链的成本效益的企业需要好好考虑"价值链"将如何演变，即谁是市场参与者，哪些地区将在市场中发挥作用以及价值如何沿着价值链传递。

正如一个世纪以前，电的发明推动了世界工业国家高速发展，如今全球经济流通体系中的经济流动也具有类似的潜力。在这个新时代，企业要接受因为创业和开拓业务的成本更加低廉所催生的新一轮竞争。**要想抓住资源流动带来的机遇，企业管理者必须重新考虑将企业设在何处，反思企业使用数字化平台的方式和企业面临的竞争的性质以及预测有可能爆发的冲击。**

迷你跨国公司：小就是大

企业应该灵活地进行自我定位以利用这种全球流动趋势，这一点非常重要。在此，技术革命又一次为大大小小的老牌公司和创业公司参与国际化竞争提供了无与伦比的机会。通过各种在线平台，创业企业可以立即加入全球人才网络（ODesk）、融资网络（Kickstarter 和 Kiva）和供应商网络（eBay 和 Amazon）。我们已经将这类飞速成长的公司称为天生的全球迷你跨国公司。事实上，所有科技型创业企业从一开始就具备某种跨国联系网络。Solar Brush 就是众多新出现的迷你跨国公司之一。它的总部位于柏林，从事清洁太阳能板的轻型机器人开发。这家公司设在智利的办事处参加了在华盛顿举行的商业计划大赛，并正在美国和中东地区搜寻客户。由荷兰企业家创立，总部位于纽约的 Shapeways 公司为全球用户提供 3D 打印服务和 3D 打印设计的销售平台。

这种即时参与的现象不仅限于科技和数字行业。即便在制造业这样的传统行业中，我们也能看到越来越多的小型企业开始在多国设立生产工厂，参与过去只有知名跨国公司才能涉足的业务和实践。英国的许多中小型工程企业为全球客户提供服务，并在许多低成本国家的经济发达地区设立了多家工厂。

综合营业额超过 1 亿英镑，生产高端扬声器的英国公司 Bowers & Wilkins 在中国投资建设了一家特定用途工厂，现在这家工厂正在生产比原始产品成本更低的普及版产品。电气和军事设备零件制造商 Colbree 分别在英国和泰国设有工厂，总经理罗伯特·克拉克解释道："亚洲工厂可以实现更低的成本，吸引许多受益于此的客户，而泰国工厂对我们赢取这些客户大有帮助。"但与此同时，他们也乐于看到我们将最先进的生产技术留在英国。

这些新出现的全球参与者并不局限于发达经济体。在快速增长的新兴经济体，每年新增的互联网企业超过 14.3 万家。现在业务涉足科特迪瓦、肯尼亚、埃及和摩洛哥的尼日利亚电子商务公司 Jumia 在 2013 年成为世界零售业大奖"年度最佳零售企业"首位非洲获奖者。创建于肯尼亚的手机钱包服务公司 M-Pesa 目前正在冲击非洲的传统银行、支付及转账服务提供商。

为企业构建跨国数字门户

数字化平台可以让公司迅速而有力地服务远离本土市场的客户，

这在过去是不可能做到的。建立从全球供应链到创新网络的跨国生态系统能够帮助公司抓住这一机会。

许多公司正在探索全球互联与数字平台，共同编制一张供应商、分销商和售后服务提供商所组成的网络。这样做不仅是出于采购的目的，还能实现预先性维护以缩短生产停机时间，使零件供应变得更有效率。

波音的 Edge 计划正在谋求转型——从一家传统的航空设备提供商转型为一家类似"数字化航空公司"的机构。波音公司的目标是利用航空业务中生成的海量数据打造一个综合性信息平台。通过将来自飞机、乘客工程师、维护小组、运营人员以及供应商的数据联系起来，波音公司相信，它能够帮助客户（航空公司）最大程度提高效率、盈利能力和环境表现。

就在波音公司和空客公司针对单个零部件实施数字追踪的同时，富士通公司和 IBM 也在通过他们的无线射频识别技术和其他自动化智能追踪产品和服务成为航空航天生态系统的一部分。

有一些公司还通过数字平台接触潜在合作伙伴，联系客户、供应商和投资人，并将创意众包出去。Etsy 是一家在线的全球性市场，它将 3 000 万买家和卖家联系起来，独立的手工艺品设计师可通过这个平台销售各种产品。该网站是 21 世纪数字化生态平台的一个成功案例。最近，Etsy 与 Kiva 合作，通过众筹的方式帮助手工艺品设计师融资。除了提供联系买卖双方的数字平台之外，Etsy 还提供创业教育服务，为设计师和供应商建立联系。2013 年，Etsy 社区创造了超过 13.5 亿美元的销售额，比 2012 年的销售额增长了 50%。

2014 年，阿斯利康制药公司（Astra Zeneca）建立了一家开放式创新数字平台，创建这一平台的目的是为了把英国医学研究理事会、美国国立卫生研究院以及瑞典、德国的类似机构的研究人员和学者联系起来。

联合利华和宝洁等消费品生产企业经常让消费者参与新产品的研究和开发。联合利华的"Challenges and Wants"数字门户正是该公司与创新人士就可持续性洗衣产品和改进包装技术等议题建立合作关系的一个工具。博世公司利用创新门户网站在电动工具、新材料和表面技术以及汽车售后市场等领域，与个人和机构研究者之间建立了良好的互动联系。

中心城市，全球人才的吸铁石

建立了某种类型的流通枢纽的国家和城市已经具备了竞争优势。同样，利用这些流通枢纽的企业也可以获得好处。

美国的人口流动位居世界首位。一般来说，美国公司对全球人才的吸引力是无人可比的。那些位于金融中心纽约、能源中心休斯敦以及娱乐中心洛杉矶等全球大都市的企业更是成为了全球人才的吸铁石。

在硅谷，外国创业者拥有重大的影响力。三分之一到一半的硅谷高科技创业公司都是由非美国出生的人士创建的。外国出生的居民占硅谷总人口的36%，几乎是13%的美国平均水平的3倍。在硅谷，46%的成年人至少拥有学士学位，而美国的平均水平为29%。外国人才为美国带来了关键的工程技术，而这些技术通常来自于美国的大学。如果没有足够多的人才，硅谷或许不可能达到现在的发展速度。

再以法兰克福为例。法兰克福市在参与全球数据与信息流通方面位居前列，同时也是德国商业互联网交换中心（German Commercial Internet Exchange）所在地。该中心负责处理超过三分之一的欧洲互联网流量。法兰克福市拥有 SAP 和 Symantec 等 5 000 多家软件公司，它是德国的枢纽城市，受益于高带宽和连通性的金融服务、游戏开发等行业。**如果你的企业目前并不享有这种区位优势，就应该考虑一下是否应该将企业迁往某个中心城市或地区。**某些西方跨国企业已经将部分业务迁往新加坡，这正是因为新加坡是亚洲重要的商品、服务和金融流通中心。相对于 GDP 在世界的占比，新加坡的区域总部密度最大。除中国以外，亚洲新兴国家近一半的大型海外子公司都将区域总部设在新加坡。

举几个例子，2012 年，考虑到持续增长的亚洲市场，宝洁公司将美容与婴儿护理用品部门的总部从辛辛那提迁往新加坡。2013 年，联合利华在新加坡设立了一家先进的领导力发展中心，这是联合利华在英国境外设立的首个培训中心。2009 年，由于亚洲已成为新的全球航运中心，劳斯莱斯将海事业务从伦敦转移到新加坡。

互联：一把流动的双刃剑

促进全球互联性还意味着要重新评估你对机会、风险和波动性的看法以及如何灵活响应。一方面，一个互联的世界会带来一些分散风险和提高稳定性的机会。在一个高度连通的世界中，在菲律宾和哥斯达黎加等国家提供 24 小时的英语电话客服变得更加容易。但是，突发事件经由同样渠道传播到世界各地的速度也更快了。各种冲击通过金融市场和有形市场快速传播，就像疼痛经由神经系统散布出去一样。如今，供应链变得比以往任何时候都长，各种类型的贸易关系遍布全球。从许多方面来看，这些关系也变得更加脆弱了。产品质量问题、供应链问题以及自然或人为灾难会以一种无法预料和无法控制的方式迅速对企业造成重大影响。"当今世界，经济波动以及诸如日本大地震和海啸这类自然灾害的影响就像离弦之箭一样，以前所未有的频繁程度迅速波及全球。"杜邦公司首席执行官埃伦·库尔曼（Ellen Kullman）如此说道，"由于世界的高度互联，反馈力度也变得更加强烈。"

在这个全球流动加速的世界中，敏捷性，即快速而灵活地应对问题的能力，是实现繁荣的重要特性。那些注重培养快速发现和应对突

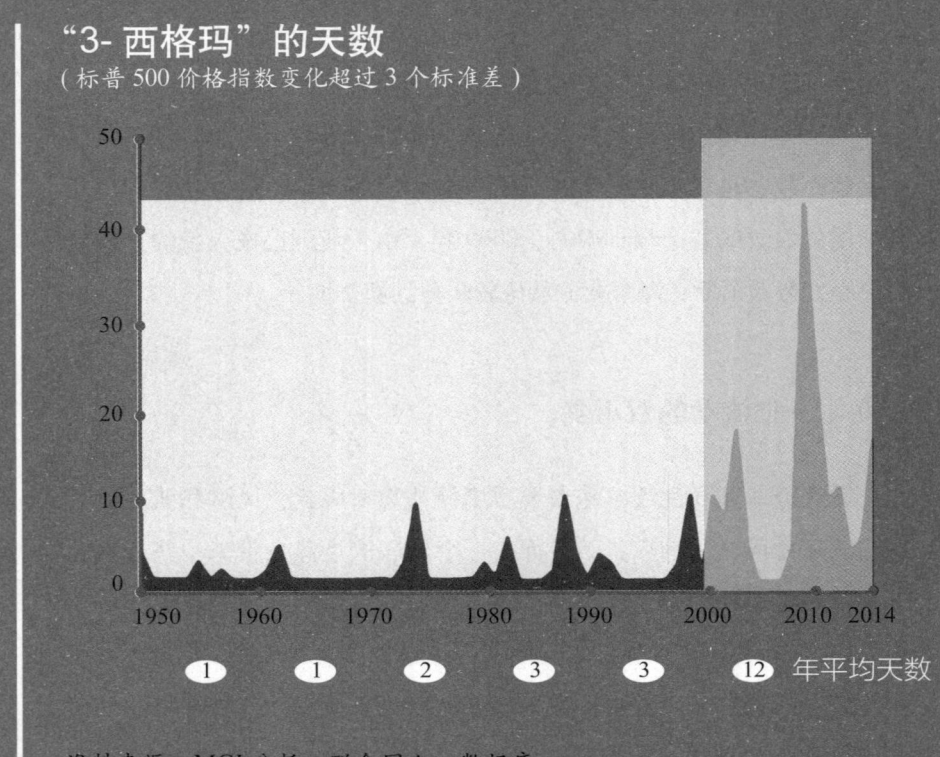

图 4.3
外部环境不稳定，
资本市场越来越频繁遇到极端事件

发危机的能力的公司具有重要的竞争优势。2011年3月，半导体制造商富士通公司的7家工厂受到日本东北大地震的冲击，但此后不到1个月就恢复了原有的生产水平。这种快速复原能力源于2008年岩手县地震后富士通公司对其生产流程进行的改革。新的应急响应策略包括发明了一些当灾难发生时快速恢复供电供水和其他公共设施的方法。富士通公司还在所有工厂中构建了生产冗余度。这样一来，未受影响的工厂可以马上补足那些受损设施的产能。

在应对全球连通性所带来的机遇和风险方面，相比一个国家来说，企业更容易建立这类灵活的响应机制。但这种响应机制对于企业和国家来说一样重要。正如我们此前提到的那样，国家与全球贸易的联系越密切，其发展速度就会越快。为了减少遭受全球冲击的风险，某些国家已经开始实施系统性的缓和措施来提升应对风险的能力。

最近，坦桑尼亚减轻了对发达经济体的依赖程度，以此来分散贸易风险。坦桑尼亚一度严重依赖对发达国家的农产品出口。最近几年，该国制定了一系列旨在实现金融市场自由化、生产多样化以及建立生产基地和侧重对中国和印度等新兴国家出口的改革措施。坦桑尼亚对亚洲和非洲国家的出口比重从21世纪初的30%提升至目前的60%以上。2009年，发达国家仍然陷在严重的衰退中无法自拔，但坦桑尼亚的经济却增长了6%。与信息技术一样，全球互联性的不断增强就像一把双刃剑，它既是可以加以利用的工具，也是一股无法避免的破坏力量。关键在于根据具体情况去了解它，齐心协力地去驾驭它，而不要被它打败。灵活的规划、变革的意愿以及面对新的企业管理方式的开放心态就是我们利用全球流动性的重要工具。

第 **5** 章

下一个 30 亿
即将买下全世界的新消费者

"双十一"原本只是单身大学生自嘲的小众"光棍节",经阿里巴巴推广,如今成为全民狂欢的购物节,单日零售额高达 93 亿美元。当电商平台依靠互联网疯狂揽金时,实体商超的冬天真的会降临吗?春天又在哪里?

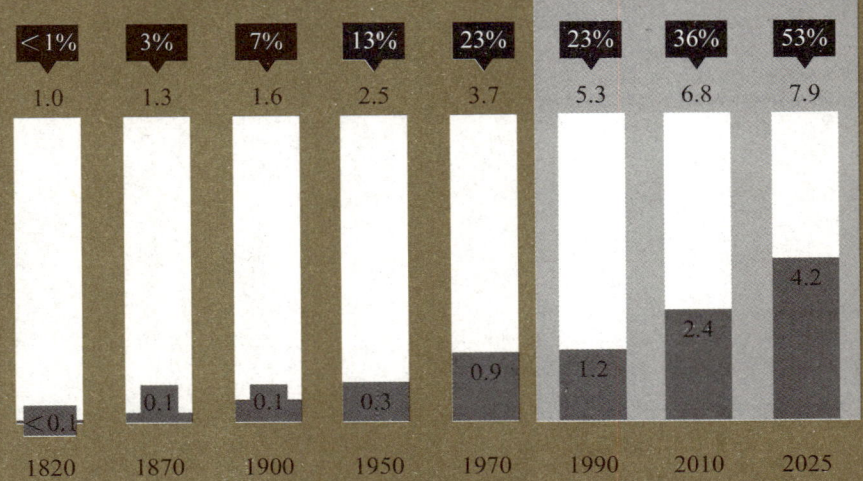

图 5.1
1990～2025 年，
30 亿人跻身消费阶层

很少有人听说过位于英格兰西南部小镇斯特里特的克拉克购物村（Clarks Village），认为它是全球"必须到访"的购物目的地之一的人就更少了。实际上，没有人将它与新兴市场兴起的消费主义联系在一起。当你仔细研究它的历史以及最近前往斯特里特的游客类型时，你就会发现，新兴市场（尤其是中国）对于萨默塞特周边的这个村镇具有意想不到的影响力。

19世纪，斯特里特最杰出的贵格会教徒克拉克家族以及他们的制鞋工厂是这个小镇的生命线。随着其乐（Clarks）日益壮大和走向全球，斯特里特开始繁荣昌盛起来，这座小镇历经工业革命和两次世界大战，且基本没有遭到破坏，但却没能躲过20世纪末崛起的亚洲低成本的制造业对它造成的冲击。由于中国和越南生产的鞋子质量越来越好，其乐必须将制鞋厂迁往英国本土之外才能保持竞争力。2005年，其乐的英国工厂全部关闭。斯特里特的闲置厂房变成了今天的克拉克购物村，这家名牌折扣购物中心于1993年正式对公众开放。20年后的今天，这家拥有95家店铺，1 000多名员工，每年游客数超过400万的购物中心已经成为这座小镇的新生命线。在这个废弃的商业街店铺悲伤地提醒着我们正身处经济衰退期的时代，克拉克购物村却在蓬勃发展。在这个购物村获得成功的秘方中，哪些因素是意料之外的呢？新兴市场的消费者。

2013年，中国游客为英国经济贡献了超过5.5亿英镑（8.785亿美元），已成为英国零售、休闲以及酒店业越来越重要的收入来源。克拉克购物村的位置得天独厚，正处在康沃尔郡到德文郡的旅游线路上。有组织的游览观光车和增值税退税政策为这里的产品带来了销量。因此，除了吸引到对价格敏感的英国购物者之外，克拉克购物村还引来了成千上万名中国游客，他们知道某些品牌在中国国内的售价要高出许多。正如该购物中心经理所说，克拉克购物中心的目标就是"成为前往英国西南部各郡的国际游客的必到之地"。现在又出现了一个有趣的转变，中国游客开始涌向克拉克的鞋业博物馆，成为斯特里特繁荣背后日益强大的一股力量。伦敦中国假日公司总经理史蒂芬妮·郑（Stephanie Cheng）认为："在中国，其乐品牌的鞋已成为一种现象；他们的质量和设计都非常令人满意。"

逆转的消费者"东南飞"现象

20年前，中国或任何新兴市场国家的顾客推动了克拉克购物村或其他地区的经济发展，这种说法听起来似乎很荒谬。几个世纪以来，享有丰厚收入，能够在除了维持日常所需之外还可进行其他消费的人口，占世界总人口的比例还不到1%。1990年，发展中国家还有43%的人口生活在极度贫困中，这些人的日均收入还不到1.25美元。地球上每五个人中只有一个人的日均收入超过10美元。当日均收入达到这一水平时，一个家庭就达到了成为"消费阶层"的标准，并有能力购买任何商品。绝大多数的消费人群都来自北美、西欧和日本等发达经济体。

在过去 20 年里,新兴经济体的工业化、技术以及城市化的放大效应推高了数十亿人口的收入,让 7 亿人口摆脱了贫困,同时还让 12 亿人口跻身消费阶层。从社会的角度来看,这种消灭贫困的力度挽救了许多可能因与贫困相关的疾病或饥饿而死亡的生命,数量甚至超过了每年通过消灭天花(被誉为 20 世纪最伟大的医疗成就)而挽救的人数。从市场的角度来看,这意味着具备强大消费能力的全球消费阶层的中心正在向东方和南方转移。到 2025 年,我们预计还将有 18 亿人进入消费阶层,使该阶层的总人数达到 42 亿人。2012 年,全球人口突破 70 亿,引起了人们的热议,但在短短 35 年里,全世界新增 30 亿消费阶层人口,这一事实具有更加重要的里程碑意义。新增加的消费阶层人口相当于 20 世纪 60 年代中期的世界总人口数量。正如德意志银行全球策略分析师桑杰夫·森亚尔(Sanjeev Sanyal)所言:"真实的情况是,下一个 20 年,新兴经济体的人们将迈进中产阶级。虽然其他新兴地区也会经历类似的转变,但亚洲将主导这一转变过程。"

临界点:趋向高端的消费狂潮

这些年来,收入一直在上涨,消费阶层也在不断扩大。但现在,我们走到了一个临界点,新兴经济体的新一代消费者已经成为占据绝对优势的消费力量。

到 2030 年,生活在新兴市场,年收入超 2 万美元的人群将达到 6 亿人左右,约占全球人口的 60%。他们将成为电子产品和汽车等商品的主力消费人群。在下一个 10 年里,中国、印度、巴西、墨西哥、俄罗斯、土耳其和印度尼西亚等 7 个新兴市场将会贡献全球一半的 GDP 增长。

以中国为例：
6个大城市：上海、北京、重庆、天津、广州和深圳
236个中等城市：哈尔滨、兰州和秦皇岛等

不同类型的城市对GDP增长的贡献占比（%）

- ■ 发达经济体
- ■ 新兴市场—大城市
- ■ 新兴市场—中等城市
- □ 新兴市场—小城镇

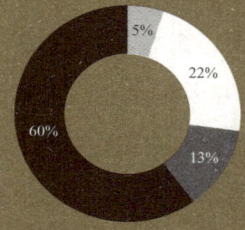

100%=72万亿美元
2012年GDP
60%、22%、13%、5%

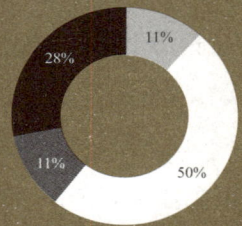

100%=45万亿美元
2013—2025年GDP增长
28%、11%、50%、11%

注释：
1. 大城市指居住人口超过1 000万的大都市圈，中等城市的居住人口在15万～1 000万。
2. 以2007年的市场汇率作为真实汇率，2025年的真实汇率依据与美国相关国家的人均GDP增长率的差异进行预测。

资料来源：MGI数据库。

图5.2
许多新消费者来自
新兴市场的不知名的中等城市

中国和印度的十多亿人口在这一进程中发挥着核心作用。技术进步正在拉动消费，大量新兴经济体的人群有机会接触互联网和移动通讯。在印度，可自由支配的开支占家庭平均消费的比例从1985年的35%增加到2005年的52%。由此可以看出，到2025年，这一比例或将达到70%。20世纪80年代中期以后出生的新一代中国消费者（或称第二代）将成为该国经济增长的重要力量。这一代人的父母经历了多年的物质短缺时期，他们最关心的事情是建立经济保障，而第二代消费者则是在物质相对丰富的时代成长起来的。他们信心十足，愿意为优质产品支付更高价格，迫切想要体验新技术，高度依赖互联网来获取价格信息。

为了说明这种消费浪潮的力量，到2022年，中国在消费电子产品和智能手机上的支出可能超过美国。这种变化速度是惊人的。2007年，中国的平板电视销量为1 000万台，5年后，这一数字达到5 000万台，比美国和加拿大的加起来的销量还多。这种现象不仅只存在于基础产品领域：越来越多中国人正在进入高端市场。中国已经超越美国，成为全球最大的汽车销量市场。2016年，中国高档汽车的销量也将超过美国。特斯拉汽车公司已经开始向中国出口价格昂贵的电动汽车。消费升级正成为中国消费者越来越关注的重要问题。新兴市场在某些奢侈品的消费上也是增长最快的。这也就解释了为何法国私营化妆品公司欧舒丹2010年选择在中国香港，而不是巴黎的泛欧证券交易所上市的原因。

虽然这一过程会经历一些动荡和曲折，新兴经济体或许也会面临经济增长率放缓的时期，但我们预计至少在2025年以前这一趋势不会发生改变。事实上，即便真的出现不太乐观的情况，我们认为新兴经济体超越发达经济体的可能性也是很大的。到2025年，新兴市场的年消费支出将达到30万亿美元。从现在起到2025年，新兴市场的约440个城市和人口超1 000万的20个特大城市对全球GDP增长的贡献将接近50%。

科技：知名公司被消费者欺骗？

互联网的日益普及让这些新的消费人群进入了网络时代。中国的网民人数已经超过 6 亿人，相当于全球网民人数的 20%。在使用互联网的巴西网民中，超过 1/4 的人拥有 Twitter 账号，使巴西在最热衷于使用 Twitter 的国家中排名第二。印度消费者跳过了传统的科技发展路径。通讯线路铺设到偏远乡村需要一个漫长的过程，但超过 9 亿印度人直接成为了手机用户。与此同时，印度 3 亿文盲人口的需求也刺激语音激活网站和服务的发展。在 Facebook 的 1 亿印度用户中，超过 80% 的人通过移动设备访问 Facebook 账户。

2013 年，我们见证了中国电子商务市场的两个"第一"。其一，自 2003 年以来，中国网上零售市场的年复合增长率始终保持在 100% 以上，并于 2013 年凭借 3 000 亿美元的销售额超越了美国，成为全球最大的网上零售市场。到 2020 年，中国的电子商务市场有可能达到今天的美国、日本、英国、德国和法国加起来的规模。其二，正如我们在前言中提到的，在 2014 年 11 月 11 日的"双十一"促销活动期间，阿里巴巴的销售额达到 93 亿美元，创下了全球单日网络销售额纪录。相当于美国 2013 年"黑色星期五"和"黑色星期一"交易额的 3 倍。

在这种通常被轻描淡写而又很难量化的现象中，消费者收获的还有各种新的颠覆性技术创造的价值。免费信息、应用软件、在线服务、成本更低的商品、更便捷的信息获取渠道以及更少的沟通障碍，这些方面都丰富了数十亿人的生活。不幸的是，这些都没有列入我们计算 GDP 的范围。

另外，那些知名公司或许会发现他们暂时受到了欺骗，无法将这些新产生的消费者盈余货币化。对于某些行业而言，颠覆性技术一直以来就是一种零和博弈。回想一下苹果公司的 iTunes 以及数字音乐销量的上升就知道了：随着 2003 年 iTune 的面市，美国传统唱片的销售额从 118 亿美元下滑至 2012 年的 71 亿美元。考虑到通胀因素后，该产业的收入实际减少了一半以上。

到新兴市场去

我们要应对的事情千头万绪。一个颠覆性的增长故事就能轻易地将我们弄得不知所措。但是，这个价值达 30 万亿美元的消费机会虽然巨大无比，但也形同散沙。这些新兴市场在规模、发展阶段、消费者的种族和文化背景等方面都不一样。他们的偏好也在不断更新。多数情况下，互联性和技术互相作用，增强了两者的影响力，加快了这一更新过程。随着产品类别、价格层级、营销和分销渠道的增加，他们也被分割成许多更小的细分市场。

即便对于经验丰富的企业高管而言，这种变革的速度和规模也令人生畏。许多领导者一直被他们既有的战略偏见绑架。多年来，我们听说了无数个成功故事。例如，新兴市场的"高手"联合利华成功打入印度的消费市场，南非公司 SAB Miller 成长为全球最大的啤酒公司之一。但同时，我们也看到了不少的失败案例。雅虎和亚马逊在中国折戟而归。印度也被证明对许多本来能够成功的跨国企业构成了强大挑战。

要想成功应对这种新局面，企业领导者必须重置他们的直觉。在过去的全球扩张模式下，大型公司从位于千里之外的总部发号施令，系统地在回报丰厚的海外市场中攻城略地，从而得以在已经成功攻克的国内市场持续繁荣下去。但要想在这些新兴的高增长市场中赢得消费者，就需要对资源进行灵活地再分配，对自身能力进行根本性转变，反思业务运营的方方面面。这些新兴市场并不是大量同质化的实体，也不会轻易接受从发达市场整体移植过来的产品和服务；这些新兴市场消费者的消费对象也不只是现有产品的打折款和廉价版。公司领导

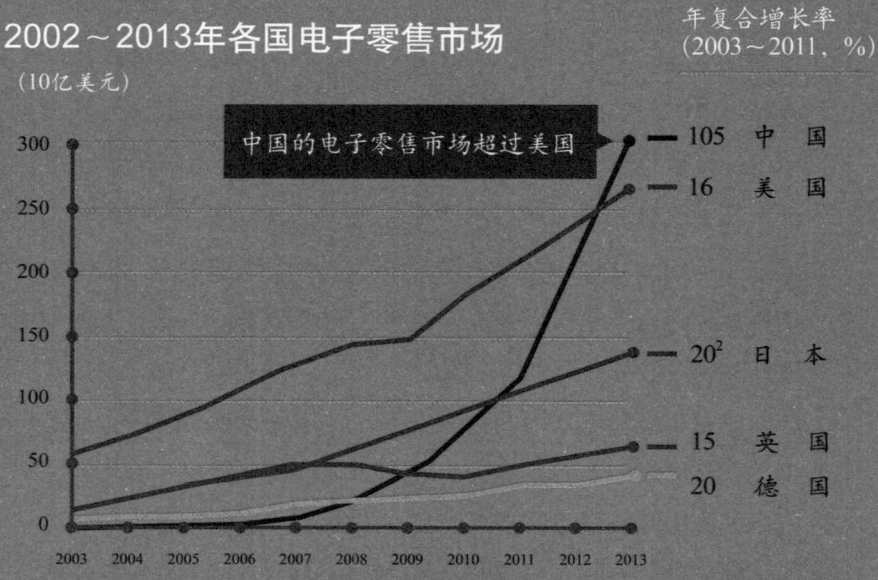

图 5.3
技术为消费者提供了新选择

者要利用这些机会，他们没有坐以待毙的资格。新兴市场的增长往往是爆发性的，某些产品可能突然之间就会增长77%～100%。企业领导者必须学会以适当的规模向高增长的新兴市场高效地重新配置资源，同时还要在一个全新的水平上管控风险和差异性。能够在这些高度差异化的新兴市场中赢得竞争的企业大多具有以下四个特性：

◆ 从城市或城市群的层面，而不是地区或国家的层面考虑下一个机会，并相应地对资本和人才进行重新配置。
◆ 针对当地客户的偏好和需求定制产品和设定价格，打造更快、成本更低的供应链和创新的商业模式以获得成本竞争力，并针对各个阶层设定价格点位。
◆ 设计并控制多渠道的市场路线，重新考虑品牌、营销和销售策略。
◆ 对公司的组织构架、人才策略和运营实践进行全面改革，并反映出新的转变。

关注城市和城市群，而不是地区或国家

全球消费实力正在经历一场向新兴市场城市的转变，这是一种前所未有的趋势。上海、圣保罗和莫斯科等人口超过1 000万的超大型城市的持续崛起正在推动这一趋势的发展。

然而，真正引人注目的消费增长将来自罗安达、哈尔滨、普埃布拉和库马西等400多个中型城市。到2025年，这类城市所创造的财富将与美国的经济总量相当。在中国，家庭消费的重心已经开始从东部沿海的超大型城市转向内陆的人口在20万～1 000万的中型城市。2002年，仅有13%的中国城市中产阶级生活在内陆地区；到2022年，这一数字将上升至接近40%。

这些高速增长的新兴城市的消费环境依然非常多元化。中国有56个民族和292种不同的语言。印度的官方语言大概有20种，还有数百种方言和4种主要宗教。53个非洲国家的居民使用的语言和方言共计2 000种左右。

例如，许多跨国企业在开展针对巴西消费者的调查时错误地选择了圣保罗市，但他们并未意识到这座国际大都市与7 678公里之外的纽约在文化上更为相似，而不是相距仅338公里，170万人口的巴拉那州首府库里蒂巴市。

再以中国南方城市广州和深圳为例。这两个城市的规模相当，相距也不过100公里。大多数广州居民都说粤语，但在深圳，说普通话的迁入居民则占到该市人口的80%以上。类似这种差异有着深刻的商业启示。

中国杭州和温州等沿海城市的高端汽车买家长期接触国际化汽车品牌，他们对汽车的需求能够反映出他们的社会地位。因此，那些迎合此类冲动的广告就能引起他们的积极响应。但在太原和西安等内陆城市，车主高度依赖口碑和店内体验来确定这些汽车是否像广告中宣传的一样好。

考虑到价值高达30万亿美元的市场机会以及这些经济体快速的城市化进程，城市群和大大小小的城市就是"下一个目标在哪里"这一问题的答案。在消费品方面，以老一代消费者为目标客户的公司将会考虑上海、北京等极具吸引力的市场。相反，售卖婴儿食品的公司将会发现，那些正在经历生育高峰，且拥有足够家庭收入购买其产品的首选城市在非洲。在中档服装市场，增长排名前十的城市中有九个都将属于新兴市场，这其中包括重庆、广州、深圳等城市。但在顶级奢侈服饰方面，发达经济体的城市将继续保持增长发动机的地位。在奢侈服饰消费增长排名前十的城市中，仅有圣彼得堡、莫斯科、首尔和新加坡等四个新兴市场的城市。

许多企业领导者发现，相比在新兴经济体竞争激烈的特大城市零售市场中互相厮杀，快速发展的中型城市有着更为理想的增长机会。 巴西圣保罗州的 GDP 比阿根廷一国的 GDP 总量还大，从而导致这里的竞争异常激烈，但零售利润却十分微薄。

对于新进入巴西市场的企业来说，在类似萨尔瓦多市这样人口稠密，但较为贫困的巴西东北部地区创业虽然更加困难，但这里有着更好的增长前景，预计该市到 2015 年将实现 2.4 倍的经济增长。这可不是一个新主意。沃尔玛从美国小镇成长为最大的零售商的历程中，不断寻找服务水平低下的城镇，避开高度竞争的大都市。在初创期及成长期，这一策略发挥了巨大作用。

决定何时行动与选择在何处参与竞争同样重要。新兴市场的增长几乎都不是线性的。对某种或某类特定产品的需求曲线往往是 S 型的。一旦消费者有足够的钱购买某种商品，就会导致销量暴增，进入爆发性增长的"热区"。在人均收入水平更高的地区，市场会趋于饱和，进入一种缓慢增长的"寒区"。

以尼日利亚的饮料市场为例，虽然瓦里、贝宁城和哈科特港等城市已经进入了饮料消费的"热区"，但拉各斯、伊巴丹和阿布贾等更大一些的城市仍然在朝着消费起飞的目标迈进。通过了解某类商品和当地市场的动态信息，各家公司可以预测进入该市场的时点，即在这类商品刚刚进入"热区"之前打入进去，赚取每个城市进入最高速增长阶段时的利润。了解并处理好增长与成本之前的平衡是一件复杂的事情。其中一种入门方法是对这些新兴市场城市进行细分和归类，就像对消费者进行细分和归类一样。

众多有着相同的人口结构、社会经济状况、文化特征、基础设施和零售环境的小型城市可以形成一个城市群，从而在各方面业务中产生规模效应。你还可以根据城市群制定扩张计划，先深入了解，再扩大范围。

思维本地化，行动全球化

就其本身而言，知道关注点在哪里和关注的时机还不够。为了确保与新市场的关联性并实现规模化，你必须决定如何以及在多大程度上去为他们量身打造产品或服务。

随着未来十年这批新消费者的涌现，由于产品类别、地理位置和细分市场的不同，他们的需求、偏好和消费行为也会千差万别。虽然某些趋势有席卷全球之势，但并不存在"全球化消费者"这种群体。例如，与巴西相比，印度市场的LG冰箱拥有更大的蔬菜冷藏室，而巴西的LG冰箱拥有更大的冷冻室。中国的雀巢速溶咖啡比其他市场的咖啡味道更甜。

深入了解消费者的需求和偏好并加以灵活地区分，将让企业从同类中脱颖而出。各公司越来越需要制定更加细致的，能够在规模化和本地相关性之间找到平衡点的产品策略。近年来，许多公司共同为新兴市场的消费者塑造了一种极端化的形象：与社会底层民众相比，这是一群站在金字塔顶端、花钱任性、钟爱奢侈品的暴发户。但随着消费者需求的增加以及数据和分析方法的日益复杂化，将消费者同质化既不是唯一的替代性策略，也不一定是最适合的战略。

相反，我们应该去了解每个市场的具体情况。正是由于对当地消费者的偏好进行了仔细了解，菲多利、顶益和箭牌等消费品公司才分别在印度和中国实现了飞速增长。

- ◆ 自1990年进入印度市场以来，菲多利以占据印度品牌零食市场40%以上的份额。它是如何做到这一点的呢？菲多利公司并没有让全球化的美国传统品牌（如乐事薯片）去适应当地人的口味，而是在印度风味的街头小吃和西方口味的薯片的启发下，选用印度家庭日常使用的简单又地道的食材，创立了新产品"香脆玉米棒"。目前，南非、巴基斯坦和肯尼亚等国家也在销售这款产品。

◆ 顶益是中国台湾的一家食品饮料公司。该公司启用中国大陆地区的设计师对方便面系列产品进行整体重塑，创立了一些新口味的方便面，同时还推出了"康师傅"品牌和低成本品牌"福满多"，成为了领先的食品饮料供应商。顶益的"康师傅"品牌是中国最受欢迎的品牌。2013年，顶益公司的一系列食品饮料产品总共创造了109亿美元的收入。

◆ 箭牌公司迎合中国消费者的偏好，对其口香糖的口味进行了调整，同时还在消费者教育方面投资，强调咀嚼口香糖的保健功效，从而成功地将其在中国口香糖市场的份额提高到40%。

定价是确定定制化程度的又一关键决定因素。一家公司能够（或愿意）让消费者掏多少钱购买其产品以及相对于竞争对手的市场定位，在不同市场之间存在着有趣的细微差别。帝亚吉欧（Diageo，全球最大的洋酒公司）在确定尊尼获加威士忌在巴西市场的定价时充分考虑了巴西的富裕消费者。该公司发现零售价格是区分巴西市场的产品质量的有力手段；与其他市场相比，白酒市场的价格弹性很低。因此，帝亚吉欧对尊尼获加威士忌进行了重新定位，将其归为高溢价品牌。现在巴西已成为该公司最重要的市场之一。

然而，对于许多市场参与者来说，要想在当地市场获得成功，唯一的方法就是重新思考现有的成本结构。就成本而言，新兴市场的公司是他们强大的竞争对手。正如我们在本书第9章提到的那样，新兴市场参与者，尤其是资本密集型行业市场参与者的轻资本化程度越来越高，创新能力也越来越强。这将会提升发达市场公司对研发和产品设计方面创新和本地化的需求，对供应链管理和融资方式进行反思，有些情况下还要寻求与本地企业合作，从而更加方便地利用现有基础设施。

◆ 通用电气公司在印度设计了一款售价1 500美元的心电图仪，这一价格还不到发达国家市场传统心电图仪售价的五分之一。新产品不仅帮助通用电气公司打开了快速增长的印度市场，还使该公司弄明白如何针对发达国家市场开发一款售价在2 500美元的监控仪。借鉴上述经验，目前通用电气公司将25%以上的医疗保健产品开发都放在印度；而且公司的意图十分明确，要同时在新兴经济体和发达经济体发布产品。

◆ 韩国LG公司是依靠创新赢取印度市场的又一个成功案例。该公司早在20世纪90年代就进入了印度市场。因为当时印度对外商投资法规进行了改革，LG在印度的研发机构以及一流设计人才和工程人才身上投入了大笔资金。本地的开发者知道印度人会用电视收听音乐，因此LG推出了一些配有优质扬声器的电视机。与此同时，为了不提高电视机的售价，公司还用平板电视机换购消费者手中的阴极射线管电视机。如今，班加罗尔产品创新中心已成为LG公司在韩国境外最大的创新中心，LG公司也成为印度电视机、电冰箱、空调和洗衣机的市场领导者。

◆ 在中国的即饮咖啡市场，雀巢公司通过在云南省建立低成本供应基地和几乎全部采用中国供应源的方式将咖啡售价降低了30%。

◆ 全球十大时装公司之一威富集团（VF Corporation）对供应链管理方式进行了改革，以此应对不断扩张的业务足迹。威富集团利用一个集成化的IT系统设计了"Third Way"平台，公司系列产品中的不同品牌在平台上收集采购需求，从而建立了规模经济效益。该公司还与制造商紧密合作，一家制衣厂就能够生产许多不同品牌的产品。21世纪头十年的中末期，这一方式令威富集团的牛仔裤和其他服装的生产成本降低了5%~10%。

- 为了充分利用廉价原料、人力和税收优惠，顶益进入中国市场时在青海、四川以及河南等省份的农村地区新建了一批工厂。反过来，公司又借此降低了产品价格，增加了市场份额和提高了利润。

商家的三大法定：体验、渠道、广告

企业必须出现在客户所在的地方，出现在他们喜欢购物和制定购物决策的地方。举例来说，我们的研究凸显了店内互动在新兴市场的重要性。一半以上的中国消费者都是在店内进行购买决策的，而这一比例在美国仅为四分之一。在新兴市场中，消费者在店内购买决策上耗时更长，决策的意义也更大。中国消费者在决定购买大件电子消费品之前要花费两个月，并到4家商店进行考察。

然而，对于许多公司的高管来说，管理消费者的店内体验是一项巨大挑战。位于中国武汉市光谷开发区的沃尔玛超市的走廊灯光明亮，服装、尿不湿、电子产品、零食和日用商品码放整齐有序，食品区的桶里装着呱呱叫的牛蛙，让任何一个西方人一眼就能认出来它们。但其他地区的零售场面就会显得既陌生又杂乱。例如在印度和印尼市场，零售业是高度分散的。小型经营者占到了销售额的80%以上。与此相比，现代贸易在中国和墨西哥市场中所占的销售额已经超过了一半。因此，你必须同时准备应对家乐福和沃尔玛等全球零售商以及中国的华润万家、印度的大巴扎（Big Bazaar）等本土大零售商和分散化的小型经营者。

许多跨国公司因为依靠本土市场第三方分销商的大客户技术团队和销售团队而把事情搞砸了。因此，跨国公司应该反思新兴市场的策略，如准备建立更大规模的企业内部销售业务，细分销售渠道并设计精确的路径和清单监控店内体验的品质。

可口可乐公司在新兴市场经营了数十年，花费了很大气力分析和细分新兴市场的各种零售渠道。可口可乐为每一类型的渠道创建一张"成功图像"（Picture of Success），这张图像详细说明了该零售渠道形象以及展示、推销可乐产品的方法和如何定价。可口可乐公司为高优先级卖场提供直销模式，如果该模式无法实现成本效益则依赖分销商和批发商。之后公司会对服务水平、发货频次甚至冷藏柜在店内的摆放位置等各种事物进行详细检查。通过招募数千名利用推车和自行车将可口可乐产品送到"最后一公里"的卖场去的小创业者，可口可乐在非洲建立了一张由3 200个"微型分销商"组成的网络。在物流基础设施更加发达的中国，可口可乐直接为200万个零售卖场中40%以上的卖场供货，并通过公司销售人员和业务员定期拜访，监控60%～70%的零售卖场的执行情况。可口可乐公司并不是一个个例。在印度、巴西和非洲等市场，联合利华和雀巢等知名公司利用手推车、自行车和浮船等交通工具来将产品送到消费者手中。

除了分销渠道之外，各家公司还必须明白如何在新开辟的地区定位品牌和市场。新兴市场的消费者往往最初只会考虑少数几个品牌，且转向其他新品牌的可能性不大。我们最近的研究表明，中国消费者刚开始平均只会考虑3个品牌，且在60%的时间里只会购买其中的1个品牌。与之相比，欧美国家消费者最初考虑的品牌数是4个，购买率在30%～40%。

消费者的初步考虑至关重要，而且他们只会考虑少数几个品牌，这为具有高能见度和信任度的品牌带来了好处。为了提升知名度和口碑，对广告进行测试并结合地理位置开展宣传活动是关键。**侧重本土**

情况的宣传活动往往能加速网络效应，让新进入者更加容易建立起正面的口碑，这是在新兴市场获得成功的重要先决条件。毕竟许多消费者还居住在媒体信任度相对较低的国家。举例来说，在中国，消费者从朋友和家人那里获得的积极建议是英国或美国的两倍。在埃及，这一数字甚至达到了3倍。

你需要依赖客户的见解以及当地消费者测试决定你的品牌和信息传达要做出多大程度的改变。宏碁的"简化我的生活"（Simplify My Life）在台湾的电子产品消费者中间反响不错。但当宏碁在中国大陆针对这一广告词进行测试时却并未引起共鸣。在焦点小组中，很明显可以看出，宏碁想要传达的"简单与价值"的理念引起了大家对该公司产品的可靠性和耐久性的疑虑。宏碁公司将宣传理念从简单高效变为更加强调可靠性，这帮助公司建立了一个更有意义，信任度更高的品牌，并最终使该公司在不到两年时间内实现了市场份额的翻倍增长。

组织和人才："全球化的惩罚"

随着全球化大公司规模不断壮大和更加多元化，应对复杂性的成本也急剧上升。在对全球17家领先跨国公司的300多位高管进行的一系列调查和结构性访谈中，其中近乎40%的受访者认为，他们对运营环境和客户需求的理解要好于本地公司的高管。许多高绩效的跨国公司也在遭受"全球化的惩罚"，他们在组织健康等关键维度上的得分均低于更侧重于本地的公司。调和本土化与全球复杂性之间的矛盾，为员工树立一个共同愿景，鼓励创新以主建立政府和社区关系都在这一系列调查之中。

为了提高寻找新机遇时的灵活性，最大限度提高成功概率和减少"全球化惩罚"，你需要对组织结构和流程进行反思。对于一家80%的销售额来自巴西和墨西哥的公司来说，让说英语的人士在董事会中占主导并将总部设在欧洲或北美还有任何意义吗？进一步说，将圣保罗团队总经理与欧洲负责人定为相同级别是不是一件不可想象的事情？

越来越多的全球大公司已经开始将他们的核心业务向重要市场靠拢。但对于既有战略和资源调配的"黏性偏见"阻止了许多企业及时采取行动。艾波比（ABB）、IBM和通用电气就是向新兴市场倾斜的一些最新案例。

- 为了推行"中国设计，中国制造"的战略，瑞典工程业巨头艾波比集团将机器人业务的全球基地从底特律迁到了上海。
- IBM销售额的64%来自美国以外。如今，公司将人力资源中心设在马尼拉，财务中心在吉隆坡，深圳是采购中心，而布里斯班则是面向日本业务的客服中心。
- 通用电气一半以上的营业收入来自海外。2011年，公司将X射线业务从威斯康星州迁往北京。

比利时化工公司索维尔集团（Solvay）首席执行官让-皮埃尔·克拉马迪厄（Jean-Pierre Clamadieu）表示："从某种程度上说，资本再分配要比人员再分配容易一些——你可以坐镇布鲁塞尔，观察各业务部门每年的资本流动，然后采取相应行动。但在人员方面，总是存在一种采用地理或业务'仓筒'进行管理的倾向。这就是我们最近为何要建立一项新原则的原因所在：即集团排名前300位的员工就是企业的资产。"换句话说，这家企业的骨干员工将根据当地需求和增长在全球各业务部门进行轮换，而不是留在公司总部。

除了对组织结构进行反思，各公司还要在总部和新市场之间确立合适的自治权。许多公司还在采用繁琐的汇报程序：国际部门对那些按照国家区分的分公司进行监督，但这些分公司用自己的语言与他们合作和开展业务，这种沟通是令人沮丧。这样一种模式往往令总部的

C级管理人员无法新兴市场的变化速度和机遇的规模。

但我们的观察显示，当公司能够成功摆脱"投资某个市场"的心态，给予本地领导者规划自身发展道路的自由后，反而更容易获得成功。当LG电子通过设立本地分公司提升印度的市场份额时，被派遣到海外的韩国管理者仅充当了导师或顾问的角色，他们并没有制定决策的权利。顶益公司能在中国获得成功，部分原因在于其给予当地管理层独立于总部制定决策的充分权力，并根据中国消费者的需求定制和开发新产品。吸引、发展和领导新增长市场的顶尖人才是一个成功的新兴市场战略的又一关键因素。最近针对领先的跨国公司的调查显示，在他们排名前200的员工中，仅有2%的人来自关键的亚洲新兴市场。这一现象部分反映出人才供给的不足，但同时也是对现有人力资源再分配的"黏性偏见"或新地区的"雇主品牌"主张不清晰所致。一些全球化企业解决这个问题的方式是建立明确的，区别于本土竞争者的人才主张。在韩国，欧莱雅为品牌经理提供了大量机会，同时还改善了员工的工作时间和照顾孩子的基本条件，从而使其成为韩国女性销售人才和营销人才的首选雇主。在印度，联合利华创建了一个包括轮换和长期雇用计划在内的全球流动领导力项目，以此吸引印度的顶尖人才。

全球新消费阶层的崛起对各大知名企业提出了严格的新要求。国内市场的优势无法被遥远的海外市场轻松复制或被视为理所当然。但这些市场的巨大机会是我们无法忽视的。近期，新兴市场的增长令人印象深刻，这一进程才刚刚开始。每天都有更多人从农村涌向城市，通过网络与全世界联通，加入到全球消费者的行业。因此，就像克拉克购物村，越来越多的公司将会发现，世界正在以一种前所未有的全新方式找上门来，与此同时，在曾经被认为很封闭的市场中，消费者开始对他们生产的产品展现出兴趣。**聪明公司会反思如何接近、管理和服务于前景广阔的市场，这些公司很清楚他们的现在以及将来的客户在哪里。**

第 6 章

反转的资源超级周期
粮食与矿石的"战争与和平"

中东地区爆发一浪高过一浪的"面包暴动",英国战后首次发放援助食品,美国接受救助的人数逐年上升,在水力压裂技术的促进下,美国从最大石油消费国摇身变成最大生产国……看似独立的现象背后隐藏着怎样的隐秘丝连?

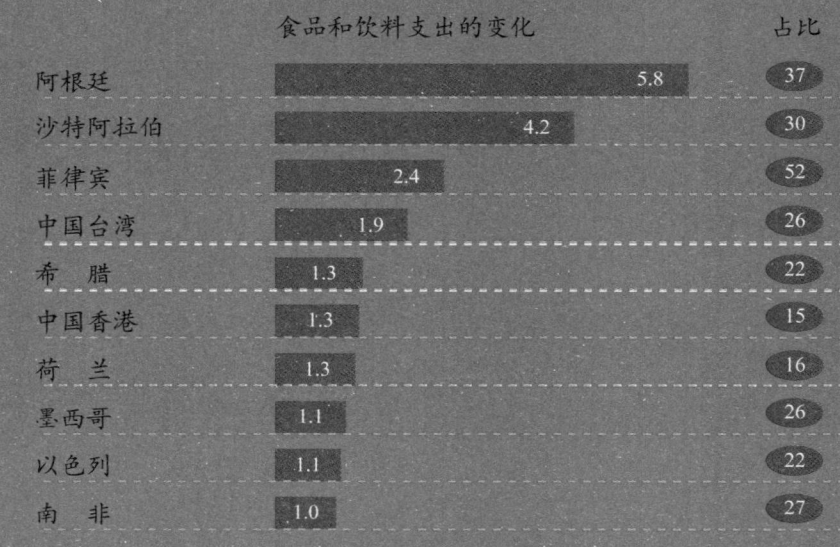

图 6.1
居民的食品与饮料成本的变化

2010年12月，突尼斯小吃摊贩穆罕默德·布瓦吉吉（Mohamed Bouazizi）在西迪布宰德省的一个小镇当街自焚，以此抗议市政当局的不断骚扰。这个单一事件成为了一系列抗议活动的导火索，并最终迫使突尼斯总统阿比丁·本·阿里(Zine El-Abidine Ben Ali)下台。突尼斯只是2011～2012年在中东和北非地区长期动乱的序幕。分析家提出了导致这场动乱的各种原因：腐败的独裁统治、庞大的无业群体和失业青年的期望和失望情绪不断上涨以及Twitter和Facebook等社交媒体的催化作用。

但最根本的原因或许还是一个更加古老的现象：食品价格飙升。正如面包价格暴涨为1789年法国大革命埋下了隐忧一样，商品价格的飞涨就是引燃中东动乱的火种。

当这些事情发生时，分析人士普遍忽略了这样一个事实，即北非和中东地区国家约50%的食物都要依赖进口。这一比例比世界上任何热点地区都高，从而使北非和中东地区极易受到食品价格通胀的影响。2007～2008年，全球食品价格大幅攀升，联合国食品价格指数比 10 年前上涨了一倍。该地区食品价格飙升导致巴林、约旦、也门、埃及和摩洛哥等国家的"面包暴动"。2011 年，埃及和突尼斯政权垮台之前，联合国的报告显示这两个国家的乳制品、肉类、糖和粮食的价格均创出历史新高。

社会不平等、连连上涨的食品价格和气候变化等因素调制而成的"有毒鸡尾酒"还在继续刺激世界各地爆发的内乱。仅 2008 年，全球 30 个国家发生了 60 多次饥民暴动。2014 年春季，联合国食品价格指数依然高于新英格兰复杂系统研究所（New England Complex Systems Institute）定义的"内乱临界值"。换句话说，即使不存在价格峰值、突发事件、粮食歉收或严重旱灾，食品价格水平也会造成各种更加严重的问题。

近些年来，全世界数亿人口摆脱了贫困，取得了惊人的成就。然而，高昂的食品价格却对贫困家庭造成了严重冲击。世界银行的数据显示，仅在 2010 年下半年，不断上涨的食品价格就让 4 400 万人口再次返贫。受食品价格上涨影响的不仅是发展中国家的穷人。2013 年，在全球最富裕的七个经济体之一的英国，红十字会组织自"二战"以来首次宣布将于当年冬季发放援助食品。联合国粮食与农业组织 2012 年报告称发达国家的营养不良人口数量在 2004～2012 年增长了 23%，打破了一直以来稳步下降的趋势。在美国，虽然经历了 5 年的经济扩张，但最近的记录显示还有 4 600 万人在接受食品救济券。

资源价格的上行趋势不仅只限于食品，所波及的对象也不只有家庭。2000 年以来，与农业、金属和能源有关的大宗商品价格几乎上涨了一倍。在供给日益困难且成本不断上升的背景下，新兴经济体的工业化和城市化引发了对能源、食品和自然资源需求的飙升。商业下滑趋势非常明显。大宗商品价格的急剧上涨会限制消费者的自主性支出，侵蚀制造商的利润，降低企业投资新项目的积极性。如果重要资源价格持续上涨并长期维持高位运行，这样的世界充满着危险。但与其他破坏性趋势突破的情况一样，这一变化同样蕴藏着机会。在资源价格不断上涨的时代，为了提高生产、管理、仓储和资源使用效率，在投资回报、积极性和态度方面作出的调整将会带来更高回报，为企业提供竞争优势，同时形成各种新业态的基础。我们已经看到一种事实——水力压裂技术的应用，致使高油价在 2014 年 6 月到 12 月，下跌了 40%。

"资源超级周期"的尽头

21 世纪初，一股持久而强大的力量登上了世界舞台。尽管全球人口翻了两番，全球人均 GDP 增长了近 5 倍，但几乎所有主要大宗商品（能源、金属、粮食和水）的价格在扣除了物价因素后依然下跌了近 50%。考虑到生活水平和能源强度的不断上升会使大宗商品的需求增加 600～2 000 个百分点，大宗商品价格下跌还会越发显著。大幅提高的生产率（蒸汽能在采矿业的应用、农业机械化的普及、大型水坝的建造）让人类能够更加有效地控制大宗商品的生产、分配、交易和储存等环节。大宗商品价格持续下跌成为一股重要的推动力，使 20 世纪全球经济产出增加了 20 多倍。除了 20 世纪 70 年代石油危机这样的非常时期外，资源的生产效率并不是一个需要优先考虑的问题。

但这股重要趋势无疑要结束了。很大程度上由于石油、水等重要大宗商品的需求的急剧增长，但供给却面临着挑战，资源价格在 2000～2013 年平均上涨了一倍。各类能源的均价暴涨了 260%。金属价格飙升了 176%（铜价上涨了 344%，钢价上涨了 167%）。在 20 世纪，粮食价格平均每年下跌 0.7%，但在 2000～2013 年却上涨了近 120%。这种惊人的逆转被称为"资源超级周期"。

自 2011 年以来，大宗商品价格达到峰值后，出现了小幅回落，于是许多观察家就此得出结论，认为这一轮超级周期已经结束。但这种

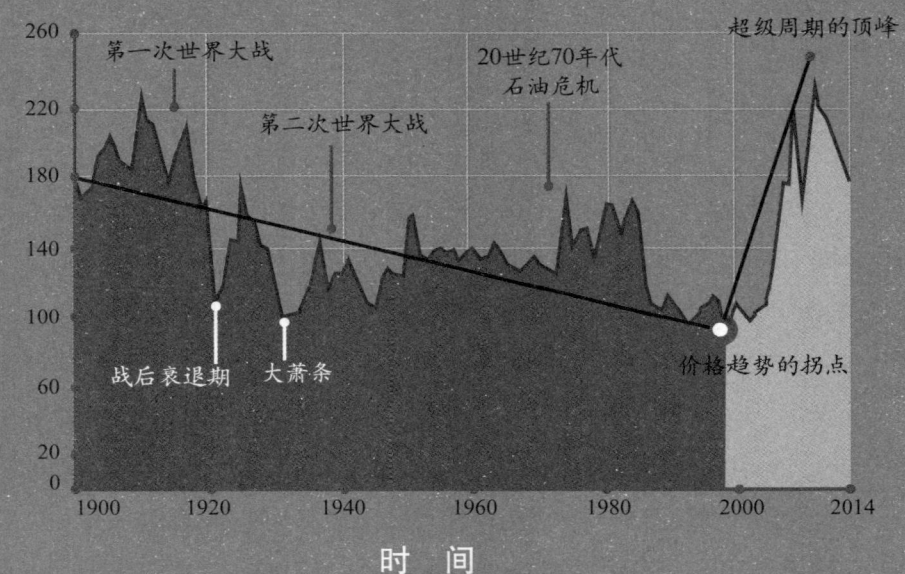

图 6.2
自 2000 年以来,资源价格上涨幅度明显

说法不过是夸大其词。实际上，2009～2013年，资源价格以超过全球经济产出的速度强劲反弹。平均来看，2014年年中，大宗商品价格已经接近2008年的峰值。我们认为，导致大宗商品价格持续上涨的四大驱动因素（都不是暂时或短期原因）在未来数年内还将使价格保持在高位运行。

需求：到火星开采资源

导致大宗商品价格上涨的首个驱动因素是全球中产阶级消费者数量不断增加所带来的需求增长。我们注意到，新兴经济体的城市化和经济增长每年为全球贡献数亿的新消费人群。1990～2025年，30亿人口加入中产阶级消费者人群。对于各个大宗商品行业来说，这都会产生巨大影响。在过去的每一周里，越来越多的人吃得越来越好。持续增加的可支配收入拉动了对更加昂贵食品（如牛肉）的需求。2000～2013年，牛肉价格飙升了117%。对汽车的需求也解释了非农业商品价格不断上涨的原因。我们预计，全球乘用车数量将从目前的约10亿辆增加至2030年的17亿辆。这意味着我们需要约68亿只轮胎（误差不到百万），约60%的天然橡胶将被用于生产轮胎。因此，橡胶价格在2000～2013年大幅飙升了350%也就不足为怪了。橡胶价格很可能还会继续上涨，尤其是在供给与需求无法保持同步的情况下。2000～2012年，全球钢铁产量增加了82%。但我们预计，虽然钢铁供给依然受到限制，未来20年内对于钢铁的需求还将上涨80%。中国和印度每年新增的房屋建筑面积相当于整个芝加哥市住宅与商业建筑面积的3.5倍。建筑行业的快速扩张反过来又提升了对公共事业、道路和运输等资源密集型基础设施的需求。这些趋势很有可能会突破任何短期内出现的逆转。"中国和印度共有约25亿人口融入全球经济，他们带来的需求变动将会给大宗商品价格带来巨大的上行压力，而这种压力不可能通过任何科技成果弥补，"哈佛大学经济与公共政策学教授肯尼斯·罗格夫（Kenneth Rogoff）说，"因此，至少在未来50~70年，许多自然资源的价格都不会停止上涨，这一趋势或许持续到未来某个世纪，人类开始前往火星开采资源的时候。"

供给：政治阴霾下的畸形弹性

如果大宗商品以相同的速度全面上涨，那么需求的上涨就不构成问题。但是，我们又一次面临趋势突破的问题。人类对资源的需要持续增长，但供给却越来越有挑战性。在全球许多地方，某些资源储备正在加速耗尽。不仅如此，除了页岩气之外，许多新的供应源往往位于那些难以接近，开发成本很高的地方。有些报告认为，如果继续维持当前的生产速度，某些金属储备（锌、锡）预计将在20年内消耗殆尽。1960年以来，全球范围地下含水层的消耗速度提高了一倍多。美国页岩气和天然气钻探活动的升温吸引了无数媒体的头条关注（当然也理应如此）。但在其他许多地方，石油行业在开发新供给方面遇到困难。2005年，19%的海上油井都属于"深水油井"，开采成本高昂，工艺复杂。2009年，这一比例升至24%，且还在继续提升。仅在21世纪的第一个10年内，新投产一口油井的平均成本就增长了一倍。当然，并不是所有商品价格都是一致的。铁矿石的开采成本提升了，但价格却保持稳定。与石油、铜等发现驱动型商品相比，铁矿石和钾肥等大宗商品的供给更具弹性。

其他因素也使得资源开采过程更加复杂。智利是一个局势稳定，相对繁荣的民主国家。一直以来，智利都是世界领先的铜矿石生产国。但时至今日，接近一半的新铜矿项目均位于具有很高政治风险的国家。埃尼集团、埃克森美孚、荷兰皇家壳牌公司、道达尔、Kaz Munay Gas以及中石油都为哈萨克斯坦的卡沙干油田的投产付出了多年的艰苦努力。全球80%以上未开发的可耕地要么分布在具有高政治风险的国家，要么在基础设施有限的国家。低水平的闲置产能、较长的投产准备期和高昂的开采成本使得短期供应缺乏弹性，加大了资源价格的波动性。

互联性：全球是一个市场

全球互联性不断提升，资源市场更加紧密地连接在一起。大多数情况下，一种大宗商品需求上升，会对其他商品的供给造成严重压力。农业用水约占全球用水量的70%，约占全球能源使用量的2%。为了养活全世界不断扩大的中产阶级消费人群，我们不仅需要更多牛肉、鸡肉和粮食，还需要消耗更多水，从而也需要更多能源。能源占农作物生产成本的15%～30%，占地下水开采成本的70%和海水淡化成本的50%～75%。

2004年，燃料价格与农产品价格的关联度很小。但到了今天，由于粮食生产的能源密度的提高和生物燃料产量的迅速增长，石油价格对粮食价格产生了明显影响。2007年全年，玉米价格和石油价格基本是不相关的。但自此以后，这两种资源表现出了高度的正相关性。当石油价格飙升时，农民会种植更多的玉米，并将更多的玉米卖给胃口大开的乙醇汽油生产商。事实上，如今的消费者正在和植物性燃料产业互相竞争。

石油是制造塑料及其他合成材料的主要成分之一，因此高油价会导致这类产品的价格上涨。而这类产品的涨价又会对橡胶和棉花等天然竞争品制造价格上行压力。某个市场的价格波动会迅速传导至其他市场，尤其是当金融市场对于定价发挥重要作用的时候。如今，由于无数套期保值者、投机者和投资者的存在，每天在全球各地的交易所以期货和各种衍生品形式交易的"虚拟"石油桶数与真实交易的石油桶数的比例估计为30∶1。这种通过技术先进的全球金融网络实现的"市场效应"加剧了市场的波动性。这正是金融危机后石油价格迅速崩

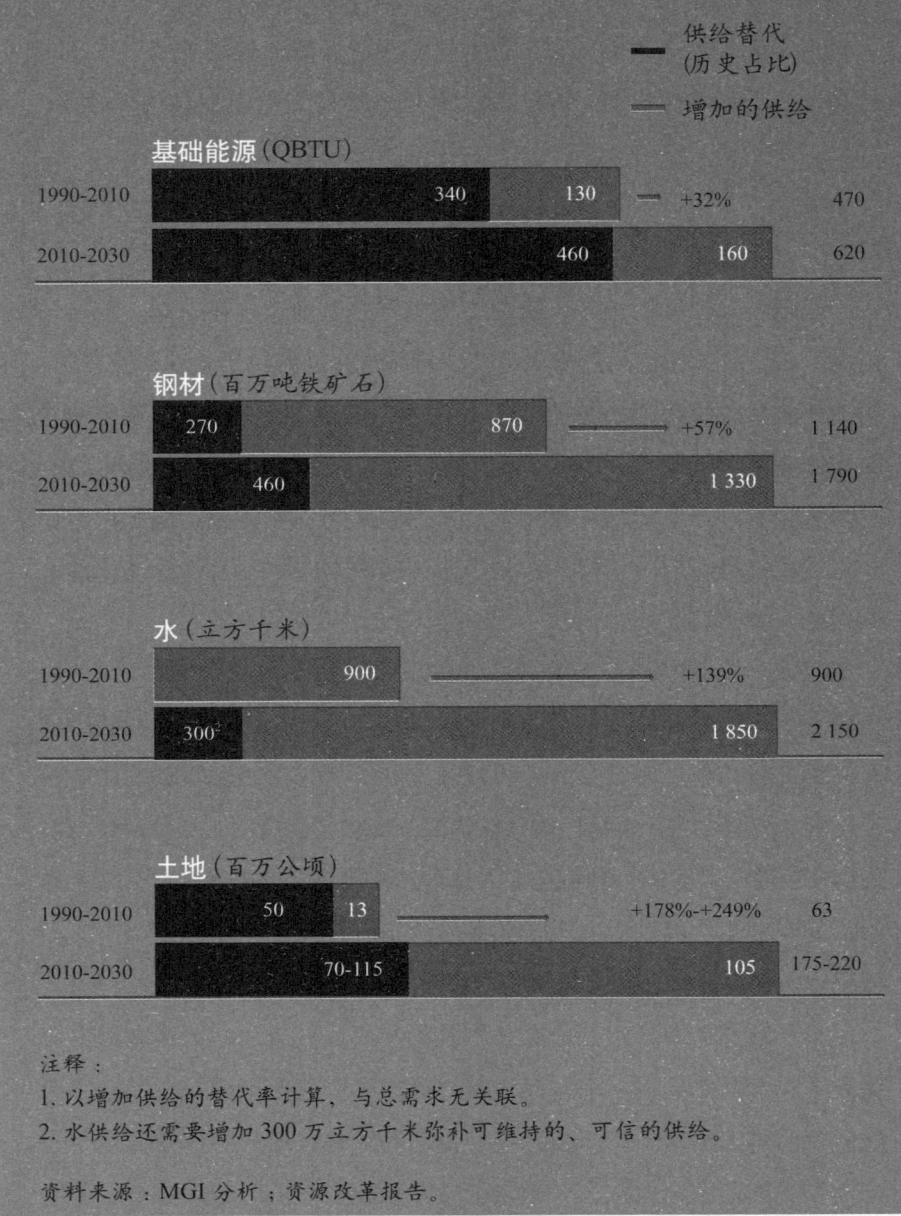

图 6.3 许多种类的资源需求可能急速上升

盘的主要原因之一，这期间油价从 2008 年约 140 美元 / 桶跌至 2009 年的 40 美元 / 桶。2014 年 3 月，随着金融危机在世界最大的粮食产区之一乌克兰蔓延，全球小麦价格在一个交易日内就暴涨了近 6%。从地缘政治到农业等生活的各个方面，资源互连性的提升正在成为一种"新常态"。

环境：不可忽略的隐性成本

推动资源价格上涨的许多因素均来自内部——供求关系的动态变化和资源的可获得性。但如今我们看到越来越多的外部因素影响到大宗商品和能源市场。一个世纪以来，全球各国基本上忽略了外部因素和生产造成的影响。如今，各国政府已经迈出第一步，通过提高成本以补偿与当地资源生产相关的环境因素和日益频繁的气候变化事件、海洋酸化以及滥砍滥伐等全球问题。

政府间气候变化专门委员会 2013 年报告作出论断，该组织的协议签署国 95% 确认人类是气候变化的主要原因。气候变化对环境造成的破坏也会带来重大经济影响。暴风和干旱会降低农作物收成，导致食品价格上涨；洪水会使生产成本增加；为应对极端气候修建的面向未来的基础设施使原本已经很高的投资继续升高。地方环境的破坏还会带来健康成本。受中国环境保护部委托进行的一项调查将中国生态环境遭到破坏所产生的成本确定为每年 2 300 亿美元，超过中国 GDP 的 3%。

为了避免环境遭受破坏，各国政府已经对资源生产企业采取了增税措施，提出了更加严格的环保要求。

2014 年夏天，美国颁布了新的标准，要求电力行业和发电站运营商到 2030 年将碳排放量降至 2005 年水平的 30%。未来，各国政府可能还会开征碳排放税，制定更高的排放标准，并控制水的使用量，这些措施都有可能推高电力的生产成本。与此同时，这些措施也会助推这个行业的技术进步。

举例来说，布鲁金斯学会预计，如果与煤炭相关的健康成本和环保成本被计入了这种黑乎乎的能源矿石中，那么煤炭的价格将会上涨170%。这将会使电力企业的商业计划发生重大改变，许多国家将不得不减少煤炭投资而转向风能发电。由于30%～40%的铜和铁均产自中度缺水或严重缺水的地区——智利的阿卡塔马或澳大利亚的炎热的内陆地区，提高水价会影响这类大宗商品的成本和可获得性。碳排放定价方案对于采矿企业也会产生类似影响。按照高盛投资公司的计算，假设2011年的碳排放税为每吨10美元，那么开采矿石的利润就会减少2%左右。

如果政府不采取任何应对措施，气候变化将会使资源的供给和定价发生更加剧烈的波动。企业将会发现越来越有必要在商业模式中建立更高的弹性，以应对这种变化。

高昂的生产，棘手的回收

面对这些压力和强大的新趋势，我们需要反思与资源生产、使用和管理相关的挑战的本质。我们不仅要将其视为一个必须解决的问题，还要把它看成一个巨大的机会。不能采取一种防御姿态，还像以前一样经营企业，然后等着危机到来，而是要考虑采取一些具有主动性和前瞻性的措施。效率、回收再利用和环境保护往往被视为成本高昂的棘手之事，尤其是在有法律法规强制我们这么做的时候。但在一个资源价格不断上涨的时代，在这些方面付出努力会为我们带来竞争优势，也是一种必然的要求。

随着新商业模式和技术的扩散，持续提升的效率将成为价值和利润的重要驱动力。

重视资源生产，更重视资源浪费

提高资源生产率是一个宏大而复杂的过程。经验和研究告诉我们，大量具有潜在机遇的领域正摆在我们面前，例如节能建筑、渗水堵漏和改善工业流程等。如果全世界的人们都能在以下15个领域行动起来，所节约的资源将能满足2030年人类资源总需求量的近30%以及从现在至2030年的增长的需求，相当于节约了2.9万亿美元。这些行动无需依赖那些未来感十足的炫酷新技术，利用现有的工具就能实现。我们并不认为实现这些目标是一件容易的事情，因为这需要进行大量的前期投资。但根据我们的估算，每年投入1万亿美元，即全球GDP的1%，节约的费用相当于这一金额的3倍。

最大的机遇在于通过各种能源管理系统使建筑物更加节能，例如对楼宇内的人数十分敏感的采暖系统以及智能水表和电表。当谷歌的数据中心因消耗的能源而饱受抨击时，公司采取了积极措施确保其活动的碳平衡。谷歌公司修建了风力发电站和太阳能发电站，在芬兰的办公设施中安装了海水冷却系统，还在山景城园区内覆盖了太阳能板，并对高能效部件进行投资改进。谷歌公司表示，现在公司服务器为一个典型用户提供一个月服务所消耗的能源比一盏灯开启3小时所消耗的能源还少。节能建筑市场同样也是一个巨大机遇。总部位于波士顿的Enemoc公司核查和监控了数百家公司总部和其他机构的内部能源部门，并将一些能耗大户纳入了能源需求管理计划。其公司网站上有一个仪表，实时记录为客户节省的金额。2014年9月，该仪表的读数已经超过9.3亿美元。

过去，解决资源供给关键的第一步就是生产更多资源。现在看来这仍然非常必要，但我们又有了一些更好的新办法，例如弄清楚如何减少资源消耗，如何充分利用现有资源。最便宜、最有效的方式就是你不使用能源。

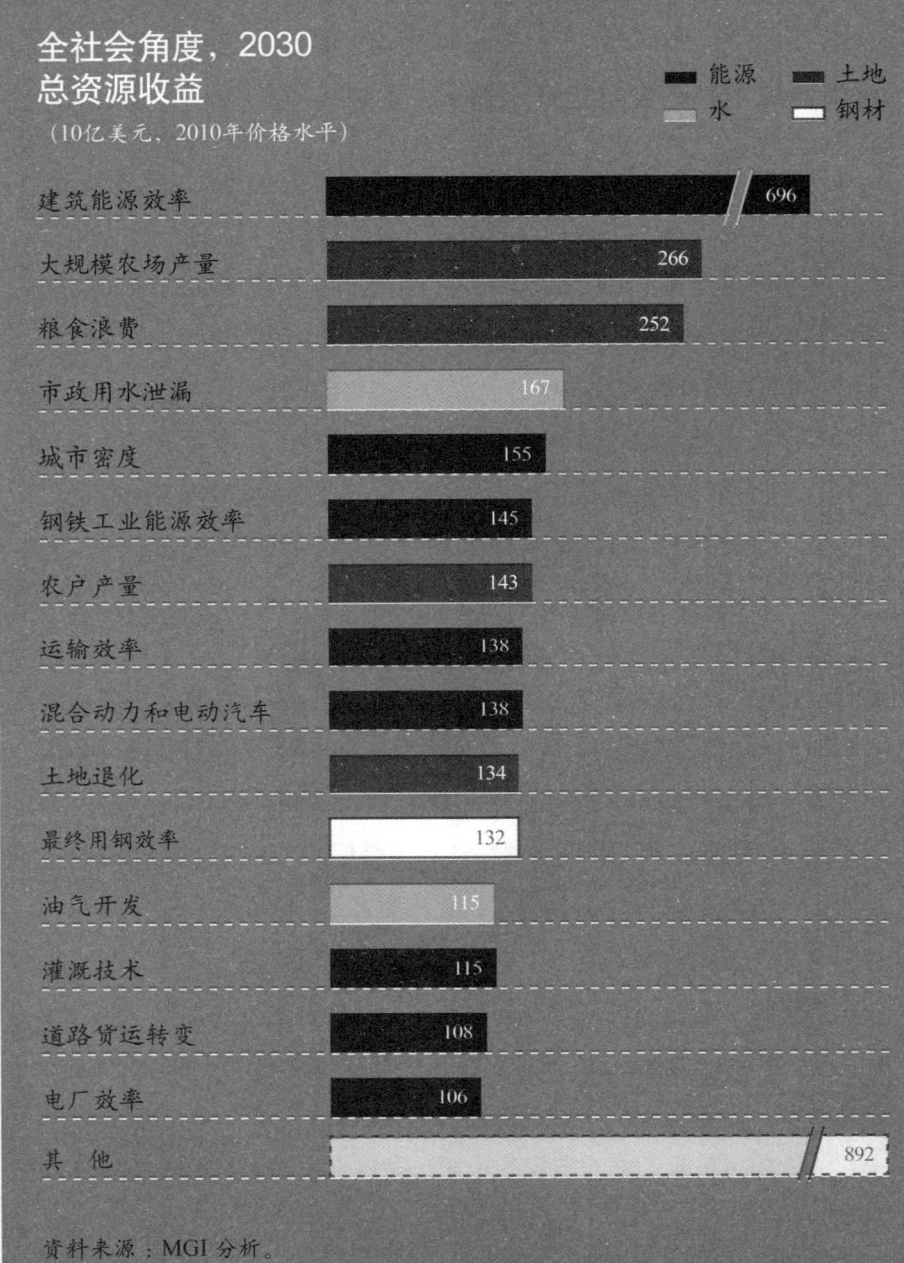

图 6.4 较大资源效率机会

减少浪费已生产出来的粮食是既省钱又能明显改善社会福利的有效措施。到 2030 年，对粮食资源进行更加有效的管理，理论上可以为全世界节约 3 400 亿美元。也就是说可减少全球农业用地 6 500 万公顷（约 78 万平方英里）。韩国已经成为这一领域的先锋。2012 年，热爱饭馔（食客喜欢点但又总吃不完的一种小配菜）的韩国人每天浪费 1.3 万吨食物，每年处理这些食物的成本高达 8 亿美元。对于这个富裕国家的消费者而言，丢弃食物不用承担高昂的经济成本或社会成本，但政府处理这些丢弃食物的成本却在持续上升。2013 年，政府开始按照丢弃食物的重量向家庭收取费用，LG U+ 电信公司利用射频识别技术开发出一款可对垃圾进行称重（精确度为克）的垃圾桶。用户必须刷卡才能打开这种垃圾桶，与此同时，公司会从他们的账户和信用卡上即时扣除垃圾处理费。在使用这种智能垃圾桶的试点城市，食物的丢弃量下降了 20% ~ 30%。这并不是因为韩国人的食品消费量减少了，也不是因为韩国的食品价格上涨，而是因为技术和智能激励促使消费者在采购和管理食品时变得更加有效率了。

经常会听到投资者抱怨高收益的投资项目太少。如今，在一种重要的趋势突破过程中，致力于提高效率的工作已经能够在短时间内为我们带来丰厚的投资回报。不同行业和企业在资源使用效率方面面临的机遇规模不一，但消费品行业展现了出巨大潜力。许多制造商自掏腰包，采取一系列方法提高资源生产率，在不到三年时间内，将能源和用水成本降低了 50%。

在墨西哥，由于供应链普遍不发达以及供应商缺少冷藏设施，沃尔玛在食品垃圾处理上面临挑战。为了解决这一问题，沃尔玛改革了卸货流程，优先卸载易腐败的食品，并向小型供应商提供信用贷款，让他们升级冷藏设施。此外还投入资金提升预测能力，将食品垃圾降低到最少程度。这一系列措施帮助沃尔玛公司大幅度降低了墨西哥业务的供应链成本。

如何设计零垃圾的产品？

　　为了充分认识资源生产率的好处，你也需要重新认识有关产品的生命周期。与其关注如何从垃圾填埋场回收有用材料，还不如想想如何设计出根本无需送到垃圾填埋场的产品。全世界的工厂和家庭，每天产生的数千万吨材料都是无用垃圾，它们只能被送去垃圾填埋场，消耗市政预算，为环境增加温室气体。许多聪明公司已经不再依赖传统的"线性"（Take-Make-Dispose）材料使用模式，他们正在进入一种飞速发展的"循环经济"。循环经济通过改进设计和优化产品，实现多次拆卸、循环使用，并以此创造价值。虽然这并非一个新概念（人类用食物废料生产堆肥已有数个世纪的历史），但对于大多数制造商而言，循环经济依然是一种相对合适的方式。而我们努力的成果只是生产出了少量的展示性产品，占总产品的比例还不到5%。

　　为了成功打造一种循环经济，你的企业应该关注将成品还原为材料的物流问题和经济学问题：重新思考产品设计，创建出消费者和经销商一致认同的租赁计划和回收计划。为了切实鼓励循环经济价值链创新，必须建立全新的监管计划、标准和激励机制，使其影响范围不只局限在工厂内部。

　　法国汽车制造商雷诺公司位于巴黎附近的舒瓦西勒鲁瓦工厂就是一个著名的使用循环经济的鲜活案例。该工厂对汽车发动机、变速器、喷油泵和其他一些部件进行改造后再次出售，每年可为公司创收2.7亿美元。雷诺重新设计了某些部件，使它们更容易拆卸和重复使用。公司还致力于开发闭环重复使用的元件，也就是把废旧汽车商店材料和部件转换成新车的有用部件。为了支持上述事业，雷诺与一家钢铁回收与废物管理公司组建合资公司，将报废回收技术融入到产品设计中。这些举措通过在汽车生命周期中对原材料进行更加严格的管控，帮助雷诺公司节约了成本。通过关注废旧产品的改造，而不是制造全新部件，雷诺公司成功将每单位生产所消耗的能源减少了80%，用水量却明显减少了88%。

一些公司对这一模式进行了变通，并将其运用到各个行业中。在重要的趋势突破过程中，许多公司最早在资源回收利用方面采取措施是出于品牌或形象考虑的原因，基本上将其视为一种营销成本，但如今，他们却考虑将资源回收利用作为重要的投资项目。全球办公设备制造商理光株式会社（Ricoh）的年收入达200亿美元，为了最大程度提高其产品与部件的可复用性，同时最大限度减少对原生材料的使用量而设计了Greenline品牌的办公复印机及打印机。目前，Greenline系列产品已进入欧洲的六大主要市场，销售量占理光集团总销售量的10%～20%。在品质未下降的情况下，其创造的利润比生产同类新产品的其他公司高出两倍以上。

家具及DIY产品零售商百安居正在其少数几个门店中尝试一个电动工具回收项目。消费者可以将用过的产品兑换成现金或慈善捐款。公司打算对在欧洲回收的工具翻新之后就再次出售或者对这些工具进行回收利用，以此来补充那些可能要用来制造新工具的原材料。

关注资源回收利用会创造出新的商机，尤其是当某些公司展开与其他行业或公司的有效合作时。2013年，全球服装零售商H&M在全世界范围内发起了一项"旧衣回收计划"（Garment Collecting），鼓励消费者用旧衣服交换H&M新款服装的打折优惠券。此后，该公司又与反向物流提供商I:CO合作，对回收的服装进行分类，以供后续一系列的"分级式"利用——将过期材料用在其他价值流或其他行业中。大部分回收的衬衫和袜子都被销往了全球各地的二手服装市场。不适合再穿的衣服作为原材料的替代品用于其他领域。例如，被制成清洁布和纺织纱线，被当做汽车业减震和隔热材料的原料，或者用于建筑行业的管道保温。

当这些衣服确实物尽其用之后，剩下的织物（I:CO估算的比例为

1%～3%）就成了发电的燃料。该计划启动一年后，H&M又首次启动了闭环生产的Capsule系列牛仔裤回收计划，回收的废旧服装达到3 000多吨，相当于1 500万件T恤。

将科技引入可再生能源生产

资源领域面临的机遇不仅在于提升效率。大幅提高供给同样有助于缓和资源短缺的局面。以能源为例，在20世纪，科技一次又一次在克服各种物流和地质困难方面发挥了至关重要的作用。今天，石油天然气开采技术、再生能源和高能电池技术这三大能源创新的重要领域将会改变未来10年的能源供给状况。

在石油天然气领域，水力压裂技术（或液压破碎技术）和水平钻井技术令大规模开采页岩油气成为可能并已经在对全球市场产生影响。虽然水力压裂技术在环保方面还存在争议，但其产生的非凡影响是不容置疑的。2000～2013年，美国天然气产量飙升了25%。自2008年以来，冬季天然气价格已经下降了50%。正如我们在前面提到的，在新技术的推动下，美国于2013年超越俄罗斯，成为全球最大的油气生产国。根据国际能源机构的预测，美国将在2020年成为全球最大的石油生产国。

为了改进成本和更容易开采新的石油储量，政府在科技研发方面的工作也有助于大幅提高现有石油储量的回收率。实际上，科技能够帮助我们重新认识可接受和可实现的基准。过去30年里，挪威政府对石油回收问题的研究和技术方面进行了大量投资，并对各公司开展研究提供资金支持。如今，挪威的资源回收率已达到45%，也是业内的领先水平，几乎是沙特阿拉伯的两倍。

太阳能、风能、水力发电以及海洋电力等可再生能源为解决能源供给短缺问题带来了希望，同时这类能源还不会对气候变化造成影响，不会加剧稀缺资源的竞争。在此，我们看到了一个重要的趋势突破。在 20 世纪下半叶的大部分时间里，可再生能源被视为一种奢侈或高端的产品，与传统的发电方式相比毫无竞争力。但全球化、技术和规模的放大效应使得这一复杂局面发生了改变，在某些案例中这种改变甚至是决定性的。竞争使得产能、技术进步和产业规模得到大大提升，过去 20 年里，太阳能发电设备的安装成本从每瓦特产能 8 美元降至不到该数额的十分之一。太阳能和风能发电正在被美国和欧盟等发达经济体越来越多的居民客户接受。此外，中国、印度等新兴经济体的发电企业也已经制定了雄心勃勃的再生能源计划。

- ◆ 2013 年，全球太阳能发电的总装机容量达到 37 千兆瓦，是 2007 年装机容量的 14 倍以上。
- ◆ 2002～2013 年，全球风能发电量增长了 10 倍，从 31 千兆瓦增加至 318 千兆瓦。仅 2013 年新增的风电装机容量就已经超过了 2002 年全球既有的风电装机容量总和。

这些小众行业已经成长为大商机，诞生了不少大型的综合性行业参与者和供应商网络，鼓励了大批服务提供商和更谨慎的公司涉足该领域。

行业趋势是顺应周期的。可再生能源的装机容量越大，这个行业就会变得越发引人关注。能源价格不断下降，各种金融创新（太阳能租赁、绿色债券等）也在为提高再生能源的部署速度贡献力量。如果持续推进目前的大规模可再生能源解决方案，到 2025 年，太阳能和风能发电量在总能源产量中的占比将从目前的 2%上升至 15%。在发展中国家的许多地方，消费者首选的供电来源将是由太阳能电池板产生的，无碳排放的电能。

在周期性电力供应商（如风电和太阳能电力供应商）的基础上建

雪佛兰汽车公司推出的
西尔维拉多双燃料动力皮卡车

立一个系统将会为电能的存储与管理提供更高的溢价。市场力量与技术进步的结合再一次为我们带来了令人瞩目的机会。随着能源存储技术的不断提高，2020年以前，电池价格将会快速下跌，对交通运输、发电和石油天然气等大型部门造成破坏。日本大型企业集团日本电气（NEC）正在投资一个为电力设施提供高能电池的装置，该装置可部署在变电站或太阳能发电厂附近，有助于稳定电网电流。

燃料电池很好地证明了该技术的潜力。一块典型的氢燃料电池可将氢原子转化为电力，其能效比可达60%。如果该技术被应用于住宅的供暖供电，由于转换过程中生成的多余热量被利用起来，这一能效比还可进一步提高至80%。如果燃料电池的规模化生产得以实现，可以很容易地将其用于汽车上，且其能源效率比内燃发动机好得多。

用设计提高弹性

当资源供应和资源价格发生突然变化而使能源系统变得十分脆弱时，整合能源储存与生产是建立系统弹性的方法之一。在其他领域进行这种心智的调整也是进行直觉重置的重要内容。20世纪70年代，能源价格遭遇一次意外事件，资源价格从未有过更大波动。由于石油与各类大宗商品价格的相关性提高了，许多公司都在想尽办法让自己免受价格波动的影响。**各个公司都通过与供应商和客户建立更加紧密而智能的联系，涉足更具灵活性的产品设计和采用金融工具进行对冲等方式降低资源价格的波动性。所有这些被认为本质上属于防御性措施的方法都是提高企业利润的有效杠杆。**

一家欧洲食品制造商通过与供应商订立交错合同来降低玉米价格的波动性。每一年，该公司会对未来三年中三分之一的玉米收购量进行定价，不考虑公司对玉米市场价格变化的预期。这样一来，公司任何一年支付的收购价中，仅有三分之一会受到现行市价的影响，另外三分之二反映的是此前两年的价格。该公司为其玉米供应所支付的平均价格在15年内几乎是不变的，但其所经历的价格波动降低了50%。

零售商和餐厅老板或许对这样一种说法并不陌生：与下游企业协调发展提高灵活性，以此维持自身的弹性。某家很受欢迎的美国餐饮连锁企业决定调整采购和营销策略，根据牛肉或虾的现行价格，每周推出不同的特价菜。而推出哪种特价菜则由当周出售哪种商品更有利可图决定。

公司还可采用金融对冲的方法获得所购买资源在某种程度上的定价权。一家欧洲乳制品企业发现，当其与零售连锁店就所出售产品谈判时，企业并不清楚其未来某个时刻为满足零售合同要求而生产乳制品时应为所购买牛奶支付的价格。实际上，牛奶价格会在每吨26～35欧元波动，如此大的波幅是不可能忽略不计的。这时，公司可通过期货市场购买牛奶期货锁定牛奶价格（即便未来的牛奶价格高于26欧元的下限），从而将牛奶的价格波动降至零。

具有前瞻性思维的公司有时候也会通过改变产品设计解决波动性问题，如通过短时间内在不同原料间进行切换来实现。这一战略被称为"互换性设计"。雪佛兰汽车公司针对热销的西尔维拉多250皮卡车推出了一款双燃料版本。这款双燃料皮卡拥有一个传统的汽油油箱和一个使用压缩天然气的油箱，使用者可根据燃料价格和可用性在两种不同的燃料间进行切换。还有一种类似的方法被称为"可再利用性设计"。为了使用再生性更好的塑料原料，一家食品制造商将产品包装的颜色从深色改为浅色，从而降低了塑料原料价格对企业造成的影响。

在毫无准备的情况下，描述某种资源革命，似乎是一件极其复杂而又代价高昂的事情。但随着时间流逝，我们的系统很可能会发现，无所作为的代价更加沉重。更重要的是，即便在短期内，企业也会发现打破资源价格下降的趋势，不仅为企业提供了抵御价格波动和突发事件的重要机会，还为企业主动改善经营方式、进入新业务领域和打造竞争优势创造了机会。企业高管和企业领导人不仅必须对资源成本进行深入而积极的思考，还要考虑如何让企业在改善能源、水和食品等资源的生产与管理方面的投资产生回报。在这个联系日益密切，经济持续发展的世界，许多有用的解决方案和技术都已经经过了测试和证明。通过将现有技术和工具规模化，发明新系统，并采用智能成果和灵活政策，你就让你的组织在这个资源价格不断上涨的世界中立于不败之地。

第 7 章

嗜血的狼性
对廉价资本说再见？

特斯拉汽车还没上市，消费者就争先缴纳了1.6亿美元购车款，并作为运营资本，这是空手套白狼，还是融资方法的大胆创新？

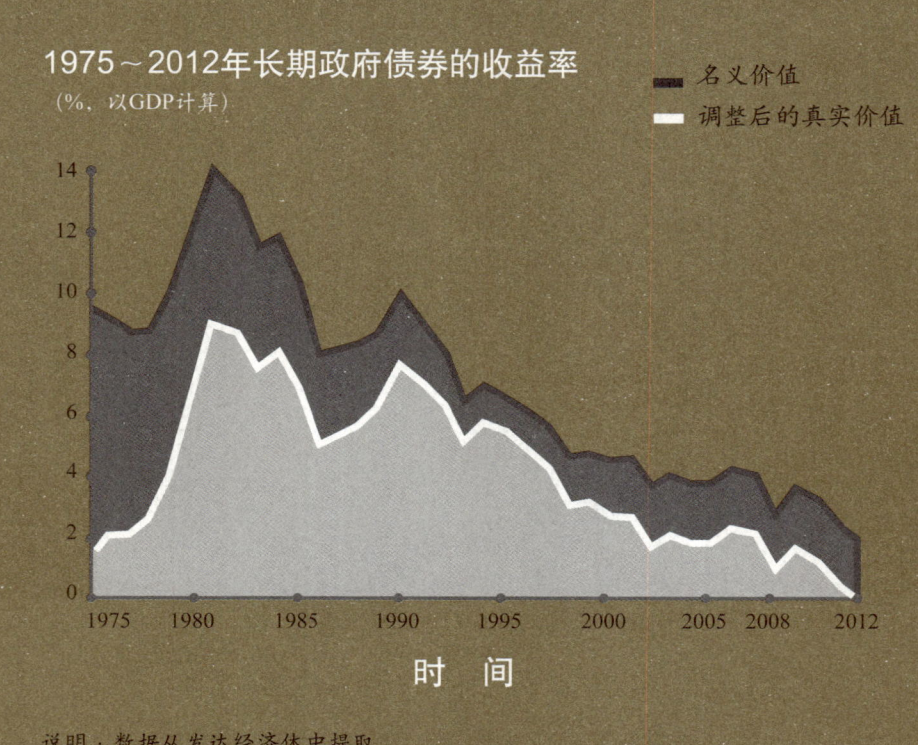

图 7.1
发达经济体的长期利率

孟买拥挤不堪的通勤列车就是一个传奇。每天超过750万人采用各种危险的技巧跳上2 300辆始发列车中的一辆，通常这就是季风季节里唯一可行的交通方式。仅孟买市每年就约有3 500人死于铁路交通事故，相当于每天死亡约10人。除了这种悲剧性的生命代价之外，城市过度拥挤，随之而来的基础设施投入不足也有可能让印度令人印象深刻的经济增长脱离轨道。

这是一个怎样的故事呢？1991年以来，印度人均GDP增长了近5倍，外汇储备增长了近50倍，每年外国直接投资流入大增200倍，且未来的增长前景一片光明。据估计，到2030年，印度将从2013世界排名第十的经济体跃升为第三大经济体。在快速城市化的大潮中，年轻人口将为印度带来"人口红利"，为该国未来数十年的经济增长和繁荣提供动力。2030年，印度的城市人口将达到6亿左右，相当于当前美国总人口的两倍。全球人口最多的5座城市，将有2座在印度，人口超过100万的城市也将达到 68 座。如果印度不显著加大对城市的投资，基础设施不足问题可能会吞噬城市化带来的生产力红利。在金融危机爆发前，印度的年人均资本支出仅为中国的 14% 和英国的 4%。

几十年来，投资不足的问题在该国紧张的基础设施和匮乏的城市基础服务方面表现得十分明显。孟买的通勤人口数量正在以三倍于轨道交通运力的速度增长。在孟买，断电是一件司空见惯的事情，在用电高峰期，电力供应缺口达到 15%~20%。严重短缺垃圾处理和水务基础设施，超过 30% 的城市污水得不到任何处理，每四个人中就有一个人无法用上自来水。

印度要想释放其作为全球经济发展引擎的潜力，就必须打造充满活力的城市。但该国正在饱受长久以来的资本投资短缺之苦。仅仅为了满足城市需求，印度每年就必须新建 7 亿~9 亿平方米的住宅面积和商业面积，350~400 公里的轨道交通和地铁以及 25 亿平方米的公路（相当于上个 10 年公路面积的 20 倍）。为了达到这一目标，到 2030 年，印度需要在城市的资本支出方面投入 1.2 万亿美元，相当于当前人均水平的 8 倍。

印度绝不是一个个例。在经济繁荣发展的过程中，全球投资增长占 GDP 的百分比从 20 世纪 70 年代的 25.2% 降至 2009 年的 21.8%，这似乎是有悖常理的。

在很大程度上，这种比例的下降反映了"二战"后日本和西欧国家的投资减弱。不过从长远来看，全球资本需求疲软的局面不可能持续下去。为了满足城市化和人口增长推动下的需求，巴西、中国和印度等世界主要新兴经济体都必须加大基础设施的投资。

全球中低收入经济体也需要通过提高投资率实现经济与人口发展目标。而要想提高现有基础设施的产能和服务水平，发达经济体同样需要解决多年来被抑制的投资不足问题。仅满足未来 20 年全球经济增长所需的基础设施投入就将增加至 57 万亿~67 万亿美元，相当于相同时期历史投资规模的 60% 以上。日益增长的投资需求是推动资本价格上涨的因素之一。

资本价格误闯不确定通道

当前环境下，发出资本将会更加昂贵的警告，无异于对季风肆虐将带来干旱进行预警。我们只需跳出金融视角来看，就会发现这并不是一个很严重的问题。30 年来持续下降的利率使我们形成了一种预期，即资本价格已经很便宜，且这种状况还将持续下去。我们的直觉就建立在这一预期之上。许多人都认为，资产价格（部分受到借债能力的推动）从长远来看是会上涨的，但短期内依然存在波动性。的确如此，1968～2005 年，美国房价平均每年上涨 6.4%，在此期间没有一年下跌。圣保罗和里约热内卢是巴西人口最多的两座城市，房价自 2008 年以来已经上涨了一倍以上。在过去 30 年里，伦敦房价几乎每十年就会翻一番，在此期间，利率连续下跌了 2～3 个百分点。1980～2013 年，瑞典、法国和加拿大的实际房价分别上涨了 55%、85% 和 130%。的确，资本需求疲软（受数十年的低基础设施投资率影响）和资本供给充足（受持续数年的非常规货币政策影响）的共同作用使今天的资本比以前更加便宜。

一项重大的改变正在进行之中，这要求我们对直觉以及对未来资本成本和资产价格的预期进行重置。然而，虽然趋势突破正在发生，但我们并不清楚趋势突破的方向。它会受到传统的供需关系影响，从而导致利率上升吗？它会因为各国央行在 2008 年金融危机后采取的史无前例的行动，形成一种利率长期受到抑制的新常态受到影响吗？我们经历了一个持续下降的低利率水平和持续上涨的高资产价格水平的时代，而这一趋势正在面临突破。哈佛大学经济学家马丁·费尔德斯坦（Martin Feldstein）说："目前这种低水平的长期利率是不可持续的，这表明债券和其他证券的价格存在泡沫。当利率上涨时（这一点是确定无疑的），泡沫就将破裂，证券价格也会下跌，持有这些证券的投资者将会遭遇损失。"

随着工业化和城市化进程继续推进，新兴经济体的投资需求也会一路升级，从库马西到孟买，从阿雷格里港到吉隆坡都在规划资本密集型的建设项目。随着各国开始投资兴建基础设施，那些为了跟上颠覆性技术而投资新产能、新设备和更新升级的公司将会放大资本需求。这些资本需求正好遇上全球人口老龄化和长期财政赤字的问题，随着需求的增加，这将对全球的资本储备造成压力。根据宏观经济基本面的传统观点，需求增加和供给压力共同造成了一个结果：一个资本更加紧缺而昂贵的世界。

近年来把我们带入"未知领域"的非常规货币政策或许已经为一个不同以往和不易理解的世界奠定了基础。各国政府和央行随时准备介入，向经济体注入充足的流动性以维持经济的增长和低水平的利率。**这是一个维持着"脆弱均衡"的世界，紧随货币供应量积极扩张而来的便是资产泡沫、通胀压力和货币的繁荣与崩溃。**越来越多的国家正在探索这一新领域。实际上，我们或许正处于向这样一个世界转型的边缘，即扩张性货币政策和债务货币化（曾被视为禁忌）已成为各国央行"保留节目"中的常规手段。这种未来景象可能会改变我们今天所熟悉的资本市场，为我们带来一系列的新挑战。

资金流动的影响力和变化无常又增加了一个复杂因素。全球资本可能是流动的，但资本的分布却是不均匀的。一些领域在萎缩，饱受资金短缺之苦，而另一些领域则呈现资金泛滥的景象，但结果却是同样的令人不解。我们来看看两座后现代的鬼城。底特律市曾经是美国中西部的强劲工业发动机，但它于2012年申请破产，现在该市已无力为任何基础设施融资。于是在这座巨大的城市里，人口开始减少，房屋失修，居民区里杂草丛生。与此同时，地球的另一边，中国内蒙古自治区的鄂尔多斯市却在吸引大量资本到此投资。这座位于富裕煤矿区腹地的城市见证着康巴什区的建筑项目呈爆发式增长——大量公寓楼、公园、建筑风格大胆的公共建筑、两座相对而立的巨型骏马雕塑……这里真正缺少的却是计划迁入该区的100万人口。我们不能总是指望市场将适当的资本在正确的时间配置到正确的地方。

"储蓄罐"资金日益减损

从长期来看，需求的基本面十分明确。目前，全球投资率（全球投资规模占GDP总量的百分比）刚达到22%，与全球经济衰退最严重的2009年（20.9%）相比有所上升。随着新兴经济体的工业化和城市化的加速繁荣，我们有充分理由认为投资率还将进一步升高。

巴西、俄罗斯、印度和中国组成的"金砖四国"还需要更多"砖瓦"和"水泥"。越来越多的城市要实现固定资本投资存量翻番，从2013年的10万亿美元增加到2025年的20万亿美元以上。迁居城市的人口需要住房、公路、学校等基础设施。以巴西的基础设施为例，21世纪第一个10年，该国的投资占年度GDP的百分比从20世纪70年代的5.4%降至2.1%。2014年世界杯期间，当暴雨淹没了累西腓市的排水沟和街道时，巴西基础设施的局限性暴露无遗。该国的交通基础设施十分老旧，86%的道路至今都没有铺设柏油路面。巴西的铁路交通网规模不到美国的13%，其中90%左右都在大陆地区。虽然巴西在2014年世界杯半决赛中输给了德国队，但依然名列国际足联前十的位置。但说到基础设施质量，世界经济论坛给予巴西的排名是在148个国家中排名第114位。要想全面释放经济增长潜力，巴西必须在公路、港口和机场上进行投资。

与此同时，经历了数十年的投资不足后，全球发达经济体对新的基础设施也具有了潜在的需求。自20世纪70年代以来，发达经济体

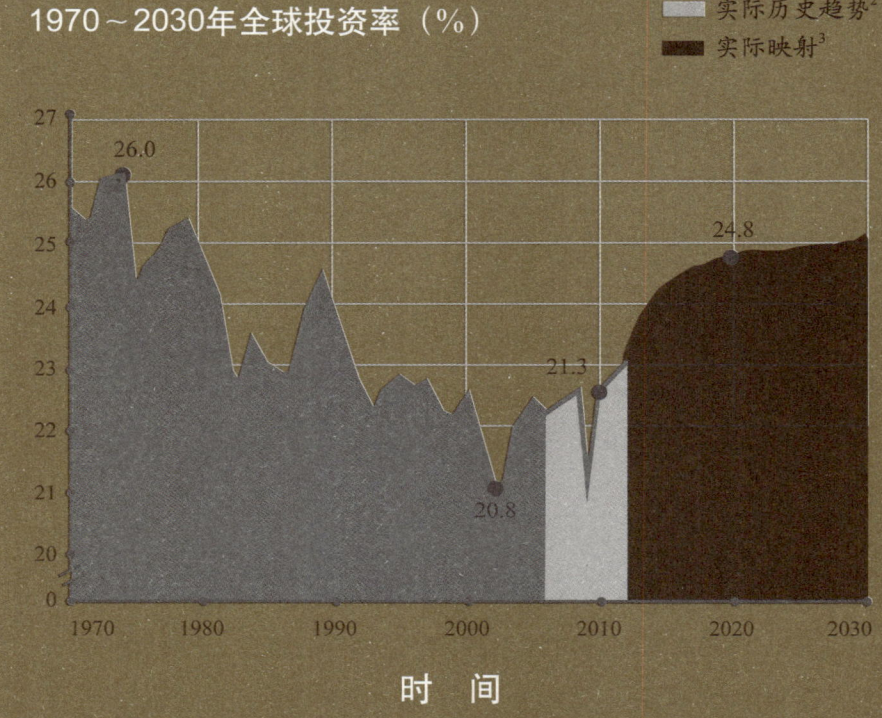

图 7.2
在未来 10 年间，新兴市场主导的全球投资很可能突破战后新高

投资占 GDP 的比例急剧下降。1980～2008 年，实际投资额比按历史投资率计算出来的投资额少 20 万亿美元。这一数额相当于日本和美国的 GDP 之和。连接波士顿和华盛顿的 Acela 高速列车经常达不到要求时速，服务不可靠，而且饱受互联网接入不畅的困扰。为了解决目前的服务缺陷和扩张运力以满足日益增长的需求，美国土木工程师协会预计，到 2020 之前美国要在现有水平上再投资 1.6 万亿美元进行基础设施建设。美国交通部估计，要想在 2028 年让美国处于"维修良好"的状态，美国在公共交通方面的投资每年应增加 40%左右。

总的说来，为了实现预期的经济增长，我们预计到 2030 年，全球在公路、建筑、铁路、电信、港口和水务方面的投资需达到 57 万亿～67 万亿美元。这比现有的全球基础设施存量还多，比 1994～2012 年的全球投资总额多出近 60%。以上投资再加上对贬值或过时资产的补充将把全球投资总额从 2008 年的 13 万亿美元（金融危机前的峰值）推高至 2030 年的 25 万亿美元。毫无疑问，对资本的需求正在不断增加。那么供给的情况又如何呢？虽然多年来，供给一直充沛，但仍然存在发生供给短缺的可能性。如果不采取非常规的货币政策，长期供给前景不可能反映出过去 20 年的现实。随着世界各国相继进入老龄化社会，家庭存款将会下降，从而带来资产的减少。

根据预测，到 2030 年，与老龄化相关的政府支出占 GDP 的百分比将会升高 4～5 个百分点，这将进一步加剧财政赤字和降低国民储蓄水平。最后，随着储蓄总额排名第一的中国和排名第六的印度等新兴经济体将注意力转向消费，这些国家的储蓄率可能会下降。

比中国崛起为经济大国更加令人印象深刻的少数几个现象之一是中国人对储蓄的偏爱。中国的社会安全网相对欠发达，中国人对 20 世纪六七十年代的极度贫困和绝望仍然记忆犹新。这也是中国人对储蓄的喜爱位于世界首位的原因之一——把资本储存起来，而不是用掉。中国的储蓄率占 GDP 的比重从 21 世纪初的 37%上升到 2008 年的

50%以上。这一年，中国的年存款总额为 2.4 万亿美元，俨然成为全球最大的"储蓄罐"。四年后，虽然飞速的经济增长将中国的存款额推至新高，但中国的储蓄率却并未继续升高。

但未来中国的储蓄率似乎不可能一直维持在如此高的水平。政府正在想办法从出口依赖型经济转向消费拉动型的经济。中国政府正在鼓励国民多花钱，少存钱。如果中国遵循日本、韩国等亚洲其他经济体的发展路径，中国的储蓄率将会明显下降。例如，中国台湾努力改善了公共医疗与养老体系后，储蓄率在 1995～2008 年下降了 7 个百分点。

中国储蓄率下降，发达经济体的储蓄率很可能依旧令人失望。全球性衰退之后，美国、澳大利亚和英国的储蓄率会有所上升。以美国为例，个人储蓄率从 2007 年的 3% 猛增至 2009 年的 6.1%，此后又开始了再次走低趋势。但这些国家的储蓄水平依然相对很低。即便发达经济体的当前储蓄率持续增长 20 年，也只能将 2030 年的全球储蓄率拉升 1 个百分点。

到 2030 年，资本的供需失衡状况将导致全球可用储蓄额与所需的投资额度之间产生 2.4 万亿美元的资金缺口。从传统的宏观经济学来看，全球投资意愿与储蓄意愿之间的这个缺口将会为实际利率带来上行压力，同时挤出部分投资项目。如果这一问题不能通过资本生产率的稳健提升来抵消，反过来就会导致全球 GDP 增速放缓。

低利率，高债务，新均衡？

利率升高的预期依然面临挑战。几年来，以美联储为首的全球央行将利率带向未知领域和以前所未有的速度印刷钞票的意愿越来越强。经济衰退、全球性金融危机以及复苏缓慢所引发的超宽松货币政策没有一点停止的迹象。自金融危机爆发以来，美国、英国、欧盟和日本央行共同为他们的经济体注入了 5 万亿美元的流动性。毫无疑问，这些措施阻止了灾难性场景的蔓延。但同时也将利率水平推向了人类从未踏足的深渊。

此外，由于利率在低位运行了相当长时间，已经形成了一种难以撼动的惯性，各国政府都习惯于依靠低利率补充赤字性支出和刺激经济增长。举个例子，2009 年，全球各国的财政赤字总额创下近 4 万亿美元的历史新高。然而，低利率水平抑制了利息成本。2008～2012 年，美国政府的净利息从 2 530 亿美元减少至 2 200 亿美元，降幅达 13%，但同期的联邦未偿债务总额却增长了 67%。

从历史上看，扩张性货币政策一直是经济增长放缓时用来刺激消费者支出和企业投资的一个临时措施。许多分析师一致认为，各国央行过去 5 年所采取的量化宽松措施将全球 GDP 拉高了 1～3 个百分点。但各国到底在多大程度上实现了这一目标依然存在争议。超低利率对于消费者支出和企业投资的影响并不确定。以美国为例，该国 2013 年的个人储蓄率比危机前高出 5 个百分点，但商业投资增长率却维持在"二战"以来的最低水平。低利率就能刺激 GDP 增长吗？正好相反，似乎政府开支的大幅增加和房地产行业相对快速的复苏才是拉动经济增长的主要原因。2007～2012 年，美国、英国和欧元区政府因低利率而节省的利息支出共计 1.4 万亿美元，这使得政府能够更加大方地花钱。超低利率还有助于房地产行业超预期复苏。

超低利息在日本已经不是什么新事物。20 世纪 80 年代的信贷繁荣期过后，由于私人部门大幅削减债务，日本政府为了抵消低迷的需求和经济活动的影响而产生了大规模的财政赤字。与此同时，日本央行将利率维持在较低水平，从总体上扩大了资产负债表。经历了 20 年的低增长和持续的债务货币化之后，2011 年日本的年度财政赤字达到了历史最高水平，接近 GDP 的 10%；该国的公共债务已达到 GDP 的 240% 以上。由于日本的大部分债务由国内债权人持有，因此这一债务水平是可持续的。但日本的人口前景显示，采用传统方式偿还这些债务是不可能的，未来几年里，日本或许需要将债务货币化。也就是说，日本央行将会发行新货币购买政府发行的债券。

日本并非个案。面对日益增加的与老龄化相关的支出以及脆弱的经济增长率，各国政府很难想到一个可以有效减轻债务的办法。因此，各国央行和政策制定者或许会打开量化宽松，甚至永久债务货币化等非常规的货币政策的禁忌。在这一全新的宏观经济领域，传统的供需基本面视角将不再是未来衡量资本成本的一个充分指标。2014年春季，欧洲央行将存款基准利率降至负数，这一举措说明超低利率或许在未来几年内依然是一种常态。正如经济学家卡门·莱因哈特（Carmen Reinhart）和肯尼斯·罗格夫（Kenneth Rogoff）在2013年国际货币基金组织的一篇论文中指出的那样，政治决策者需要防范将非常规货币支持措施的风险夸大，同时还要防止央行的政策操纵空间受到限制。

企业不再断粮的5种策略

随着供需动态的变化，企业领导者要做好驾驭两方面准备。我们看到太多公司、家庭和政府由于突如其来的资本成本变化而犯下错误。

不论展现出哪种场景，你都需要重置你的直觉，想出更多更具前瞻性和更可靠的资本管理方法。考虑到长期资本成本的不确定性，我们关注了在任何场景下都有助于公司变得更加健康的5种行为。

高度重视资本生产率

无论市场价格如何变化，重视实物资源的效率和生产率是很重要的。这一点同样适用于资本资源。通过提高资本效率（固定资本的产出回报比），你可以针对未来建立更好的风险对冲机制。制定明确的资本分配策略、重视及时高效的项目交付、重新设计产品与流程以及改变筹集、采购和运营资本的条件都是提高资本生产率的方法。

采矿、石油天然气和房地产等资本密集型行业最能感受到提高资本生产率的压力。我们针对近期的40多个大型项目（原始资本支出投入超过10亿美元）的分析显示，80%以上的项目结束时的成本超出预期。平均而言，项目的最终投资比最初的计划成本高出40%以上。以近期的一些项目为例，澳大利亚液化天然气大型企业Gorgon以及哈萨克斯坦的卡沙干大型油田已被证明成为了开发者的巨大麻烦，后者的成本预算已经上升至最初预算净额的5倍。如果利率维持不变，成本超支很快就会吞噬掉潜在回报。

如果利率上涨，成本超支的影响就是致命的。根据我们在各个行业的经验，重新进行项目排序、缩短项目周期以及加强项目执行等措施可使项目支出减少10%~25%，项目延期减少20%~50%。通过精益管理技术（绩效谈话和作战室）和在大梁及施工缝使用预制构件的方式，中东地区的一家房地产公司将一个5亿美元的高楼的项目周期缩短了30%。这些措施使该公司避免了因项目延期招致的5 000万美元的罚款，同时还降低了项目的总成本。当资本成本越来越昂贵时，不过多占用资本越发至关重要。

从根本上说，亚洲制造商倡导的及时交付流程就是在为了避免闲置在车间的零备件不必要地占用资本。如今，日本和韩国的汽车制造商在产品设计和流程上越来越习惯于采用一种"轻资产"的方法。对于一家典型的汽车制造商而言，在新市场中的衍生产品和产能建设已经占到其资本支出的90%。未来由于外部环境的变化，对资本支出的需求很有可能更大。客户需求碎片化导致新车型（尤其是需要进行局部改造的车型）的数量提升了30%~50%。动力总成技术的创新正在推动着新的研发投资和下一代发动机工厂的投资。燃油效率的管制要求也在促进新技术和新材料的发展（如复合材料和铝材），同时还在推动工厂与工具升级方面的新的资本支出。竞争加快了上述趋势的发展。截至 2012 年的 5 年里，亚洲汽车制造商报告的资本支出与收入比比欧洲同行低 30%。

此外，许多公司还试图通过改革收款条件或减少库存优化运营资本生产率。以特斯拉汽车为例，这款电动汽车的制造商通过让客户预付 2 500 ~ 5 000 美元的订购费，不仅对该款车型的需求有了更清晰的了解，还将运营该业务的必要资本成本降至最低限度。实际上，特斯拉已经成功地设法让客户为它提供运营资本。2013 年 12 月，特斯拉持有的客户存款已超过 1.6 亿美元。亚马逊是另一个案例，该公司的所有配送中心仅存储流通速度最快的商品，谨慎地采用先进技术挑选合适的商品和控制库存水平。**通过采用客户立即付款并向供应商延迟一个月结款的方式，亚马逊的运营资本变成了负数**。2013 年第四季度，亚马逊报告应收账款 47.7 亿美元，应付账款 151.33 亿美元，这让该公司拥有了超过 100 亿美元的极其廉价的资本。如果全球十大零售商都能具备亚马逊这样的现金周转期，他们总共可以解决 1 500 亿美元以上的运营资本。

众筹：小企业后院的资金池

关注资本生产率可以让你最大程度利用企业内部资源和不断扩大外部资本来源。传统观点认为，获得资本意味着拥有良好的信用评级，与伦敦、东京、纽约等金融中心的主要金融机构搭建关系。然而，如今获得资本意味着利用其他大型资金池，例如主权财富基金（SWFs）、养老基金、点对点贷款外包以及众筹平台。

考虑到多数增加的资本需求将主要来自基础设施和房地产等行业的长期项目融资，企业高管和领导者将会越来越需要寻找有耐心的资金池。养老金和主权财富基金投资者能够为企业提供这类资本。反过来，他们在对冲基础设施投资所引起的通货膨胀的同时，也能获得比投资政府债券更丰厚的回报。在所有投资主体中，主权财富基金的增长速度最快，年增长率达10%。2013年，主权财富基金管理下的资产估计在3万亿~5万亿美元。养老金基金的规模更加庞大也更加成熟，截至2013年，管理的资产在32万亿美元左右。在新兴经济体和利率上涨预期的推动下，这类投资主体的发展前景依然十分强劲。

某些投资主体（如沙特阿拉伯的主权财富基金）十分保守，他们将大部分资产投资于安全的政府债券和股票。另一些投资主体则采取了非常积极的投资策略。

许多主权财富基金都高调参与了可显示身份的房地产、基础设施、采矿、零售和娱乐等交易。英国的两座地标式建筑哈罗兹百货大楼和碎片大厦目前均在卡塔尔投资局的投资组合内。同样位于该投资组合内的还有巴黎圣日耳曼足球队，该球队将瑞典巨星兹拉坦·伊布拉希莫维奇和乌拉圭超级球星艾丁森·卡瓦尼收入囊中，组建了欧洲最强大的足球劲旅之一。

挪威主权财富基金拥有8 000多亿美元资产，该基金将超过60%的资本投入股票市场，重点投资备受瞩目的房地产项目。仅2013年，该基金就通过与大都会人寿保险公司的合资企业分别收购了纽约时代广场大厦45%的股份和波士顿第一金融中心大楼47.5%的股份。这家基金正在考虑将投资对象转移到风能和太阳能发电项目以及其他基础设施项目。有些主权财富基金采取的投资策略更类似于私募基金，而不是被动的指数型基金。新加坡主权财富基金淡马锡公司管理的资产超过1 700亿美元。2014年，该公司向屈臣氏集团投入57亿美元。自1974年该基金组建以来，淡马锡的投资组合几乎涉及了所有类型的投资项目，如股票、制鞋厂和鸟类公园。

数字平台也是获得新资本来源的开放渠道。这类资本来源往往更受小型公司青睐，因为他们无法通过公开市场和银行贷款等传统融资渠道获得资本来源。在 Kiva 和 Kickstarter 等 P2P 借贷平台和众筹平台的眼中，资本没有国界之分。Kiva 是一个基于网络的平台，其用户可向全球各地的人发放贷款，目前该平台的贷方用户已超过 120 万人，发放贷款 6 亿多美元。Kickstarer 是一家专为电影纪录片和桌面游戏等创意项目提供融资的众筹平台。自 2009 年创立以来，该平台已向 690 万人以抵押方式融资 13 亿美元。《美眉校探》（*Veronica Mars*）就是 Kickstarter 发起的一个著名融资项目，这部电视剧的续集总共从 9 万名"支持者"那里筹集了 570 万美元的资金。支付宝是由中国的电子商务巨头阿里巴巴开发与运营的支付平台，有一项功能向小企业提供融资。

开发新商机

有能力获得特殊资本来源的公司将会享有明确的竞争优势。全球超过 70% 的增长以及随之而来的新投资机会将来自新兴市场。因此，对于投资者而言，进入这些成长型市场，了解他们的资本限制和金融管制是至关重要的。正如商品和服务贸易使得发展中国家的贸易节点之间的联系越来越紧密一样，资本交易也有着相同作用。通过寻求新的资本提供者，向全球市场敞开大门和制定适应国际标准的监管制度，企业可以从这种"国际化资本主义"中获取丰厚的利润。

我们在发展中国家和新兴市场国家的企业中均可以看到国际化资本主义的有趣案例。2010～2012 年，印度第二大电信运营商信实通信（Reliance Communications）从中国的几家银行贷款约 30 亿美元。该公司的部分贷款利率远低于其向印度的银行申请贷款所需支付的利率。2011 年，私募巨头德太投资（TPG）达成一项交易，将其 5% 的股份出售给科威特主权财富基金和新加坡主权财富基金。2010 年，若干主权财富基金一起加入加拿大最大的养老基金安大略省教师养老金计划，向巴西最大的投资银行之一百达投资银行（BTG Pactual）投资 18 亿美元。

实力雄厚，留存现金充裕的公司或许会成为这类合作模式中新的资本投资者。

持续的低利率为借款人带来的好处是显而易见的——企业和政府可以锁定廉价的长期借款。当利率下降时，反应迅速的企业可以通过再融资获利。但资本成本上涨也会创造其他机会。对于很多公司来说，利率上涨会带来更高的投资回报。另一个好处是降低养老金负债。随着利率上涨，长期资本升值超过了短期增加的利息，从而提高了预期资本回报率。这就减少了固定收益养老计划的融资障碍。例如，2013 年，美国加息（紧随着美联储宣布削减月度购债计划），福特汽车公司将 97 亿美元的养老金计划融资缺口缩减了约 40 亿美元，为本该增加的利息节约了 5 000 万美元。2013 年，标普 500 指数公司报告养老金融资缺口总计达 3 550 亿美元，这是迄今为止最大的融资缺口。随着利率上涨，大多数拥有固定收益养老计划的标普 500 公司的融资缺口都有所缩小。

零售银行业可通过改革商业模式把握新商机。对于长期投资而言，银行可利用现有的企业关系和承保能力，代表大型机构投资者或政府合作伙伴推进银团贷款交易，从而创立公私贷款机构。对于中小型企业而言，银行可高度重视与提供运营资本有关的服务或利用不断发展的 P2P 贷款平台。其实，行动早已开始了，贷款俱乐部（Lending Club）和融资圈（Funding Circle）等 P2P 贷款方正在与联合银行和西班牙国际银行组建战略联盟，为客户打造新的信贷产品。2014 年夏天，在新一轮私人融资中获得 40 亿美元的贷款俱乐部提出至少 5 亿美元的 IPO 申请。

利用弹性应对风险

前景不明和波动性增加使得企业在制定资本计划时必须更加谨慎、灵活和更具投机性。他们必须像其他资源和投入一样给予资本计划更多思考。因为利率方向的风险更大了，企业发现有必要将对冲作为一种保险形式。在那些将价格不稳定的资源作为重要原料的行业，企业涉足一些设定有价格上下限的金融交易是一件很普遍的事情。航空公司通常对航空燃油成本进行套期保值，可口可乐需要防范白糖市场价格的波动，生猪养殖户利用猪肉期货减少金融风险。如果某种原料的价格突然下跌，套期保值可能会让我们放弃一些潜在收益，但它同时也可让企业避免受到一些意外变化的冲击，使企业做出更理性的规划，让企业的心态保持平和。越来越多的企业将会把资本和现金作为一种价格会剧烈波动的资源，从而思考进行风险对冲和成本控制的方法。

企业必须愿意，并有能力根据融资的期限和不同资本来源进行转换。2014年，卡特彼勒公司以相对较高的利率发行50年期债券，同时继续从银行和货币市场获取短期借款。就在同一年，法国电力公司发行了100年期债券。虽然这些超长期债务的利率高于短期贷款利率，但它们的功能近乎于永久性资本，价格可以固定数十年时间。正如多元化和使供应链保持冗余对制造商大有裨益一样，这种方法或许同样适用于资本供给。

改变心态

不论资本成本的未来走向如何，个人、家庭和企业还有最后一个重置直觉的办法。**习惯于看到资产价格快速上涨的家庭，可能需要通过提高储蓄率应对资产价格涨幅的放缓。**

公司应对短期变化的最佳方法之一是针对长期趋势制订计划。如果资本价格随着时间变化，对资本的未来走势持短视态度的企业将面临猝不及防的风险。上市公司尤其担忧，如果80%的企业对证明未来不到两年内强劲的财务表现都感到有压力，那么这些上市公司将成为大规模资产（如养老基金）的所有人。外部投资者和市场压力往往会将上市公司推入一个"季度性资本主义"的惯例。考虑到公司针对 10 年，甚至 30 年的期限进行借款、投资和资本决策，这一做法是有问题的。企业需要重新审视投资决策的心态，这样才能在长期创造更多价值。

要在这些变化中保持主导地位，资产所有者在确定长期目标和风险偏好时应更加谨慎，并构建相应的投资组合。一个可能的后果是把更多资本配置到关注长期价值创造的非流动性资产上，即便这些资产正在遭受着暂时的负面冲击。新加坡主权财富基金关注亚洲新兴市场的机会时，预期的时间范围通常是 20 年，完全忽略了这些机会的短期波动。

通过提供其他分析业绩的指标，公司也可以让投资者更加关注长期的投资表现。为了支持其集中分散的上门推销和提高品质的策略，巴西化妆品公司 Natura 公布了销售人员满意度和每位员工的培训小时数等数据。体育零售商彪马（Puma）决定通过分包商发布健康与安全问题的分析数据，从而解决了用户对该行业风险问题的透明度需求。

正如前文所述，当前与资本价格相关的重大变化均源于短期内的不确定性因素。在很大程度上，全球经济走势依然受到流动性的影响。要确定资本洪流是会很快平息（拉高利率）还是会徘徊不前，这并不是一件容易的事情。为了避免企业大船不被资本洪流吞噬沉没，企业需要重新调整他们的思维、做法和能力。

第 8 章

如果你的助理是机器人

错位的劳动力市场

　　机器人替代流水线工人,在工厂里很常见;机器人清洁卫生,也没什么奇怪。可如果你遇到一位机器人推销员,且说得你没有理由不购买他的产品,你的内心会经历怎样的挣扎,又会做出多少努力,才能坦然接受"世界上根本没有机器人无法替代的工作"这样的事实?

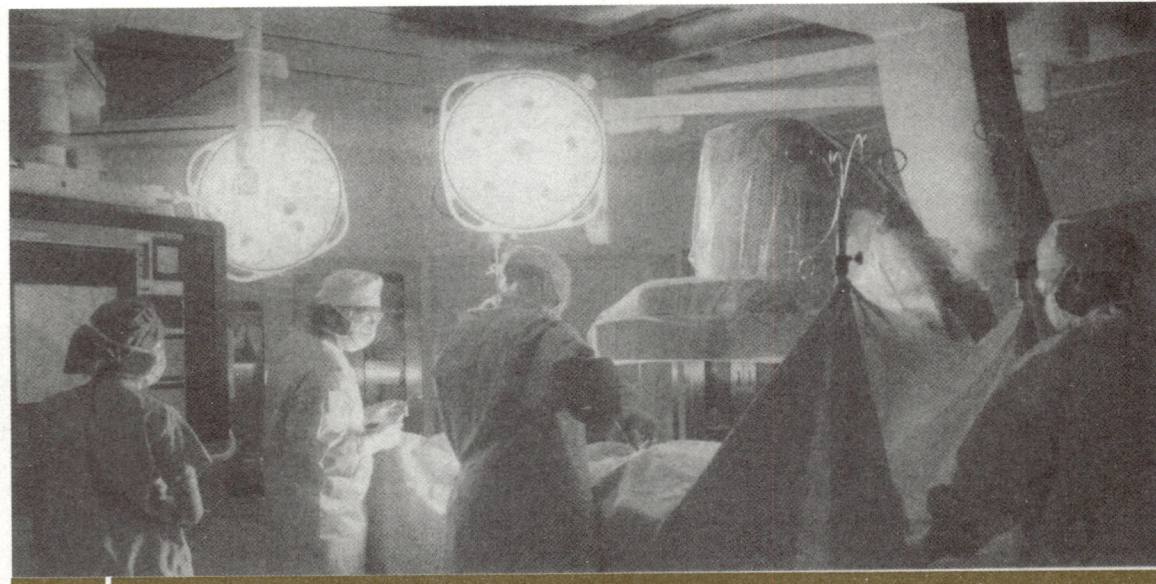

成熟经济体中,增加的大多数工作机会与复杂的交互性有关,而不是例行工作或事务性工作

百万工人

4.8 | -0.7 | -2.7

交互性工作
涉及复杂问题的解决、经验和内容
(律师、医生)

事务性工作
模块化、例行和自动化
(银行柜员、收银员)

生产性工作
改变物体、使成为成品
(流水线工人、农民)

资料来源:MGI 分析;美国劳工局统计。

图 8.1　美国就业岗位的变化

　　大约 30 年前,一种奇怪的趋势开始在全球劳动力市场,尤其是发达国家的劳动力市场蔓延开来。这一趋势在美国特别显著。美国拥有 1.55 亿劳动人口,是全球第三大劳动力市场,也是最具灵活性和最有活力的市场之一。

　　20 世纪五六十年代,美国享受着经济重建、贸易增长和国内消费大增带来的繁荣。数百万高中学历的美国人找到了收入颇丰的稳定工作,他们中的许多人都供职于不断扩张的工业部门。后来,美国女性也加入了求职队伍。战后不久,女性在劳动大军中的比例开始攀升,并于 20 世纪 80 年代达到顶峰。普通人完成高中学业(少数人读完大学)就加入劳动大军,谋得一份收入体面、福利丰厚的稳定工作。他们一生都供职于同一家公司。在经济衰退时期,裁员往往只是临时性的。公司希望留住训练有素的工人,以便需求回升后再让他们发挥作用。

　　正因如此,在 1991 年之前,美国经济一直处于一种预见性很强的周期循环模式。每一次经济衰退结束后,一旦GDP恢复到衰退前水平，就业市场就会在此后3～6个月恢复至此前的最高就业水平。"二战"后以及1969年、1973年和1981年的几次衰退期过后的情况都是这样。但在1991年经济衰退结束后（这一时期持续时间很短，影响也不严重），哪怕GDP恢复到衰退前的最好水平15个月后，失业率依然没有好转。分析师和权威人士攥紧他们的拳头，把这一现象称之为"无就业复苏"（Jobless Recovery），就业的缓慢增长使老布什总统丧失了再次参加竞选的机会。但后来证明1991年只不过是一个"山雨欲来风满楼"的迹象。按照历史标准看，2001年同样是一次影响有限，持续时间不长的衰退，但就业率恢复到衰退前水平足足用了39个月。无就业复苏变成了无就业扩张。在之后就是2008年金融危机。在经济大衰退和此后的缓慢复苏之后，GDP完全恢复，但就业水平的恢复却用了43个月。也就是说，直到2014年6月，就业率才恢复到衰退前的最好水平——衰退开始后的6年半加上衰退结束后的5年时间。

在过去30年里，其他发达经济体也经历过美国式的无就业复苏。20世纪90年代中期的加拿大，21世纪初的德国，2005年前后的法国以及2009年以来的澳大利亚、瑞典和其他几个发达经济体都曾在无就业增长的泥沼中挣扎过。2013年，欧盟委员会宣布欧盟经济活动的复苏"只会逐渐地转为更多就业机会"。2014年1月，国际劳工组织警告称，尽管商业活动有所好转，但全球失业率还在不断攀升。在美国，多年来令人难以忍受的低就业增长伤害了充满活力的美国劳动力市场。美国的实际家庭工资中位数几乎25年没有上涨。青年失业率突破历史纪录。低技能工人面临着变化的冲击。许多人出现举家失业的状况；美国的劳动参与率比过去36年中的任何时候都低。

这是怎么回事呢？在取代劳动力的信息化工具和机器等新科技的武装下，利用新加入的中国和印度的庞大劳动力储备，发达经济体的企业已经有能力在经济增长和经济衰退期间维持，甚至提高他们的劳动生产率。在 2001 年以及 2008～2009 年这两次经济衰退中，美国就业率下降在造成 GDP 下降的因素中占据了 98% 的权重，但生产率就几乎未受任何影响。然而，劳动力市场并不像企业预想的那么具有弹性。我们见证了一系列社会动乱。日常行政事务和工厂生产任务已经实现了自动化。劳动力市场被稳定地分成了两个部分。一端是卑微的低收入岗位，而另一端则是高技能高收入的职位。科技以及来自新兴市场的竞争逐渐瓦解了中间层面的岗位。与此同时，各公司均报告在医疗、科技等行业存在着巨大的岗位缺口，他们担心未来是否还有掌握必要技能的工人可用。造成劳动力市场广泛错位的因素已经出现一段时间了。但金融危机以及随后的经济衰退使情况加重并变得更加突出了，所有人都看到了这一问题的存在。

或许，老板只想招聘机器人

今天，我们站在了另一个趋势突破的边缘。这一趋势突破是由技术进步推动的。如今，让数百万个日常事务性岗位（如行政工作）和生产岗位（如流水线工作）实现自动化的技术正在侵入高技能的交互性岗位，即需要进行人际互动，解决问题和各种批判性思维技巧的岗位。有利于提高生产率的信息化工具如今正在将各种工作岗位分解成可以有灵活的劳动力按照工作小时数来计算的定制化任务，越来越多的工作可以通过远程完成。由于技术进步让各种新技能在短时间内就会迅速得过时，新技能缺口出现的频次也越来越高，范围越来越广，致使劳动力供给和需求的背离程度日益加大。

技术正在让各个行业和地区的工作岗位发生变化，因此，全世界的雇主都需要对有关招聘对象、招聘地点、招聘方式以及利用科技取代技能（而不是员工数量）的方法和员工如何适应工作方式的直觉进行重置。经济复苏最终在 2014 年让美国的岗位数量回到了正常水平，但新增岗位的本质与那些消失的岗位完全不同,而且他们是一个完全不一样的劳动力市场的一部分。**科技不仅让更多工作岗位实现了自动化,让留存下来的工作岗位的技能缺口更加严重;科技还在改变着工作性质本身,留给我们去适应它的时间窗口正在变得越来越小。**

技术改变工作性质

当先进的机器设备开始取代工厂车间里的许多生产性岗位时,用技术来实现人工劳动的自动化就正式启动了。20世纪90年代下半期,技术也开始取代许多日常行政工作。曾经是重要就业来源的打字员和接线员岗位大部分都消失了。2001~2009年美国经济衰退的高峰期,消失的生产性岗位和行政岗位超过300万个。生产性岗位受到为提高生产率而重新设计流程的压力冲击;与此同时,技术还令许多生产流程实现了自动化,导致了精益运营的崛起。交通运输与通信行业的技术进步使企业能够将生产和组装业务外包到劳动力成本较低的地区。银行柜员、零售业收银员等事务性工作岗位也实现了合理化和自动化,并且只要情况适合,完全可以用自动取款机、自助服务终端和自助付款台来取代这些岗位。

今天最具价值的工人从事的是经济学家称作"交互性工作"的商业活动——沟通想法,商品与服务交换所需要的搜索、协调和监控工作。专业化、全球化和科技正在让交互性工作成为发达经济体成功的关键因素。狱警、家庭健康助理等交互性工作对技能的要求相对较低,而外科医生、销售员和律师等岗位对技能要求则非常高。在近300万个生产性岗位和行政岗位消失的同时,美国又创造除了将近500万个新的交互性岗位。大多数岗位都来自"非贸易"行业,包括医疗、教育和政府服务等,这些行业几乎只为国内客户提供产品和服务,因此很难进行进出口业务。

除了对就业岗位的创造和替换有影响之外，技术还促使越来越多的雇主开始重新设计和分解他们的工作，将日常事务性工作重新分配给低技能的员工。在每一个交互性工作岗位上都有数百个不同的任务，其中大部分任务都不需要进行互动，或者不需要高技能人才来进行互动。这些任务是可学习、可掌握和可被标准化的。一旦这些常规性、低附加值的任务被明确以后，就可分配给低技能或成本低廉的工人完成。这一趋势在医疗领域表现得格外突出。生活方式、饮食和锻炼咨询等慢性疾病管理工作可由执业护士等掌握中等技能的医务人员完成，而不需要内科医师承担。人力资源组织也发现，有关保险覆盖范围细节的基本咨询可以交给人力资源共享服务中心来解决，这样一来，人力资源专业人士就只需将关注点放在人才开发和企业文化建设等任务上了。

工作场所本身也正在被瓦解。随着劳动力中心从生产性和事务性岗位向可以远程进行的交互性岗位转移，企业正在越来越多地尝试使用无处不在的通信技术和灵活的工作安排。新贵航空公司 JetBlue 的大多数订票代理人都在国内工作，但这家公司已经发展成为一家国际性的航空企业。

技术和创新商业模式推动下的强大平台正在改变大多数人对于工作的定义。就像亚马逊和 eBay 等在线平台将消费品采购方与消费品制造商联系起来一样，新的平台、应用程序和网站正在服务采购方与服务供应商之间建立联系，这是一种全新而具有破坏性的方式。Uber 的竞争对手 Lyft 让普通人在方便的时候转换为专职司机的身份，用自己的车从事租车运营服务。Airbnb 是一项颇受欢迎的服务，它将旅游者与家中有闲置房间的人进行配对，让成千上万人成为了兼职的微型客栈老板和酒店经营者，让他们可以在现有工作外做一份兼职，或者取代现有的工作。ODesk、TaskRabbit 和 Elance 等创业公司为软件开发、基本的清洁服务和跑腿服务等各种服务项目创建了网上市场。渐渐地，工作不再是一个人们每天同时去往的一个地方，而是在各种安排下从事的事情。

中国的劳动人员锐减 50%？

技能缺口的故事已不再新鲜，但在下一个 10 年里，它将成为我们熟知的现象。到 2020 年，全球高技能工人和中等技能工人的缺口将分别达到 4 000 万人和 4 500 万人，同时还将出现 9 500 万过剩的低技能工人。如果说数百万中国工人加入全球劳动力大军代表着过去那个时代，那么在未来的时代，即便中国也会面临技能缺口问题。从现在到 2030 年，中国的劳动人口将缩减近 50%，中国的高技能员工缺口将达到 230 万人。

"技能保证"似乎也在渐渐消失。在技术变革的影响下，岗位要求正在发生持续而快速的变化，这是当今劳动力市场的特征之一。20 年前，基本的计算机和互联网技能并不是求职的基本要求。但今天要找到一份不要求熟练使用微软的 Word、Outlook 和 PowerPoint 软件的职位说明都很困难，更何况许多工作还要求熟悉更加复杂的会计、数据库和网页设计软件。

即便是在科学、技术、工程和数学这几个所谓的 STEM 领域（这些领域的岗位要求往往变化很快），各个企业和员工也在苦苦挣扎。好像适用于技术要求的摩尔定律也通常适用于就业——每两年左右，员工就必须掌握一套新工具：网页、电子商务、社交软件等。随着作为巨大机遇的大数据在金融、政府等领域的兴起，人才供给以及雇主对于他们所需技能的了解也要努力跟上。"没有足够的数据科学家，还差得很远。"麻省理工学院计算机科学家和管理思想家桑迪·彭特兰 (Sandy Pentland) 这样说道，"我们总是告诉人们一切重要的事情都是大脑想出来的，而实际上大多数都发生在人与人的互动中。"彭特兰认为，数据科学家的匮乏使得技术的充分应用变得更加困难。三分之二以上的企业正因为不具备数据分析能力或者数据分析技术有限而苦苦挣扎。

技能缺口不仅仅只限于数据分析岗位。根据世界大型企业联合会（Conference Board）的观点，美国对熟练工人的需求在2005～2012年上涨了38%。随着美国从大衰退以及此前几年的冲击中恢复过来，制造商不能只是简单地将那些经济不景气时期流失的工人重新招回来。因为他们在计算机和技术复杂的产品上投入了大量资金，越来越需要招聘掌握计算机设备的工人。

2012年，麦肯锡政府咨询中心（McKinsey Center for Government）针对全球2 700多个雇主展开了一项调查，39%的雇主表示缺少技能是导致初级职位空缺的主要原因，还有超过三分之一的雇主认为缺少技能会在成本、质量和时间等方面造成严重的商业问题。仅仅鼓励人们去拿到一个大学学位是不够的。快速发展的中国正面临着如何吸纳每年"生产"出来的700万大学毕业生就业的难题。虽然经济增速放缓是导致这一问题的部分原因，但在信息技术、金融和会计等人才需求量大的领域，中国依然面临着合格人才短缺的问题。于是产生了一个大学生就业难与高技能劳动力缺乏并存的矛盾处境。

同样的矛盾也存在于那些以灵活和优质的高等教育体系闻名的国家。美国依然承受着长期就业不充分之苦，2014年6月共有470万个职位空缺未被填补。2013年一项针对近5 000名大美国大学毕业生的调查显示，大约45%的毕业生从事的工作根本不需要花费4年时间拿到一个学位。工程专业的毕业生会同时收到好几个工作邀请，而其他专业的学生或许会陷入毕业即失业的境地。

人员与技能的超级大错位

劳动力市场的矛盾和缺口问题不会自动解决。就物质资源而言，更高的价格及鼓励措施等直接手段往往有助于解决供给问题,但人力资源问题则更加复杂。由于科技进一步加快了劳动力供需关系的脱钩速度,技能缺口的反复出现将成为一种常态。政府、企业和个人都需要重置他们对劳动力市场以及科技与工作之间关系的直觉。他们要侧重于发展与日新月异的技术保持同步的技能和制度。同时为了更加灵活应对这一问题,企业还需探索新的人才库,了解最新的人才招聘和培训方法。未来的雇主与公共机构间的互动也需要得到强化,却保证各方能够尽早发现和解决劳动力市场的供需失衡问题。

开发不同往常的人才库

近三分之二的美国公司表示他们提供的职业往往招不到合格的申请人,这种局面在 STEM 领域最为明显。但就读与这些领域对应专业的美国大学生比例仅占 15%。在中国和印度,STEM 领域的毕业生占比分别为 42% 和 26%。到 2030 年,这两国预计新增的 STEM 领域毕业生将占到全球增量的三分之二以上。

上述地理上的差异,甚至在地区和城市层面也开始变得越来越普遍。匹兹堡是卡耐基 - 梅隆大学所在地,拥有蓬勃发展的科技产业,每年培养的工程专业毕业生人数远远多于同一州内相距不到 225 公里的费城。**在进行企业选址决策时,为了准确评价人才的可用性,必须对教育、老龄化和工资趋势进行监测**。Payscale 私营公司就提供此类服务,但越来越多的本地及区域性经济发展机构也在提供此类数据,以此吸引潜在投资者。除了衡量具有合适技能的劳动者数量规模以外,还有必要对当地教育体系的质量以及决定工资差异的市场动态进行评估。这种分析将会变得越来越细化,例如可以详细到了解全球各个城市接受了特定培训的大学毕业生和工人的人数。利用这些数据,你的企业可以制作出全球技能供给图,从而有助于企业决定在哪里进行投资。

企业领导者日益意识到这种差别，并开始利用全球的劳动力储备解决他们的需求问题。许多公司通过移民激励措施和发展机会，建立具有吸引力的"雇主品牌"和将公司的某些部门前往其所需人才供给充裕的地区来吸引海外人才。美国硅谷对STEM人才的需求不断飙升，企业管理者正在进行游说，以增加临时工签证配额。有些公司还在积极考虑设立海外办事处，这样就可以通过内部调动的方式更加方便地引进国际人才。在信息技术领域，全球巨头正逐步将注意力转向中东欧地区的技术人才。中东欧国家新设外包机构的数量在2011年超过印度，排名全球首位。长久以来，波兰的弗罗茨瓦夫市一直以重工业为支柱产业，但由于惠普等公司在这里设立店铺，该市正在经历着某种程度的复兴。2005年开张的惠普弗罗茨瓦夫中心目前已拥有2 300多名员工，比公司预期人数超出两倍多。

除了将目光瞄准国外，企业还可以利用规模不断增大，但未被充分利用的国内人才储备资源：高龄工人、妇女和年轻人。由于缺少创新性的工作安排和普遍适用的雇佣政策，雇主往往会忽略这类人群。针对这类劳动力资源的灵活创新将成为区分企业是否成功的一个标准。

如何利用科技接近新的劳动力资源，创造可行的商业机会，同时弥补因为技术进步和全球化而消失的传统产业和事务性工作岗位？Etsy公司为我们提供了案例。2005年，Etsy公司开始在纽约尝试复制古董市场的概念。该公司自2009年开始盈利，总共拥有100万活跃卖家。卖家为每件在虚拟店面上架的商品支付20美分的费用，就可以将自己制作手工印花的亚麻靠垫、西藏皮质波西米亚风格缠绕手链等手工艺品卖给全球客户。2013年，该公司的交易额同比增长63%，达到14亿美元。更重要的是，Etsy找到了一种利用人类创造力、工艺技能和创业活力等这些以前违背发掘的资源的方法。约70%的Etsy卖家都没有从事传统的全职工作。2013年，Etsy发起"创业技能"（Craft

工人供求之间的缺口,2020年

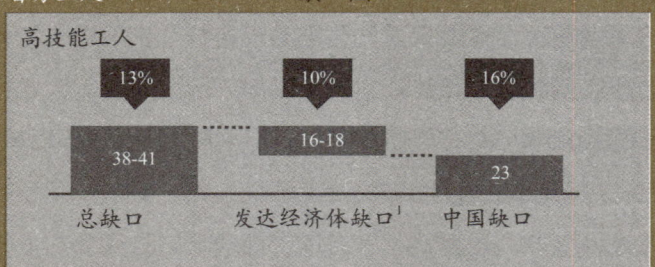

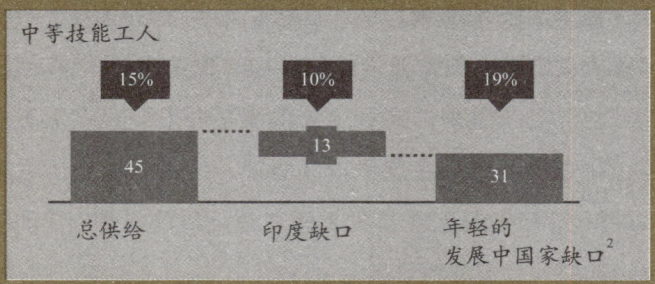

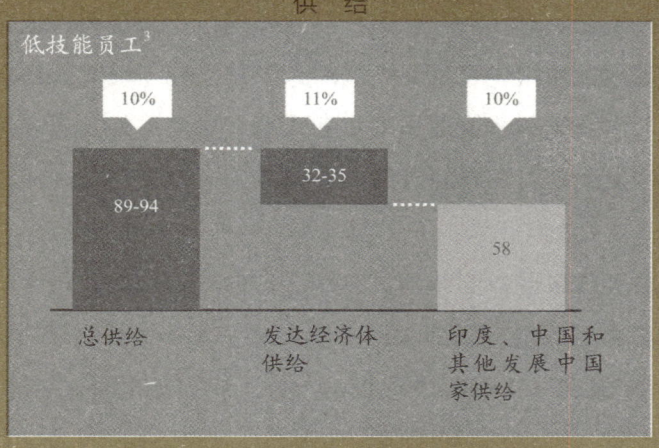

注释:
1. 从70个国家总体中选取了25个国家,以2005年PPP购买力计算,人均生产总值超过20 000美元。
2. 从70个国家总体中选取了11个国家,从南亚到撒哈拉以南非洲国家,以2005年PPP购买力计算,人均生产总值超过3 000美元。
3. 在发达国家中,低技能指中学毕业;在发展中国家中,低技能指小学毕业或肄业。

说明:由于四舍五入,数字可能不是总和。
资料来源:MGI分析。

图 8.2　工人供求之间的缺口

Entrepreneurship）计划，帮助长期失业人群将他们的制作技能转化为补充性收入。

Etsy 公司的成功证明了未充分就业人才的潜力。在该公司的美国网站上，80%左右的卖家都是女性，而从更广泛的范围来看，仅有 57%的女性拥有工作。我们看到，全球各地的类似举措正在发挥效力。在日本，丰田汽车公司招募退休员工从事兼职生产工作。全球饮料公司帝亚吉欧多年来一直与英国独立慈善机构 Tomorrow's People 保持合作关系，该慈善机构的目标帮扶人群是无业青年和长期失业者。帝亚吉欧的前身大都会公司与 1984 年设立大都会基金（Grand Met Trust），即如今的 Tomorrow's People 致力于填补政府、企业和求职者之间的空隙。该组织为年轻人提供特定行业的培训，在他们与雇主之间建立联系，并为改善他们的学校成绩提供帮助。迄今为止，该组织已经帮助超过 40 万名长期失业者在帝亚吉欧以及其他企业找到工作，或者为他们提供接受教育和培训的机会。在这些得到工作的人中，一年后依然处于就业状态的超过了 3/4。

对科技的反思

一直以来，科技被认为是用于取代劳动力和降低人工成本的有效手段。在技能缺口日益严峻的今天，我们应该将目光转向利用科技充分发掘劳动者的技能和改善他们的生产率。例如，零售企业投资购买条形码设备可以提高柜台员工的工作效率。制造企业采用电脑数控机床进行车铣加工，不再需要员工进行手工测量和微调作业。低技能工人使用智能技术设备就能从事具有更高技能要求的工作。作为金融普惠计划的一部分，技术引入让印度南部 2 万名低技能工人有机会从事农村银行业务代理和利用智能卡、手机和自助服务终端进行支付业务的工作。

长期以来，与劳动密集型行业相比，利用科技提高专业工作和管理工作的生产率并未受到同等关注。但研究表明，组织可以使知识工作者的生产率提高 20% 左右。将社交平台作为主要的沟通合作方式可以大大缩减书写和回复电子邮件的时间，无须在内部知识和专有技术搜索上花费大量时间，从前每周都需要用一天时间完成的任务数量也减少了。

到目前为止，几乎还没有企业愿意完全使用社交技术，因为这需要某种程度上的开放交流和信息共享，而这对现有规范构成了挑战。法国信息技术服务公司 Atos 是少数几个例外之一。该公司有一个愿景，就是成为一家零邮件公司，全部使用社交平台进行信息和知识共享。按照这家公司的估算，员工花在搜索信息或专业技术上的时间占到 25%，而就在新社交平台启用后的几周时间里，该公司的邮件沟通数量减少了 20%。

在未来的员工教育和培训方面，科技同样发挥着至关重要的作用。举个例子，南非政府和诺基亚公司合作发起的 MoMaths 项目让几千名学生通过一个拥有数百万年轻用户的移动社交网络平台 Mxit 完成数学家庭作业和复习任务。学生可以即时收到多项选择练习题的反馈，并将结果与全国同学比较。

2009 年，MoMaths 项目在南非三个省的 260 名学生中进行试点。截至 2013 年，这一项目已经迅速发展到 150 所学校，覆盖 14 000 名学生。2010 年的中期评估显示，该项目参与者的数学能力提升了 14%，报告称放学后继续学习数学的学生比例高达 82%。

巴基斯坦手机运营商 Mobilink 与联合国教科文组织和 Bunyard 基金会（一家非洲组织）合作，在旁遮普省南部农村地区开展试点，通过预付费手机帮助妇女和女童掌握基本读写能力。使用者用手机接收与宗教、健康和营养等话题相关的短信，然后练习阅读和书写短信，再通过短信回复老师。

分解和交互使用

企业和员工必须重置有关职业构成的直觉。长期职位的特定要素与要求对于个人和公司同样重要。两者都必须对"职位解体",即职位的去技能化和职位消失的概念有所了解(比如用 ATM 机取代银行柜员)。但随着高技能岗位的技能要求不断提高,复杂职位的解体实际上会创造出新的中等技能岗位。举个例子,在医疗行业,可以将常规检查、流感疫苗等技术要求较低的任务分离出来,将它们转给非医师人员处理,以此解决成本不断攀升和初级保健医师日益短缺的问题。这一过程不仅创造了新的医疗岗位,同时也将高技能专业人士的时间解放出来,让他们从事更有价值的工作。此外,还有一些其他潜在好处。英国的一项研究发现,如果将当前初级保健诊所的医生与其他员工的 60:40 的人数比例颠倒过来,就能大大提供医疗效率和医疗质量。在美国,如果为了实施创新而对专业执业规则进行改革,分解初级护理岗位就能够减少医疗费用的增长,同时还能为本科以下学历人员创造更多新的就业岗位。

分解更加复杂的任务,会带来新的商业机会和招聘模式。在亚马逊的 Mechanical Turk 网站上,企业可以找到从事撰写产品说明或识别照片中的人物等简单任务的工人。对于高技能岗位的需求则可以从 InnoCentive 的挑战平台以及 TopCoder 网站上,通过竞争软件开发和数字资产创建等技能获得工作。

虽然职位分解有助于公司提高生产率,但考虑到劳动力供需关系发生变化的速度,交叉培训和抵制过度专业化的诱惑会为企业带来更多优势。西班牙食品商 Mercadona 通过交叉培训,让员工完成从商品订购到库存检查等各种小型任务,在客流量减少时,员工就可以从事一些后勤工作。2008 年,该公司每名员工的销售额比西班牙其他食品商高出 18%。2012 年,正值一场灾难性的经济滑坡令西班牙举步维艰

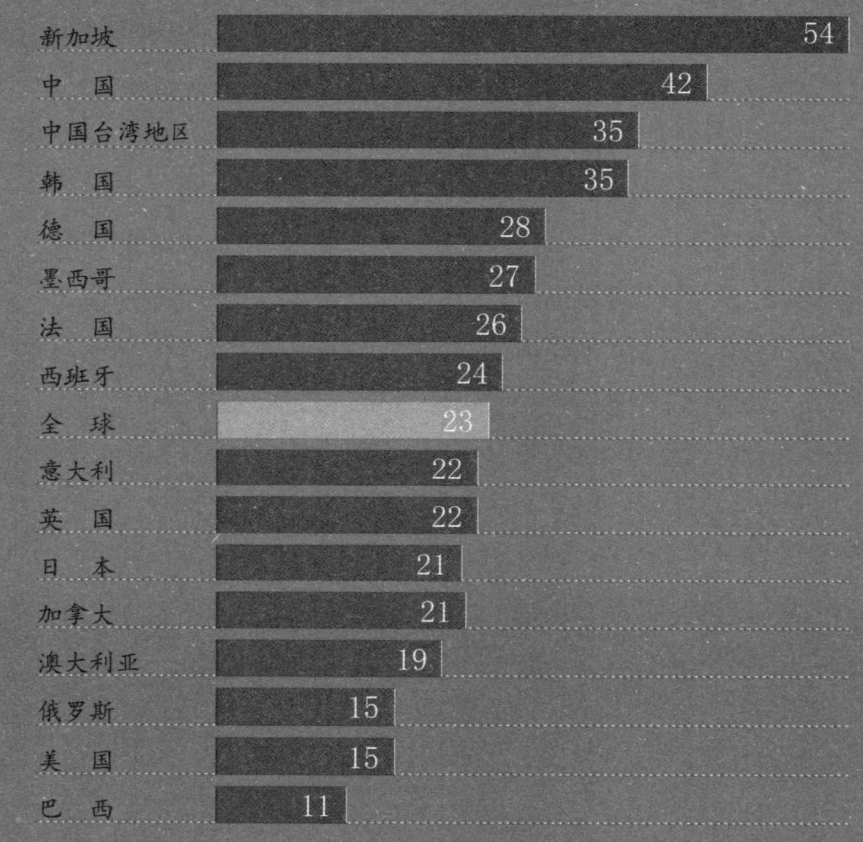

图 8.3
科学、技术、工程和数学专业（STEM）的毕业生

2008年毕业班占比（％）[1]

国家/地区	%
新加坡	54
中国	42
中国台湾地区	35
韩国	35
德国	28
墨西哥	27
法国	26
西班牙	24
全球	23
意大利	22
英国	22
日本	21
加拿大	21
澳大利亚	19
俄罗斯	15
美国	15
巴西	11

注释：1. STEM 专业指物理和生物科学、数学、计算机科学、建筑学和工程学。
资料来源：MGI 分析；美国国家科学基金会，2012 年科学和工程学目录指引，选定国家和地区的第一大学学位和国家／经济：2008 年及最近。

之际，Mercadona 新招聘的员工人数却达到 6 500 人，完胜西班牙其他所有公司。在这种极具挑战性的经济环境下，该公司 2012 年的销售额和盈利分别上涨了 8% 和 20%。

培训，破解人才困境的秘诀

政府、企业和教育机构的互动似乎是解决某些现存的技能缺口的有效措施。许多人都认为张贴一个标识或者发一个招聘广告就能引来掌握合适技能的求职者，但实际操作中并非如此。企业必须重视员工的岗前准备工作。根据 2012 年的一项调查，在招募年轻人或直接提供培训的企业中，70% 的企业都能够招到所需人才。相比之下，在无法与求职者互动的企业中，四分之一的企业将会持续面临找不到合适人才的困境。

巴西的石油天然气行业就是一个例子。虽然巴西坐拥丰富的石油天然气储量，但这个 2 亿多人口的国家却没有足够的人才开发这些资源。为了解决这一问题，国有能源巨头巴西国家石油公司和数十个政府机构、私营公司、行业协会和企业工会组建的企业联盟 Prominp 共同发起了一个 5 年的人才计划，涉及船厂焊接、管件设备和石油工程等特定技能领域。此后 Prominp 确定了几家最好的供应商，与一些经过挑选的公司合作开发一项课程以满足上述领域的技能需求。Petrobras 为这一计划承担 90% 的成本，剩下的部分由政府买单。Prominp 每年培训 3 000 人，在参加培训的人员中，80% 以上都实现了就业。汽车、旅游、先进制造和造船行业均为雇主"岗前招聘"年轻人提供了案例，如果求职者能够完成严格的岗前培训，基本上就能保证他们的就业。

在美国，一个由企业和社区大学组成的联盟也在从事同样工作。在"汽车制造业培训与教育联盟"框架下，汽车制造商与教育机构设计了一系列项目。汽车制造企业列出他们需要执行的所有任务以及与这些任务相关的能力需求，并按照任务的重要性进行排序。他们与社区大学一起针对特定技能设计了 60 个学习模块课程，学习周期为 8 周。雇主可以选择让员工参加供应商 110 项技能培训中的全部或部分课程。

为了满足上述需求，政府显然必须明确保证教育系统培养掌握各种技能的人员，让他们就业。就在政府需求响应劳动力市场需求的各种方法时，各个行业与公共部门合作带来了新的机遇。英国国家职业服务机构（National Career Service）是教育和技能委员会（Commission on Education and Skills）及行业技能委员会（Sector Skills Councils）发布劳动力市场信息的汇集中心。在该机构网站上可以看到薪水、工作时间、执业资质、行业趋势和培训计划在内的全面的职业信息。自 2012 年 4 月上线以来，其访问量已超过 100 万人次，举办了 27 万次面对面的对话。哥伦比亚的"就业瞭望"（Labor Observatory）网站创建于 2005 年，其宗旨是收集该国所有教育机构的毕业率和就业率数据。哥伦比亚的年轻人可以浏览国家、地区、州和城市的相关就业信息，并查看以前毕业学生的表现——他们是否继续参加培训，参加了哪些机构的培训，学到了什么，何时就业以及起薪水平等信息。例如麦德林市的年轻人可以查询到本地大学的经济学课程，并对自己未来的发展前景有一个全面的了解。

企业领导者和个人最难把握的就是劳动力市场的变化。许多成年人接受的教育让他们相信，学校教育为他们提供步入职场和进一步发展所需的技能和文凭。但这种观点不再是事实。许多 40 岁以上的人供职的公司，甚至从事的行业在他们刚毕业时是不存在的。没有人打包票说，我们将会在同一个行业、同一个职业或者同一个公司服务 10 年。未来新出现的行业需要的技能和可能新出现的行业或许是现在的我们根本无法理解的。仅仅是跟上当前最新的趋势和技术都需要我们不断学习。随着机器为我们提供的商品和服务越来越多，今天我们所理解的工作或许会超出我们的认知。技术变革的程度，工作方式的瓦解以及技能与岗位的错配都是新的全球劳动力市场所面临的严峻挑战。但这些挑战并非无法逾越。每当新技术革命释放出威力的时候，人类总能找到一种适应之道，找到新的事业方向和繁荣路径。至少这是一种无法被中断的长期趋势。

第 9 章

小鱼吃鲨鱼
遁形的新竞争者

电商诞生以来,惨烈的竞争就如影随形,在黎明前夜,第一个看到曙光的 eBay 却被出生在公寓里的淘宝灭掉,当新竞争对手掌握了遁隐术,又信奉着"小鱼吃鲨鱼"的游戏规则时,你应该以不变应万变,还是以万变应万变?

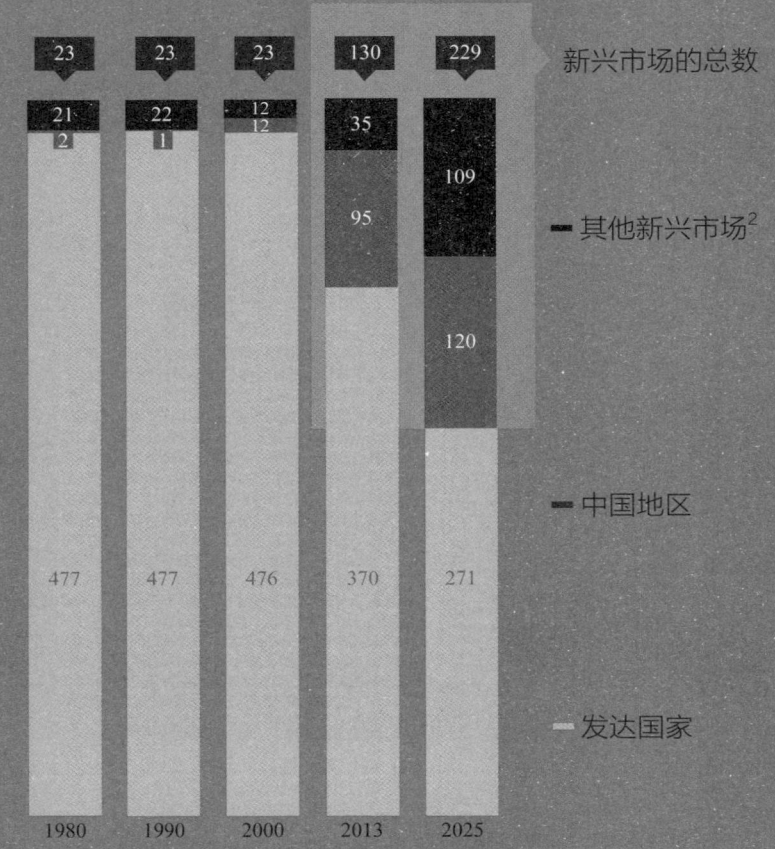

图 9.1
2025 年,总部位于新兴市场的《财富》世界 500 强企业将从 2013 年的 130 家增加到 230 家左右

  在线商城 eBay 自 1995 年创立以来，它一直处于全球竞争格局的中心。最初，人们为了交换二手豆豆娃玩具和棒球卡而创建的平台已经成为一家跨国在线商城，交易的商品从小型城市（自 2002 年以来加利福尼亚的布里奇维尔小镇在网站上进行过 3 次拍卖）到价值 28 000 美元的一个带有圣母玛利亚图像的被咬过一口的烤芝士三明治。在 eBay 上，每一秒钟交易的商品价值为 2 642 美元，这表明它为小微企业提供了点对点的商业机会。

  2002 年，eBay 已经成长为一家收入过 10 亿美元的企业，许多人都相信它的发展势头无人能挡。凭借极低的交易成本和经营费用，eBay 打造出一种能够快速扩张的商业模式，并威胁到许多零售商的生存。2003 年，eBay 将成功经验扩张到美国以外，挺进刚起步的中国电子商务市场。《福布斯》杂志的数据显示，eBay 在 10 亿美元的中国电子商务市场中占据了半壁江山。"我们后面紧跟着一群小型竞争对手。"eBay 前首席执行官梅格·惠特曼如此说道。

这其中就包括当过教师的马云在公寓里创立的阿里巴巴。阿里巴巴担心 eBay 可能会蚕食其核心的 B2B 市场，2003 年，它推出了与 eBay 竞争的 C2C 拍卖网站淘宝网。从那时候起，中国的电子商务市场进入了一片广袤的海洋，如今的阿里巴巴就是一头处于食物链顶端的大白鲨。2006 年，淘宝网超越 eBay 投资的易趣网，成为中国 C2C 市场的领导者。阿里巴巴公司像滚雪球一样越来越强大。2014 年 9 月，阿里巴巴以 250 亿美元的市值在纳斯达克成功上市，吸引了众多投资者关注。在它的 IPO 申请文件里，阿里巴巴自称拥有 2.31 亿活跃买家，仅 2013 年前 9 个月的营业收入就高达 65 亿美元。2014 年 11 月末，阿里巴巴的市值达到 2 200 亿美元，超越 Facebook，相当于 eBay 市值的 4 倍。

几种颠覆性力量聚合在一起，形成的合力几乎改变了全球所有行业的竞争本质。网络参与者也不例外。而 eBay 这样的破坏者往往还未进入青春期就发现自己正在被别人颠覆。新兴经济体的工业化和城市化催生了新一代令人生畏的企业巨头，他们正在世界舞台上迅速树立主导地位。随着全球互联性不断加强，新兴市场的企业向世界市场发起冲击的速度也在加速。科技打破了知名大型企业与规模较小但更加灵活的创业公司之间的力量平衡，使得价值在行业之间发生转移，同时也模糊了两类企业之间的边界，迫使你不得不重新确定谁才是你的竞争者。**与其关注你熟悉的本地竞争对手，还不如多了解一下以前从未听说过，其所在的城市你也从未去过的新贵公司，与你从未涉足的平台展开合作，打造一些难以复制的企业优势。**

被彻底颠覆的竞争规则

在 20 世纪的大部分时间里，全球竞争格局就像一场稳步推进，但发展缓慢的游戏。发达经济体的企业巨头，尤其是北美洲和欧洲的公司主导了这一形势，他们与同样著名的竞争对手决斗了数十年。在这段时间内，你可以看到福特与通用、可口可乐与百事、雀巢与好时、汉堡王与麦当劳、《泰晤士报》与《新闻周刊》以及巴塞罗那与皇家马德里的捉对厮杀。一年又一年，他们为争夺统治地位而争得你死我活，但这些巨头公司的阵营并未发生太大变化。在20世纪60年代的《财富》世界500强企业中，大约三分之二的企业在15年后依然榜上有名。榜单上的新晋企业很有可能就是来自邻近地区或国家的类似行业的竞争者。20世纪50年代，通用和福特期待着大众汽车进入美国市场。20世纪六七十年代，福特、菲亚特和大众占据了巴西汽车市场的90%以上。

然而，在20世纪的最后几十年里，情况开始发生变化，并在21世纪第一个10年里出现明显的趋势突破迹象。

首先，新兴市场的企业开始伴随着国内经济工业化和规模与质量的升级同步成长。20世纪70年代，索尼、丰田和松下等具有全球优势的日本企业崛起，之后80年代，韩国和中国台湾地区的企业迅速崛起，90年代末，中国的企业开始崭露头角。1980～2000年，在《财富》世界500强公司榜单上，新兴经济体的企业一直稳定在20多家。这一数字在2005年增加了50%，2010年又翻了一倍，2013年再次翻番，总共达到130家。麦肯锡全球研究院预测，到2025年，新兴经济体将拥有50%的《财富》世界500强企业。沃尔玛、IBM、可口可乐和埃克森美孚仍然位列其中。中海油、墨西哥水泥和马来西亚石油很快将加入进来。全球贸易与金融连通性的加强使得这些新兴市场的巨头企业成长起来，并进入全球各地的新市场。

其次，科技正在使竞争加剧，同时也在缩短知名企业的生命周期。企业食物链顶端的生活越来越像托马斯·霍布斯（Thomas Hobbes，英国政治哲学家）对于无组织社区中人类生存状况的灰暗而又令人难忘的定义："污秽、野蛮而又短暂"。2012年，标准普尔500指数公司的平均寿命缩短为18年左右。50年前，这一数字是61年。只将大企业视为潜在对手已经远远不够。创业公司拥有与生俱来的全球化基因，他们利用数字化平台，眨眼之间就能扩张规模，打破出租车服务、酒店和零售等市场长久以来形成的竞争格局。许多这类微型跨国公司通过在酒店业（Airbnb 公司）、交通运输（Lyft 公司）甚至家庭无线信号出租（如西班牙的 Fon 公司）等领域建立新的"共享型经济"颠覆现有的竞争模式。科技让大型企业和小微企业在同一个赛场上公平竞争，增强了企业打入新市场和向新行业扩张的意愿。微软花了 15 年将销售额做到 10 亿美元。而亚马逊实现这一目标只用了不到 5 年。网飞公司不仅颠覆了内容发布方式，还成为原创内容生产的不可小觑的力量。

Zipcar 和其他汽车共享创业的新贵公司不仅破坏了汽车租赁业务，还对传统的汽车所有权形式发起了挑战。这引发了一个关于竞争发生改变的基础的问题。在过去几十年里，企业不仅非常了解他们的竞争对手，还很清楚竞争对手的业务模式。从根本上说，通用、大众和福特从事的事业是一样的——利用生产流水线将钢铁、塑料和橡胶组装成汽车。但时至今日，由于技术不断创建出全新平台，现有企业可能对新竞争对手的结构、商业模式和能力一无所知。

21 世纪初，新兴经济体加速发展、技术变革和全球互联性为全球的竞争格局带来了趋势突破。竞争不再是一个可以让相邻地区，相似行业内的大企业徐徐落子，不慌不忙玩下去的一个棋盘游戏。它更像是一个快速移动的视频游戏。在游戏中，新的竞争对手同时从世界各地的各个行业不断涌现出来，瞬间就能把企业做大做强。为了开展有效竞争，长久以来已经习惯了旧有竞争规则的知名企业必须重置直觉。

层出不穷的新兴市场竞争对手

西方公司的第一波全球竞争对手崛起于战后日本的废墟中。21 世纪六七十年代，许多美欧企业面临着日本公司崛起的挑战。1965 年，化工、塑料及其他工业部门的日本企业已跻身于国际最大行业参与者行列。1980年,现代、三星等韩国大型集团以及水泥、钢铁、化学制品和石油等行业的韩国公司也加入了这一阵营。

随着日韩企业开始向价值链顶端攀升,在这些国家进入工业化早期阶段后,第二波新兴市场的竞争者踏上了全球舞台。20世纪末期,中国、巴西和其他新兴国家的大型自然资源公司、建筑公司、制造企业和日用品企业开始出现在国际竞技场上。中国石油公司、中国石化公司、俄罗斯天然气工业公司和巴西石油公司等石油天然气企业也在埃克森美孚、壳牌和道达尔等石油巨头阵营中谋得一席之地。这些新兴市场的巨头企业让我们多少领略了一些其他行业竞争全球化的感受。在采矿、基础材料和矿产资源领域,巴西淡水河谷公司、俄罗斯诺里尔斯克镍业公司和中国神华集团等新兴市场的公司已经掌控了全球一半左右的销售额。与之类似,新兴市场的企业在全球建筑与房地产行业的份额也达到了40%左右。

接下来就是我们正身处其中的,比此前更加严重和激烈的第三波竞争。那些在成长过程中成功占领了人口众多的本地市场的新兴市场企业,规模已经远超发达经济体的同类公司。印度最大的电信公司巴帝电信在南亚和非洲拥有约2.75亿手机用户。相比之下,美国最大电信公司AT&T的无线用户规模只有1.16亿。孟买塔塔集团在全球雇用的员工数量超过58万,是英国最大的私营雇主之一,在英国设有19家公司,员工人数超过5万。我们的研究表明,新兴市场企业的成长速度比发达经济体的同类企业快两倍以上。在未来10年里,新兴市场的GDP有可能增长2.5倍,这将使全球竞争格局全面洗牌。每10家新的"十亿级"企业(年销售额超10亿美元的企业)中就有7家来自新兴市场。总部位于这些经济体的企业将从现在的2 200家增加到7 000家左右。如果真是这样,到2025年,仅中国一个国家的大型企业数量就会超过美国或西欧。

小鱼和鲨鱼，价值蚕食与分享？

技术还使得力量均势从大型知名公司转向了小型企业和创业公司。在全球市场上，规模不仅是一种典型优势，还成为了一种必然。20世纪90年代，小型企业参与全球市场竞争或将业务规模在短时间内扩张到全世界几乎是不可能的事情。时至今日，由于阿里巴巴和英国政府采购门户网站这类新技术平台的崛起，"小鱼"日益形成一种追逐和战胜"鲨鱼"的势头。

在一个重要的趋势突破过程中，技术让灵活的小公司可以与大型知名企业展开竞争。如今创业公司同样可以向大企业一样方便地接入强大的全球性平台，短短几年内（如果不是几个月）就能将其影响力扩大至数百万用户。Airbnb 和 Lyft 等"分享型经济"的创业公司的成功证明了科技正在扫除企业的准入障碍和规模障碍，使得兼职人员也能够与成功人士同台竞争。Waze 是以色列的一款基于社区的导航手机应用，该应用的用户在不到 5 年时间里就从零增加到 5 000 万。2013 年 6 月，应用软件与导航领域的"终极鲨鱼"企业谷歌公司据称斥资 10 亿美元收购了 Waze。另外一个例子是 TransferWise，这是一家提供 17 种货币点对点转账服务的英国创业公司。TransferWise 的交易额在不到 4 年里从零增长至 10 亿美元，对货币兑换和转账服务提供商的成熟商业模式构成了威胁。

大型机构经常觉得自己处于一种猝不及防的境地，无法足够迅速地找到自己的业务支点。许多公司发现自己被复杂的流程和历史遗存下来的庞大的 IT 系统（往往造成任务执行被推迟数月）绊住了手脚。新的竞争对手可以直接购买现成的先进系统并在几周时间里安装完毕。3D 打印技术让创业公司和小型企业能够用材各种材料"打印"出非常复杂的原型、模具和产品，且无需支付任何加工成本或安装成本。云计算使小型企业具备了从前只有大型企业才会拥有的信息技术能力和后台服务能力，并且成本同样十分低廉。**实际上，随着创业公司的装备和竞争力的加强，他们可以接触到全球各地的客户和用户，这使得几乎每个领域的大型企业都变得脆弱起来。**

由于"小鱼"挑战"鲨鱼"变得如此容易，那些不久以前还具有全行业颠覆力的公司如今必须时刻留意其他破坏者的出现。1996 年成立的 Expedia 现已成长为全世界最大的旅游公司，其 2013 年的营业收入为 48 亿美元。通过价格、数据、评价和付款方式的整合，这家网络创业公司打造了一个足以打破旅游业竞争格局的重要新平台。然而，目前 Expedia 及其同行们正面临着一种以点对点酒店预订网站 Airbnb 为代表的全新商业模式的威胁。无需与 Expedia 的平台发生互动，Airbnb 的数百万用户就可搜索、预订全球几十万个地方的住宿出租信息并支付房费、发表评价。Facebook 和谷歌等科技巨头同样也必须留意这些新的进入者。创立于 2011 年的 Snapchat 是一款照片信息应用软件，使用该软件的照片发送者可设置接收者浏览其照片的时间限制。2014 年，该软件用户为公司贡献的盈利超过了 Facebook 和 Instagram 用户，每天使用这款应用发送的图片高达 4 亿张。2014 年，WhatsApp 的活跃用户达到 5 亿人，每天处理的信息量达到 100 亿条，被 Facebook 出价 190 亿美元收购，对其而言，这笔收购既是一种战略扩张的举动，也是一种自我防御措施。

如果给汽车安装黑匣子……

一直以来，技术在不断地模糊实体消费与在线消费的界限，价值从书籍、CD 唱片向 Kindle 电子书和 iTunes 在线音乐商店发生转移，Spotify 音乐播放器甚至能让用户在不拥有所有权的情况下欣赏数据流音乐。信息技术赋予了消费者前所未有的强大能力，使他们能在价格和产品之间比较。如此一来，各公司被迫缩减传统业务的利润空间，

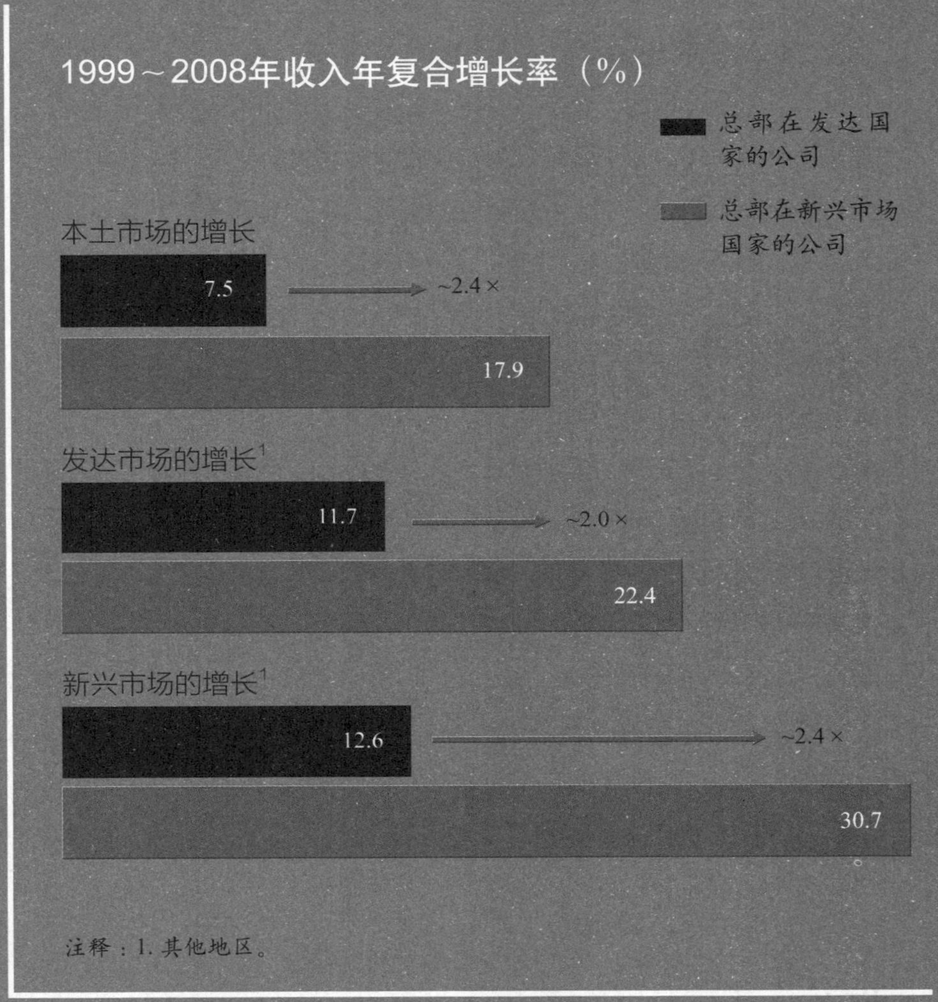

1999～2008年收入年复合增长率（%）

■ 总部在发达国家的公司
■ 总部在新兴市场国家的公司

本土市场的增长
- 7.5 → ~2.4×
- 17.9

发达市场的增长[1]
- 11.7 → ~2.0×
- 22.4

新兴市场的增长[1]
- 12.6 → ~2.4×
- 30.7

注释：1. 其他地区。

图 9.2
新兴市场的公司全面快速增长

同时四处寻找新商机。越来越多的企业正在向新领域扩张，开发只有他们可以接触到的技术、数据或消费者，或者只是为了对企业进行彻底改造，以应对颠覆性力量。技术带来的破坏力是迅速而无穷的，造就了一些意想不到的组合。日产汽车首席执行官卡洛斯·戈恩（Carlos Ghosn）一针见血地指出："商学院可能会教授人们如何应对内部危机，但我认为，企业高管更需要掌握应对外部危机的能力。这里讨论的不是公司战略的问题，而是企业领导者找出适应这一战略的方法的能力。我们会遇到更多的外部危机，因为我们生活在一个充满不确定性的世界里，这个时代的每一件事情都附加了杠杆，科技发展的速度如此之快。你会被过去完全不在你的视野范围内的东西搞得兴奋不已。"

20世纪初，英国汽车保险商被兴起的比价网站弄得猝不及防。聚合网站让传统保险商丧失了力量均势，他们用10年时间使市场份额从零升至新保险政策下的50%以上。随着价格透明度的增强以及消费者购物时越来越喜欢货比三家，许多传统保险商都开始努力从英国汽车保险商的核心承销业务中赚钱。为了应对线上聚合网站的成功，类似谷歌这样的非传统企业也开始关注和探索这一领域。在英国最近举办的"数字保险公司"活动的一项现场调查中，75%的受访者担心类似谷歌这样的公司将成为保险业最大的威胁。

除了新的在线保险公司外，传统保险公司也对汽车制造商侵犯他们的业务领域感到担忧。随着智能汽车技术的发展，雪铁龙等汽车制造商宣布在某些型号的所有新车上安装黑匣子的计划。汽车公司利用远程信息技术可以监控司机的行驶里程、速度和制动行为等驾驶习惯，从而更好地了解消费者行为。汽车制造商是否会成为主要的保险公司仍有待观察，但为了减轻威胁，类似安联这样的保险公司已经开始需要与其他公司展开合作。

在传媒领域，科技推动价值转移已进行了很长时间，相近行业和发行渠道的边界也变得模糊起来。网飞公司就是一个很好案例。由于竞争基础的快速变化，该公司成功实现了繁荣发展。网飞公司最早从事通过电子邮件向客户发送电影 DVD 的订阅服务，但在线视频兴起以后，网飞公司很快就转型为一家内容流公司。2012 年，为了让 2 400 万用户继续订阅服务，网飞公司与导演大卫·芬奇（David Fincher）以及制作公司 MRC 合作推出了一部极具讽刺意味的优质电视剧《纸牌屋》，凯文·史派西（Kevin Spacey）在剧中饰演一个邪恶的政客。这部改编自英国同名小说的剧集吸引的观众可以同流行的有线电视节目竞争，仅在美国的收视率就达到 300 万人左右。

自我颠覆：新竞争文化的秘诀

要适应不断变化的竞争模式并非易事，尤其对于将企业文化、战略和流程建立在旧有的全球竞争格局的公司而言更是如此。今天的企业高管面临的问题并不是他们是否会被颠覆，而是何时被颠覆，被谁颠覆以及颠覆的严重程度。同样重要的是，你的企业思维必须超远传统的竞争环境，监控新竞争对手的发展，尽力理解新兴产业的经济模式和商业模式。此外，必须投入时间和精力厘清企业的自有资产、核心竞争力和竞争优势。最成功的企业领导者选择正确的盟友，准备好并采取果断的行动，即便这意味着对自身的业务造成破坏。

新兴小城市：大企业的竞争盲区

你需要关注新兴市场中积极进取的商业中心。新兴经济体的中小型城市构成了一个特殊盲区。但他们也将成为未来最危险的竞争者的诞生之处。例如，中国台湾地区的新竹市或许并不是一个人人皆知的地方，但它已经是中国地区第四大先进电子与高科技中心，也是 13 家大型企业的总部所在地。同样，圣塔卡琳娜州也并未进入大多数企业高管的视野范围，但巴西南部这个经济繁荣的地区却诞生了全球最大的鸡肉加工企业巴西食品公司，全球领先的制冷压缩机生产商恩布拉科公司，顶尖的拉美服装纺织公司 Hering 和拉丁美洲最大的电动机制造商 WEG Indústrias。

技术性创业公司对需要被关注的行业构成了意想不到的威胁。但密切关注初创公司及具有革命性的经营方式的最好方法是什么呢？某些大型企业利用加速模型接近潜在的颠覆性力量。通用公司的 GE Garage 潮流实验室孵化器为创业公司提供使用 3D 打印机、电脑数控机床和激光切割机的机会。创业公司可以利用通用公司的专有技术和管理经验，而一旦新技术达到成熟阶段，通用公司就可以实现飞速发展。通用公司并非个案。三星电子也在硅谷和特拉维夫设有类似的加速器。2014 年 7 月，迪士尼邀请 11 家科技和传媒创业公司加入加速器计划。宝马汽车的 iVentures 孵化器也引入了 Life360 和 ParkatmyHouse.com 等公司。微软创投通过导师社区支持创业企业，为处于起步阶段的公司提供融资，并通过分布在全球各地的 7 个加速器将成功的项目推向市场，并加快推进规模扩张。

破坏性：新竞争的本质

新竞争格局的本质是具有破坏性的，这意味着传统参与者需要自行部署所有资产。因此，现有企业必须重新审视他们的资产和独特定位，这一点至关重要。

在汽车业的竞争日益加剧的环境下，德国高端汽车制造商采取了多方面的应对措施——强大的品牌文化、卓越的汽车品质、强大的组织能力以及材料、软件和连通性的加速创新。

例如，宝马汽车通过远程控制服务功能（包括一款允许用户远程设置车内温度、寻找泊车位置和检查车门锁状态的手机应用）提升用户体验。该公司是首家实现碳纤维汽车（i系列）量产的主要原始设备制造商（OEM）。宝马i3具有泊车辅助功能，只需按一个按钮，就能实现自动泊车。戴姆勒公司的奔驰E级和S级轿车配备的转向辅助和自动起停系统能让汽车自主通过交通信号灯，决定绕行路线和避开路面上的其他车辆。2014年，奥迪公司与AT&T合作，在北美的奥迪A3车型上推出了奥迪互联技术（Audi Connect），这是一款包含4G网络连接、画面导航和多媒体功能的先进软件包。上述产品改进功能再加上已有的强大品牌文化使高端德国汽车制造商能够避开越来越激烈的竞争。2013年，梅赛德斯-奔驰、奥迪和宝马的销量全部创出历史新高。换句话说，在这个全球汽车制造商都能够以相对较低的成本生产出坚固实用的汽车的时代，德国汽车制造商决定在信息技术、应用程序、软件和客户体验的基础上展开竞争，而不是依靠卓越的汽车底盘和动力系统赢得市场。

联盟：对冲未来风险的新模式

竞争基础瞬息万变，传统商业模式短时间内就有可能彻底被颠覆，寻找合作伙伴是实现企业繁荣发展的关键。**灵活的联盟发挥的作用将会越来越重要，这样的联盟能够对冲未来风险，迅速掌握新能力或撑起现有商业模式。**

由于新的竞争格局挤压了利润空间，同时新技术又让现有企业面临机遇和挑战，使得通信行业充满了不确定性。WhatsApp一类的短信手机应用正在逐步占领短信服务市场，与此同时，传统电信企业也在挣扎中求生存。越来越多的传统电信企业将庞大的移动网络和客户基础作为提供其他服务的平台，试图以此来改变竞争的基础。他们的这种心态为灵活的合作方式提供了更多支持。

与银行服务相比，新兴经济体的人们往往更容易享受到手机服务。

在阿根廷、哥伦比亚和乌克兰等国家，几乎人人都有手机，但拥有银行账户的人却不到总人口数量的一半。由于短信应用软件对通信公司的核心业务构成了威胁，于是他们与银行合作推出了新的支付渠道。2007 年，东非最大的手机通信服务提供商，肯尼亚的 Safricom 通信公司与非洲商业银行联合推出非洲的首个基于短信的转账服务 M-Pesa（M 表示"手机"，Pesa 在斯瓦西里语中表示"金钱"）。M-Pesa 服务推出 18 个月就赢得了 400 万用户，其中许多人都没有银行账户，他们通过各地的代理机构存取现金，并兑换成虚拟货币。2013 年，M-Pesa 的用户达到 1 500 万人，被公认为全球最成功的金融服务创新企业之一。巴西最大的电信公司 Oi Telecom 与英国的数据分析公司 Cignifi 合作，根据用户的手机使用行为产生信用积分。此后，通过 Oi Telecom 的短信虚拟信用卡系统 Paggo，这些信息被用来向没有银行账户的客户推销贷款业务。

在发达经济体，医疗服务提供商是电信企业最具价值的合作伙伴。Orange 公司已开始针对糖尿病和心脏病患者的远程监控系统提供手机健康服务，通过手机解决方案满足客户的家庭护理需求，从而实现了在医疗产业的市场份额增长。德国电信与德国最大的医疗保险公司 Barmer 联合开发了一系列手机健身解决方案，这些应用可追踪用户锻炼时的心率和运动距离等数据，并将数据发送到公司的健康门户网站，制定新的训练计划。

国际化：顶尖人才的一项新技能

随着新竞争对手的出现，所有企业都会发现他们越来越有必要为了获得所需技能而展开竞争。一份针对企业高管的调查显示，76%的高管认为他们所在的组织需要开发全球领导能力，而认为自己目前已经表现很不错的企业高管只占 7%。30%左右的美国公司表示，由于极度缺乏具备国际技能的人才，他们并未充分利用各种国际性机遇。

向新兴市场的企业高管提供全球性的职业发展机会是吸引最优秀人才的有效手段之一。2010年，联合利华任命印度子公司的200名管理人员在母公司担任全球性职务，其中还有两位进入了公司高管团队。其他一些公司发现，传统的单一总部模式已经无法满足需求。有些公司设立了次级总部或分割总部功能，以便更好地匹配海外市场。通用电气和卡特彼勒集团把各自的企业中心分散至两个或更多地方，分别负责与主导决策、生产和服务。主要总部和管理人才孵化器均在伦敦的联合利华在新加坡设立了全球发展次级领导中心，旨在用全球化思维方式吸引和留住领导人才。毕竟联合利华70%的营业收入来自新兴市场。"新加坡处于发达经济体和新兴经济体的节点上，是领导力和创新力的重要中心，也是面向快速发展的亚洲经济体的门户。"联合利华首席执行官保罗·伯尔曼（Paul Polman）如此表示。"当我们的未来领导者到来时，不论他们来自世界哪个地方，我们清楚地知道，他们将是具有全新视野和观点的一群人。"

惯性思维的力量

我们在之前的章节中强调过这一点。在这个竞争的新时代，企业领导者必须具备更强的灵活性。他们要时刻提防维持现状的心态，持续学习新技能，尤其是在资本配置和科技方面，更是如此。

除了扩大和监控竞争对手之外，企业领导者还应该训练自己在配置和部署资产时表现出更大的灵活性。实际上，我们发现那些在灵活性方面表现良好的企业（例如资本再配置每年都不一样）能以较低的风险获得更加卓越的业绩。我们在分析了1 600多家公司的数据基础上得出结论，排名前三分之一的企业最具灵活性（即年资本再配置最高的企业），其股东总回报率比灵活性最差的企业（每年的资本配置保持不变）高出30%。在一个"鲨鱼"成为"小鱼"的牺牲品的时代，企业领导者必须对信息技术了如指掌。随着企业寻求就新格局进行谈判，当他们的目光紧盯潜在竞争对手和合作伙伴时，就必须将科技提升为各业务单元的战略思维核心。除了招募一位主要负责企业技术使用问题的首席信息官外，我们还有充分的理由招募一名首席数字官，他将以战略眼光对技术进行监督。科技正在成为一个杠杆，企业利用这个杠杆可以打破原有商业模式，同时适应不断变化的竞争基础。英国时装公司巴宝莉（Burberry）经过脱胎换骨的改造后成为一家领先的科技公司。通过推出"民主奢华"（Democratic Luxury）这一概念，让全球消费者都能买得起该品牌的策略，巴宝莉启动了一个跨平台的数字策略。公司对网站、社交媒体以及其他社交应用（如一个宣传英国不知名音乐家的YouTube项目Burberry Acoustic）和技术上有所创新的旗舰店进行了整合。正如当时的首席执行官安吉拉·阿伦德（Angela Ahrendts）所说："走近摄政街的旗舰店店门就像走近了我们的网站。"除了进行数字化改造，阿伦德还表示，巴宝莉的"业务在7年时间里增长了近两倍"。

从某种意义上说，全球经济环境下的竞争就像四年一度的足球世界杯。这是一场高关注度、高风险和高度紧张的比赛，团队的财富可以迅速倍增，也可以瞬间缩水。或许你投入数年时间建立一个能在国际舞台上展开竞争的优质平台，结果却发现被某个意想不到的对手抢占了先机，让你在某个重要时刻倒下，甚至崩溃。虽然偶尔也有创业公司逆袭成功，但大多数时候胜利还是属于知名企业巨头。成功晋级2014年世界杯半决赛的德国、阿根廷、巴西和荷兰在过去20届比赛中总共获得了11次冠军。但足球比赛与企业竞争之间存在一个明显的不同之处。2014年，巴西世界杯共有32支队伍进入决赛圈。他们使用的是同一型号的足球在同样规格的球场上比赛，还必须遵守同样的比赛规则。但由于瞬息万变的竞争基础，经济领域的"世界杯"更像是一

巴宝莉时任首席执行官
安吉拉·阿伦德（Angela Ahrendts）
说："走近摄政街的旗舰店店门就像
走近了我们的网站。"

场自由混战。竞争对手可以来自世界的任何一个角落,他们中间既有技能娴熟的前锋,也有无懈可击的守门员,而且各自都有属于自己的规则。有些队伍允许 18 名队员同时上场,毫不理会足球的 11 人制规则,还有的队伍可能通过远程遥控操纵"足球"。**为了赢得竞争,你的组织必须部署高效的"球探"网络,付出双倍的训练时间,充分开发自身的文化和生产力,从而制定出最有效的竞争战略。**

第 10 章

不可或缺的政府

"看得见的手"与"看不见的手"

从"欧洲病夫"到"经济奇迹",短短10年,德国的经济转型速度为何如此之快?中国有何借鉴之处?急需移民的欧洲又极力驱逐难民,在一进一出的人口流动中,欧洲政策制定者的内心经历了怎样的挣扎?倒在欧洲偷渡路上的人们到底是经济的替罪羊,还是政治的牺牲品?

年轻人的失业率

发达国家[1]

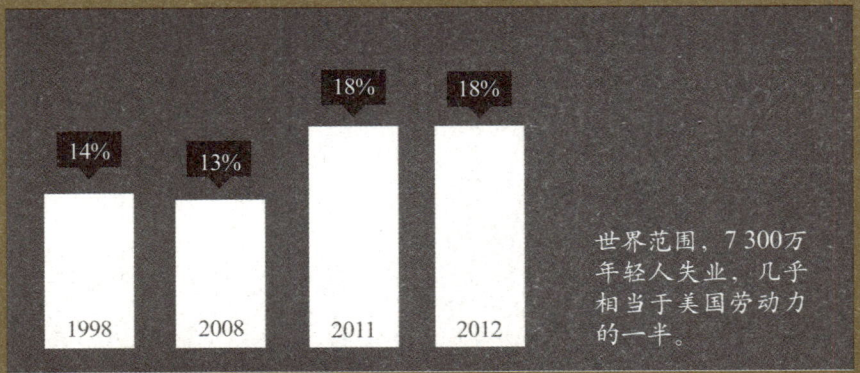

世界范围，7 300万年轻人失业，几乎相当于美国劳动力的一半。

选择的国家：

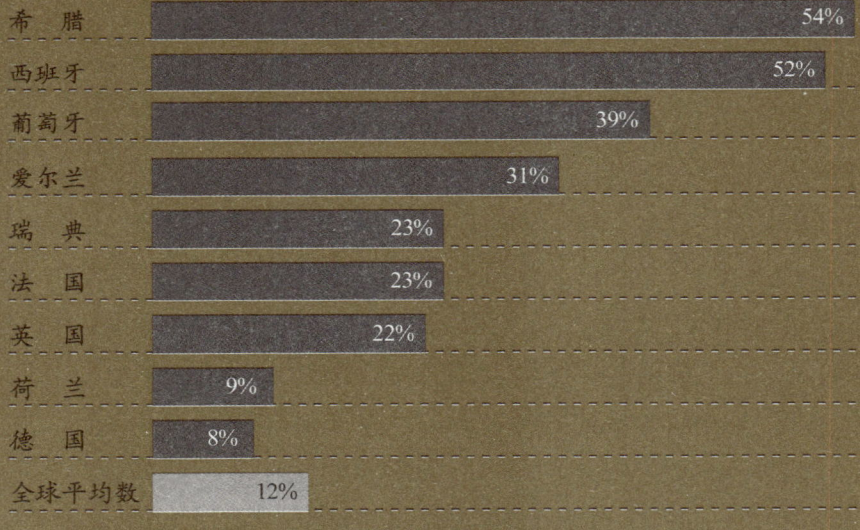

注释：1. 包括欧盟27国和澳大利亚、加拿大、日本、和美国等富裕经济体。
资料来源：MGI分析；ILO全球年轻人就业趋势，2013。

图 10.1
高企的年轻失业人数不断增长，使退休人员面临风险

20世纪90年代末，德国经常被称作"欧洲病夫"，而且这是有充分依据的。富裕的西德与贫穷的东德统一后的7年时间里，失业率高达10%，GDP增长放缓，人口老龄化以及福利制度吃紧，赫尔穆特·科尔（Helmut Kohl）总理主持的政府在这样的困境中苦苦挣扎。在接下来几年里，形势更加严峻。按年度统计，经济增长率不到0.5%，德国经济经历了两次短暂衰退。

2005年，失业率攀升至11%。然而，此后10年间，德国又被人们誉为"经济奇迹"。2008年，德国失业率下降至7.5%。在全球衰退持续发酵，数百万工人失业的背景下，德国的失业率始终保持稳定，后来进一步下降。

2012年，尽管德国的GDP急剧萎缩，但失业率却下降至5.4%。美国总统奥巴马和中国国家主席习近平等世界领袖都从德国总理默克尔的治国方针和"德国奇迹"中获取过治国灵感。这位"欧洲病夫"的康复速度为何如此之快？

2003～2005年，作为2010年政府议程的一部分，德国政府对劳动力市场进行了一系列积极的改革。在"哈茨改革"框架下，施罗德总理大力发展职业教育、创造新工作岗位以及推进失业率和社会福利改革，借此改造劳动力市场。大范围的改革措施引发了广大民众的极度不满情绪。在 2003 年的"周一游行"活动中，超过 10 万名民众走上街头，抗议政府削减社会福利。老年工人群体（他们的劳动参与率在实行改革后有所上升）对于延迟退休不感兴趣。在 2005 年大选中，施罗德领导的政党败给了默克尔，这位女总理此后从"德国奇迹"中得到了不少好处。

在这个趋势突破时代，政策决策者的首要挑战与德国政府在 20 世纪初所面临的挑战没有什么不同。政府如何才能更快地做出反应，并培养有助于引导社会变革的政治成熟度和领导力，从而确保其度过这一阶段并继续执政呢？正如企业领导者一样，执政者也必须重置直觉。我们将在本章中阐述趋势突破带来的对政治领导力的挑战，我们还总结了政府应对挑战的得失经验。

变革：决策人的串场路演

全球竞争和技术变革加速了创造性破坏的进程，而劳动力市场却无法跟上这种变革的速度。虽然企业对严重的岗位缺口怨声载道，但大多数政策制定者面临的重大挑战仍然是创造就业机会。与此同时，人口老龄化开始引发人们对发达经济体的社会保障体系和沉重债务的担忧。随着资本成本不断攀升，这一挑战变得越来越紧迫。公共部门急需的生产率增长迟迟没有出现。收入不平等正在日益加剧且引起强烈反应，有时将矛头直指推动过去 30 年经济增长的贸易、金融和人才的大融合。本书论述的颠覆性力量和趋势突破为政策制定者带来了前所未见的挑战，影响就业、财政、贸易和移民政策以及资源和技术法规等多个领域。

全球竞争和技术突破的就业政策

2008年全球经济衰退之后，创造就业机会仍然是发达经济体和新兴经济体面临的最大政策挑战。同时，在多个新领域中，技术进步使得知识型工作越来越容易被机器人代替。在经合组织国家，年轻工人和低技能工人首当其冲地承受着创造就业机会和技能需求的影响带来的冲击。与此同时，发达经济体和新兴经济体都在努力解决劳动力缺口问题，看上去这似乎与直觉相反。

在人口老龄化背景下，一些公司已经开始担忧劳动力退休带来的影响。尤其在科学、技术和工程等领域，许多企业正在与技能缺口展开较量。偏低的女性劳动力参与率加重了劳动力市场的失衡。在人口增长速度最快的中东和北非国家，不足25%的女性进入劳动力市场。在某些发达经济体中，这种失衡现象表现得同样明显。以日本和韩国为例，虽然70%男性进入了劳动力市场，但只有不足50%的适龄女性进入劳动力市场。

我们预计，如果没有外部重大干预，这种趋势持续下去。到2020年，劳动力失衡将造成近8 000万中高级技能劳动力缺口，而低级技能劳动力的过剩数量将达到9 500万左右。为了缩小这一缺口，发达经济体需要将完成高中后教育的年轻人口数量提升至当前的2.5倍。此外，发达经济体还必须制定更具吸引力的激励政策，鼓励人们参加与岗位相关的技能培训。

在美国，每个月新增就业岗位为400万～500万，但是在数量庞大的大学毕业生人群当中，仅有14%的大学毕业生拥有STEM学位。新兴经济体面临的挑战是探索使用各种创造性的方法培训数百万的年轻人和提高中等教育毕业率。2012年，为了达成这项预定目标，印度将中等学校的教师数量提高了一倍，并将在2016年，增加3 400万中等教育学生。

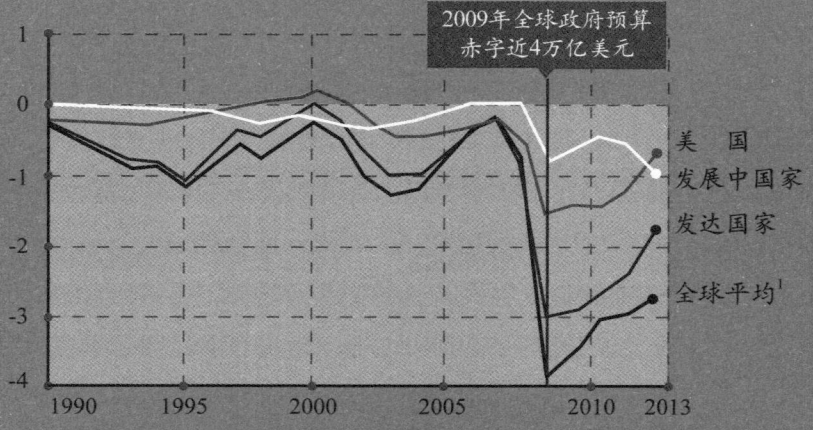

图 10.2
预算下降和政府债务
处于高水平约束了政府资源

人口老龄化和资本成本不断攀升的财政政策

从美国、欧洲到中国、日本,世界上最大的几个经济体都在应对人口老龄化和退休问题。2040 年,发达经济体的 65 岁以上老年人口的比例急剧上升,每 4 个人当中就有 1 个 65 岁以上的老人,而儿童人口的比例基本维持不变。因此,他们在 20 世纪构建的社会保障体系将面临考验。预计中国的公共养老金支出占 GDP 的比重将从当前的 3.4% 攀升至 2050 年的 10%。由于人口老龄化和医疗费用通胀的放大效应,公共医疗开支增速还将加快。在美国,医疗保险体系和医疗补助计划已经覆盖了大多数人口;到 2050 年,预计医疗公共支出将翻升一倍,接近 GDP 的 15%。

预测日渐逼近的公共部门支出"炸弹"的引爆时点没有任何意义。随着低利率时代的结束,资本的成本可能开始提高。这将为背负大量浮动利率债务的政府带来麻烦,因为他们需要不断展期和再融资。2011 年,全球财政赤字合并余额达到空前的 4 万亿美元,政府总负债高达全球 GDP 的 120%。

这令各国政府的服务能力承受压力。欧盟委员会预计,2030 年,老年人口的"表外"支出占 GDP 比重还将增加 3%。如果未能实现更高的经济增长,这些新增负债将会导致严重的财政紧缩。

全球一体化时代的贸易、移民和货币政策

全球繁荣水平不断提高和数字化程度提升的合力加速了贸易、金融、人口和数据的跨国流动。正如我们提到的那样,一个国家越是频繁地参与流入流出活动,越能获得更多的经济利益。逐年加强的国家间经济活动对全球新增 GDP 的贡献高达 25%。但普通公众及一些政商精英却对参与此类活动表现得十分谨慎,部分原因是他们创造了明显

的错位。全球贸易导致工作岗位流失，一直以来饱受诟病。资本流动具有波动性且难于管理。在某些发达经济体和新兴经济体，反移民情绪表现得非常激烈，他们既抨击非法移民，又抨击合法移民。许多政策制定者只关注到增强的连通性带来的负面影响，且认为更容易遭受全球冲击。

经济衰退、财政紧缩以及复苏艰难合力导致欧洲乃至一些传统上依靠移民劳工的国家的社会安全网扩大，同时还激起了他们的反移民情绪。长久以来，新加坡对待移民的态度一直十分友善，三分之一的新加坡居民都出生于新加坡以外的其他地区，但该国目前正在缩减外国劳动力的配额。"我们需要制定措施，让雇主将工作机会留给新加坡人，尤其是我们的年轻毕业生、专业人才、管理人员和企业高管，给予他们公平的就业和发展机会。"新加坡人力部部长陈川仁在 2013 年如是说道，"即便我们为了弥补国内劳动力的缺口，依然对国外劳动力保持开放态度，所有企业还是必须尽力给予新加坡人公平的就业机会。"历史表明，这类倾斜政策一旦制定出来，就很难废除，还会妨碍技术移民，很可能导致地区经济的增长放缓。

生产率增长时代的不公平现象

随着中国和其他新兴经济体的飞速发展，各国间的全球不平等（Global Inequality）正在缩小。新兴经济体的生产率不断提高，他们正在缩小自身与发达经济体之间的收入差距。与此同时，他们内部的收入不平等却在不断扩大。20 世纪 80 年代中期以来，在所有经合组织成员国（除了葡萄牙、爱尔兰、希腊和西班牙四个国家）内部，顶层 10%家庭的收入增速明显高于底层 10%家庭。但上述四个国家是例外，他们都经历了严重的经济衰退。

面临这一挑战的不是只有发达经济体。过去 20 年间，中国和印度的基尼系数也在上升，部分原因是不断扩大的城乡差距。尤其在中国境内，北京、上海、广州和深圳等城市与全球贸易和金融活动联系紧密，这些城市的收入水平远超联系不太紧密的内陆城市。IMF总裁克里斯蒂娜·拉加德针对这一问题总结道："简而言之，从长期来看，严重扭曲的收入分配机制破坏了经济增速和可持续性。这将会催生一种带有排外性的经济体，你最终看到的是一片潜力尽失的荒芜之地。"

争论围绕着增长不平等的根源以及这种根源是否具有单一性展开。但有一点是确定的——生产率经常扮演着被忽视的角色。某些研究表明，少部分人的生产率增长会加重不平等。如果只有富裕人群的生产率提高了，他们就会享受到超额的好处。因此，在更广的范围内更大程度地提高生产率将是解决收入不平等加剧的一种方法。然而，在需求增长乏力的时代，各国的经济决策者经常面对公众的一个错误认知，即生产率会剥夺就业机会。但历史告诉我们情况正好相反。除去从1929年算起的那个10年之外，历史上每个连续的10年，美国的就业增长和生产率增长都是同步的。遗憾的是，我们很难消除两者相悖的传统观点。

在接下来的50多年里，前面章节讨论的人口趋势使得生产率成为更加关键的因素。过去半个世纪，GDP的快速增长，年均增长率高达3.6%，主要来源于全球劳动力的增加和生产率的提高。例如，分析20世纪，包括G19国和尼日利亚，这些国家当前的劳动力是50年前的2.3倍，且个人生产率比50年前提高了2.4倍。然而，今天的人口趋势的动能开始减弱，在有些国家，出现了逆转。全球就业增长率下降至每年0.3%，原因是生育率的下降和人口老龄化。全球劳动力人口很可能在接下来的50年里迎来峰值。因此，提高劳动生产率有利于维持GDP增长。为了维持当前的增长轨迹，增长率必须提升2倍。如果在接下来的50年里，生产率仍然维持在过去50年的水平，全球年均经济增长率将从3.6%下降到2.1%。如果在接下来的50年里，人类行为像过去50年一样，全球经济仅会增长3倍，而不是扩大6倍。

这样的生产率增长主要来自哪里呢？在研究中，我们发现四分之三的预期增长来自于把握技术改进，即扩大现有最好的实践成果到更广泛的领域。其余四分之一的预期增长来自技术、经营，或超越今天最好的实践成果所进行的商业创新。但挖潜并不是一件容易的事情，尤其是它需要对行业和国家进行更宽广且无限的变革。如果没有劳动力市场、在技能开发方面的有效投资等支持性环境，生产率不会独自克服来自于人口趋势的阻力。我们已经识别了10种可能性，要求培养更强的生产率增长：

1. 降低服务行业的竞争壁垒；
2. 公共部门和监管部门需要关注生产效率和绩效管理；
3. 投资物理和电子行业的基础设施，尤其是新兴市场；
4. 培育对创新产品和服务的研发投资需求，加强激励和支持创新方面的监管。
5. 加强识别机会和变革催化方面的数据开发；
6. 开放数据和数字化平台，治理生产率蓝图上的新生力量；
7. 激励妇女、年轻人、老龄人口参与到劳动力市场；
8. 调整移民机制，巩固技能和充实劳动力市场；
9. 促进教育和工作岗位上的技能竞赛；
10. 使劳动力市场更具有弹性。

特别是对政府而言，提高生产率势在必行，尤其适用于消除不平等带来的影响。在许多发达国家，虽然政府雇员只占总劳动人数的15%～20%，但公共开支却占到GDP的50%，甚至更多。在提高生产率方面，教育和医疗等公共事业或准公共事业拖了后腿。以八国集团（加拿大、法国、德国、意大利、日本、俄罗斯、英国和美国）为例，到

2016年，通过提升政府效率，将会释放6 500亿~10 000亿美元的年值（Annual Value）。

在印度，50%左右的公共支出用于基础服务，其中三分之二的开支被用在了医疗、家庭福利、饮用水和卫生领域。但由于低效、腐败以及挪用等原因，这些支出并未达到政府的预期效果。为了同时解决医疗费用高涨，公共部门成本不断攀升，新增劳动力技能缺口和其他社会问题，提高公共部门的生产率是关键。

技术和资源颠覆时代的标准

重大技术被颠覆的频率越来越高。与此同时，无论是软件、互联网服务，还是硬件领域，新技术被采用的速度越来越快。参与这一进程的不仅只有企业和个人，政府在为私人部门提供研发支持和基本推动力方面也发挥着重要作用。然而，技术变革的不确定性和速度使得政府难以确定提供何种研发支持，投资于什么类型的人才和基础设施以及采用哪种投资方式。

从提供医疗、教育和其他公共服务，到提高社会生产率、提升行政透明度和责任感，懂技术的政策制定者都可以利用技术从许多方面改善社会产出。

除此以外，政府还需要不断修改法律和监管框架，避免成为技术变革的旁观者。目前，加利福尼亚州的立法机构正在着手准备为自动驾驶汽车立法，来自该州政府几个部门的官员定期举行会务，从多个方面尝试了解该项技术需要的立法改革，如责任保险、驾驶执照、安全标准和需要的基础设施等。他们明白，越提早完成，越能解决足够多的早期困难，尤其是可以在相关行业创造潜在的工作机会。

各国政府面临着一个新挑战，在数据流和通讯流方面增加全球互联性。自美国国家安全局爆出丑闻以来，许多国家都在反思各自的数

德国总理默克尔尖锐地指出：
"我们将与法国共同研究有效的数据
保护方法。重要的是，
我们会与欧洲供应商交流，
要求提供安全技术，
这样我们就不需要
跨越大西洋发送邮件和其他信息了。"

据隐私和保护法。德国的反应尤其强烈,已制定恢复反间谍活动的计划,要求建立一个安全的Euro-link网络的热情不断高涨。德国总理默克尔尖锐地指出:"我们将与法国共同研究有效的数据保护方法。重要的是,我们会与欧洲供应商交流,要求提供安全技术,这样我们就不需要跨越大西洋发送邮件和其他信息了。"

监管的前沿阵地还在向资源领域延伸。某些破坏性技术直接影响到资源行业。在美国,水力压裂技术引发了页岩气革命,引起了监管部门关注甲烷排放、水污染及相关问题对环境造成的影响。从全球范围来看,2000~2013年,资源价格上涨了两倍多,以回应新兴经济体的需求、不断增加的供给和勘探挑战。与此同时,过去13年的年均资源价格波动大约相当于20世纪90年代的确切数字的3倍。破坏性技术与资源价格上涨和波动的一致影响,使得政府作为有效监管者的压力越来越大。

未来治理启示录

公众表达和参与的渠道越来越多,使得被各种趋势突破触及的政治领导挑战更加紧迫。各国公民要求政府短期内以稳定质量和更低价格提供公共服务。在预算紧缩、选举周期缩短和拥有即时反馈回路的时代,公共部门领导人仅有很小的犯错余地。从亚洲某些地区到乌克兰,从埃及到巴西,经常看到大批对改革失去耐心的市民走上街头抗议。经历连续30年的下降后,主权债务违约自2011年以来(在全球债务和GDP中的占比)不断增加,这表明我们或许站在了又一轮违约周期的开端。上一轮由新兴市场债务危机引发的违约周期发生在20世纪80年代。

通常情况下,公共部门官员面临的挑战并不是缺乏远见,而是期限太短、竞争优选以及有缺陷的交付。许多政府都有能力应付紧张局面。

亚洲某国家实行转型计划的第一年,街头犯罪减少了35%。南美某国家的政府将等待住院的人数降低了80%,同时还将立志从事教师的优秀毕业生人数增加了50%以上。某个新兴市场国家的政府在两个月内,让数十万名工人享受到了一项社会保障计划。在上述案例中,政策制定者采用了麦肯锡公司称之为"交付2.0"(Delivery 2.0)的方法。这是一种设计精良的计划,拥有合适的指标、试验性的"交付实验室"、小而强的执行团队,同时还有来自领导层的明确支持、崇尚绩效问责文化。除了成果交付之外,以成果进行有效沟通也是十分重要的。实时记录政府绩效的公示仪表盘可以帮助政府提高透明度,鼓励就如何改善服务进行交流。

正如趋势突破令许多企业不得不重新评估自身的战略和重建商业设想一样,政府也必须做同样的事情。在政策制定者努力适应的过程中,这些趋势突破带来了与未来政府的本质有关的三个有趣问题:政府规模,政府集中化或地方化的程度以及总体角色。

政府规模。第一个问题与未来政府的规模有关。经合组织成员国的平均政府支出约占GDP的45%。但国与国之间的差异很大,例如丹麦、芬兰、法国的政府开支占GDP的比重超过55%,而韩国和墨西哥的政府开支则不到GDP的30%。挪威的公共部门的员工占该国总就业人数的30%,而在日本,这一比例还不到10%。在过去10年里,多数国家的政府雇员数量要么维持不变,要么略有下降,且其中的大部分职位都属于普通管理岗位,即便拥有大型国企的国家也不例外。政府效率终究要比规模重要很多。但当政策制定者思考趋势突破造成的影响时,有必要提出这样一个问题:政府规模到底多大才算"合适"?对于寻求通过电子政务提升交付效率的政策制定者而言,这个问题也是同样重要的。英国和意大利的经济体量和中央政府雇员人数不相上下，但英国政府雇员的人均信息技术开支却是意大利的4倍。

集中化与地方化。第二个基本问题与政府的组织结构以及政策应该更加地方化、国家化，还是全球化。爱尔兰中央政府的开支占政府总开支的76%，中央政府的雇员人数占政府雇员总人数的90%。但在德国和瑞士，州政府和地方政府更加强大，中央政府的开支比例还不到20%，中央政府的雇员人数也仅占政府雇员总人数的15%。无论是美国的基础设施项目选择，还是德国的员工培训，大量的决策权都已下放给了市政府或州政府。在过去10年里，西班牙政府的权力变得更加分散，而挪威的权力则更加集中于中央政府（至少以公职人员的数量来衡量是这样），但大多数经合组织成员国都未发生太大变化。此外，随着日益加强的全球互联，更多的全球性或跨国性的决策机构应运而生，例如欧盟的货币监管机构、国际刑事法院以及东南亚国家联盟的贸易官。各国政府越来越多地在知识共享和政策设计方面展开合作。成立于2008年的金融包容联盟（The Alliance for Financial Inclusion）是目前全球最大的，但是由发展中国家主导的机构之一，该联盟设立的宗旨就是为发展中国家的政策制定者分享金融包容的相关信息，探讨金融包容的政策选择。随着不断深化的全球连通性，哪些方针政策应该更加地方化，哪些方针政策应该更加集中化或国际化的问题变得越来越重要。

总体角色。第三个问题与未来政府扮演的角色有关。总体来说，中央政府关注的是为社会保障和国防筹集资金；而地方政府的责任是为教育、住房和其他与社区相关的活动提供资金支持和服务。有没有政府会放弃众多职责中的一部分（基础设施建设）转向新领域（资源效率）呢？社会保障（养老、失业救助和残疾人福利）是经合组织成员国的最大支出项目，占总开支的35%以上。但中国和印度等新兴经济体还未构建起强大的安全网，在社会福利方面的支出仅占15%～20%。韩国用于社会保障方面的国家预算仅占预算总额的13%，但为了发展国内工业，该国在经济方面的支出却占到20%以上，这一比例相当于英国的4倍。美国政府的医疗预算占国家总预算的21%，但这一数字在瑞士仅为6%。希腊将8%的预算投向教育，而以色列和爱沙尼亚的教育支出接近17%。鉴于这种巨大的差异，是否存在一种"合适"政策优选组合呢？政府又应该如何实现这种政策组合？

经费仅是衡量政府作为的一种方式。一般来说，为了达到预期效果而制定的政策措施通常分为三类：激励措施、监管法规和信息服务。全球各地的政府都在灵活、创新以及一流履行地利用这三种方式，应对不断变化的社会局势。

政府更需要激励

我们通常将激励措施视为政府向私人部门提供的"胡萝卜加大棒"。但政府制定的某些激励措施往往会让其自身的工作变得更加明智。德国针对劳动力市场的"哈茨改革"利用激励措施重组了德国的劳工机构，如改革社会工作者的绩效目标和制定更具针对性的安置与培训计划。除了鼓励企业在需求疲软期雇用长期失业人员和留住在岗员工的激励措施之外，这些工作在改革德国的劳动力市场状况方面也发挥了重要作用。无论是在发达经济体，还是在新兴经济体，为了创造就业机会，他们都制定了许多激励措施，如鼓励出口、基础设施建设、提供社会服务和鼓励创业等。美国政府的"国家出口计划"试图通过降低企业进入出口市场的门槛，促进国内服务业和先进制造业领域的就业。

中国的海外侨民和留学生数量世界第一。作为"国家人才发展计划（2010～2020）"的一部分，中国正在利用各种激励措施吸引高技能专业人员回国。"国际人才千人计划"针对侨居海外的华人工程师和科学家提供多种优惠政策，例如充足的研究经费、住房补助以及对回国从事全职工作三年以上人员的子女提供免税教育津贴等。仅2012年，在这些激励措施和强大的经济发展势头的共同作用下，中国总共吸引了30万名留学生回国就业。

一些国家还利用激励措施应对人口老龄化带来的人口和经济挑战。扩大就业群体的重要举措之一是吸引更多女性进入劳动力市场。2012年，全球在岗女性员工仅占适龄女性的51%，而男性的这一比例是77%。丹麦制定了一系列激励措施，包括在父母一方提出请求后的3个月内为其提供儿童看护服务（日托、幼儿园、业余时间看护和学校活动中心）。这样一来，超过80%的婴幼儿和超过90%的3～5岁儿童都能享受到定期的看护服务。2009年，15～64岁的丹麦女性的劳动参与率达到76%，在经合组织成员国中名列前茅。在参与劳动的女性中，95%以上的女性都处于在职状态。

事实证明，有条件的汇款激励措施是消除贫困的有效手段。在墨西哥，"现金援助计划"（Oportunidades）在启动后的5年内，使贫困人口减少了10%。之所以该计划受到人们的广泛赞誉，部分原因在于该计划向符合某些条件（有就诊记录或让孩子到学校读书）的家庭提供现金援助。更重要的是，该计划还为墨西哥家庭创造了强大的财务奖励，让墨西哥人在那些能够长期提升人力资本的领域进行投资。

政府还可以通过具有前瞻性的采购政策和标准制定激励措施。从电报机、铁路到半导体和手机，创造未经验证的技术的但又十分重要的早期需求，政府对促进这些产业的发展起到了直接作用。作为节能技术（燃料）的用户；美国海军在20世纪初主导了从煤炭向石油的转变，并于20世纪50年代转向核燃料。面对石油价格持续高企，美国海军目前正在刺激生物燃料和节能技术的需求。但为了避免出现意外后果和导致市场扭曲的风险（例如农业补贴），政府需要非常谨慎地制定激励措施。

利用监管法规直接应对改革

在实现现代化和适应未来趋势方面，政府的监管权力，即制定标准和确定行为规范和市场规则的能力发挥着至关重要的作用。严重的市场失灵或结构性问题阻碍了采用最优选择，监管法规就成为一种非常有效的工具。大型金融机构的股东无法有效监督高管的冒险行为，因此监管部门必须推出资本标准，认真监督金融机构。为了让建筑更加节能，业主必须进行一些前期投入，而这种投入是无法直接转嫁给承租人的。因此，制定灵活的行业标准就显得十分必要了。

为了解决人口老龄化问题，一些国家提高了法定退休年龄（如将法定退休年龄延长2年）。虽然这种现象刚开始，但这并不足以应对正在发生的全球人口结构变化。最近一项针对43个主要发达国家的分析显示，1965～2005年，这些国家的平均法定退休年龄延长了近6个月。在同一时期内，男性预期寿命提高了9年。在人口老龄化严重的欧洲，丹麦的立法较早承认了即将引爆的"养老金"定时炸弹，该国决定根据预期寿命确定领取养老金的年龄，并针对提前退休设定了各种限制条件，致使丹麦55～64岁人口的劳动参与率达到58%，高于欧盟国家的平均水平（不到50%）。

到2050年，丹麦将成为经合组织成员国中退休年龄最高（69岁）的国家。为了应对人口结构的发展趋势，日本政府在21世纪初要求40岁以上的国民缴纳强制性的长期医疗保险。

全球各国，尤其是金融机构不发达和面临特定的全球流动风险的国家，通过监管制度管理参与全球事务的漏洞。例如政府制定的短期高干预性措施，金融市场的系统性长期改革等各种监管措施应对不断增加的资本流入。在市场最不起作用的时候，监管法规的干预性最强。

虽然智利的经济现代化程度较高，但严重依赖铜矿石出口，于是智利在对外国资本保持开放态度的同时又采取了保守的财政政策。2007年，智利政府拿出26亿美元的初始资金成立"经济与社会稳定基金"。设立该基金的目的就是降低智利对全球商业周期的依赖程度，减少因铜价波动带来的国家收入不稳定。该基金主要投资于政府债券，部分资产可用于抵消政府赤字或偿还政府债务。此后，该基金的资产增加到150亿美元，智利也成为该地区金融深化程度最高的国家之一。最近，国际货币基金组织将智利看作应对全球资本流动波动性最具弹性的代表性国家。

为了顺应全球趋势，各国政府运用监管法规管理社会、环境及其他重大问题，同时让各行各业选择所需的技术来实现这些目标。在这种情况下，全社会在应该做什么方面已经达成了共识，但对于如何实现目标依然存在分歧。实现目标的过程无异于一场战争，因为市场参与者或许只有与趋势突破前的市场环境相关的技术。例如，能源价格暴涨导致美国颁布法规，明确要求提高汽车单位油耗的行驶里程。反过来这又刺激了一系列创新技术的诞生，如电动汽车、混合动力系统，用铝材取代钢材以及集成化的发动机启停技术。欧盟和美国新的食品安全与追踪监管法规激发了食品行业建立全供应链的数据平台和先进分析方法的兴趣。

针对资源领域制定监管政策的案例不胜枚举。在美国，俄亥俄州、得克萨斯州和宾夕法尼亚州允许采用水力压裂技术开采页岩气，但纽约州却是被禁止的。由于欧洲民众担心开采页岩气会对环境造成影响，保加利亚、法国和德国禁止钻探开发页岩气。为了鼓励资源的循环使用，瑞典的商品价格计入了垃圾填埋税和垃圾回收成本。这样一来，瑞典大约99%的家庭垃圾要么被回收再利用，要么焚烧后发电和供暖。德国政府正在利用监管法规促进向可再生能源转型和提高用电效率。

信息化引爆生产率

　　大数据不仅用于应用软件和电子商务。信息还是提高公共部门生产率的重要工具，尤其是长期承受着提高生产率和服务质量压力的部门。各国已开始将信息作为一种改善资源管理和政府承担义务（如教育、医疗和平衡劳动力供需关系）的有效工具，并加以应用。政府向消费者提供信息，便于他们做出更好决策，借此支持行业发展。奥地利、德国和瑞士等中欧国家一直以来都是职业教育的典范。因此，这些国家的职业计划瞄准200多个不同的职业，以保证劳动力供需平衡。瑞士负责颁发职业证书，雇主则负责确定所需技能和制定培训课程。其他国家也有类似的职业教育模式，但他们的规模较小，而且仅侧重于几个特定行业。巴西通过"石油天然气行业现代化计划"将企业、大学和工会组合起来，改善教育状况，维持巴西石油天然气行业的竞争力。在萨科齐总统的倡议下，法国发起了"公共政策一般性审查"活动。这项被称为"花小钱办大事"的活动旨在减少法国的公共支出，同时为国民提供更好的服务，宣传一种"结果文化"。与其他活动相比，这项审查活动推动了某些高关注度领域改善了服务质量，从而大大提升了国民的满意度。例如，该活动引入了15个优质服务指标，如事故和急症室的候诊时间。

　　另一项措施是确定和监控经济体生产率的主要驱动因素。即便在情况最好的国家，其行业内部也存在着绩效表现差异较大的问题。在准公共部门，每个国家都同时存在着表现卓越和表现糟糕的医院和学校。表现最好的机构往往十分了解私人部门的做法，也正按精益原则、数据分析、聪明采购和绩效管理等做法行事，从而获得了良好效果。

技术与大数据为政策制定者提供了另一种提升公共部门生产率的方法。肯尼亚政府推出了一个开放数据门户网站，共享了过去难以获取的教育、医疗和能源等领域的信息。这些共享数据造就了 100 多个移动应用软件，大概节约了 10 亿美元的采购成本。

爱沙尼亚的 130 万国民可以用电子身份证投票、纳税和享受 160 多项在线服务，如领取失业金和财产登记；私营企业也可通过国家门户网站提供服务。巴西透明度门户网站公开的各类信息包括联邦机构的费用支出、民选官员用政府发放的信用卡进行的消费以及禁止承包政府项目的公司名单等。

赢家通吃：新商业机会的共性

随着政策制定者重置直觉和改变治理方式，私人部门也将受到影响。某些领域的游戏规则可能会发生变化，另一些行业则会诞生新的商业机会。我们已经看到一些企业从深度参与全球事务，合作开展基础设施和教育项目以及解决资源与技术问题而制定的政策中获益。

政府针对科技发展趋势所采取的应对措施决定着房地产门户网站和消费金融等新兴市场的商业机会。政府制定的电子商务和数据交换法规以及政府与私人企业共享公共数据的意愿促进了新兴市场的发展。以房地产行业为例，利用地理空间数据、通勤交通流量数据和基础设施数据可优化房地产公司的项目选址。门户网站将房屋可用情况、房价和近期交易的实时信息与税务及其他相关非金融信息聚合在一起，有助于有效匹配买方和卖方。Zillow 网站正在取代传统的房地产中介机构。这些网站可以让用户根据自定义的偏好参数搜寻房产，然后自动生成房产估值报告。另一个有趣的例子是消费金融。新出现的许多参与者利用公开数据帮助消费者更好地管理越来越复杂，种类越来越多的金融产品。美国 Wallay 公司获得风投资金，根据不同类型的购买需求向用户推荐不同的信用卡，以实现回报最大化。BillGuard 公司将所有用户的信用卡交易数据收集到一起，以挑选出用户不喜欢甚至具有欺诈性的交易和付款。

智慧城市技术（智慧能源、智能供水、智能交通、智能建筑和智慧政府）的全球市场规模有望从 2014 年的 90 亿美元增长到 2023 年的 275 亿美元。许多相关企业已经开始与旧金山、巴塞罗那和阿姆斯特丹等具有开创精神的城市合作。全球智慧城市技术市场的增长还带动了视频监控等相关行业的发展。

政府与企业合作提供公共服务的探索为企业带来了又一个商机。这种合作方式可以覆盖不同的国家和行业。在世界最缺水的地区（非洲的某些地方和拉丁美洲），可口可乐公司与世界野生动物基金会和联合国开发计划署等国际机构合作，改善当地的用水和卫生状况，保护水域，提供生产用水，同时帮助提供当地居民的用水意识。美国的私营企业正在迈阿密的港口隧道、华盛顿的有轨电车以及亚特兰大的多式联运枢纽等重大基础设施项目中发挥力量。在印度国家技能发展公司的赞助下，一项旨在到 2022 年培训 5 亿工人的计划正在成形。在这个公司合作的项目中，私人部门持有 51% 的股份，股东包括来自建筑、航空、铁路和生命科学等众多行业的公司代表。

丹麦的企业为我们提供了一个资源政策改革创造商业机会的经典案例。随着丹麦的能源消耗从石油向可再生能源的成功转型，政府的要求和明确的政策目标使得丹麦的企业较早涉足这一领域，从而成为了可再生能源的全球领导者。风力涡轮机制造商维斯塔斯（Vestas）在丹麦国内市场经验的基础上启动全球扩张，最初的目标是美国等重要市场，随后延伸至欧洲和亚洲市场。在过去 10 年里，这些地方的可再生能源市场一直在增长。21 世纪第一个 10 年，Vestas 的年均收入增长率超过 20%。如今，该公司的全球营业收入已经超过 60 亿美元。其他受益于丹麦政府能源计划的国内公司还有全球最大的泵类产品制造商格兰富（Grundos）和节能组件生产商丹佛斯（Danfoss）。

在趋势突破的时代，政府和政策制定者面对的不确定性和压力与企业和高管面临的压力同样巨大而有意义。公共领导力的评判依据将越来越取决于政府为了应对未来挑战而整合资源和构建共识的能力。至于什么是"合适"的政府规模和政府结构，我们很难给出一个具体方案。这得由每个国家自己做出决定。但如果不考虑扩张型政府还是收缩型政府，发达国家政府还是发展中国家政府，有财政盈余的政府还是存在财政赤字的政府等具体情况，竭力采取迅速而灵活的应对措施是十分必要的。这样的政府不会受到某些潜在的破坏性趋势的冲击。更重要的是，这样做可以让公共部门充分利用摆在他们面前的巨大机会。取得成功的必要条件就是聪明地制定激励措施、监管法规和提供数据信息服务。

世界，不只是几页幻灯片

结　语

现在，做些什么呢？

如果你用毕生时间获得的直觉都是错误的，或者是有严重问题的，你应该如何着手管理你的投资，你的职业生涯和你的企业？

在前面的章节中，我们列出了一些例子来说明21世纪的商业和经济环境将会发生转型。一本关于节食、营养、锻炼、投资或重塑的实用手册说到最后往往不过是（甚至一定是）10条保证你在数周内成功改变人生的任务清单。只需按照清单做上一遍，你就成功了。现在，读者可能已经猜到了，本书不属于此类。我们表述的转型更加复杂且强大，也不是轻而易举就能将其瓦解。趋势突破的时代瞬息万变，充满机会和风险，我们无法简单总结出一份让全球企业高管明白、可视化和可执行的清单。尽管我们尽了最大努力,但我们在每天的工作中看到的世界仍然不可能被简化为几个要点或几页幻灯片。

本书论述的任何一种重要的颠覆性力量及带来的趋势突破,对于各类组织(无论公司、政府或非营利组织)和组织领导人而言都有重大启示。总之,这些启示的影响是极其深远的。未来10年,谁是世界经济的主导者:哪些国家?哪些公司?哪些个人?

全球经济面临着历史、科技、经济、政治和社会等一系列拐点。有些时候,我们正在经历的转型不亚于一场工业革命。相比我们目前面临的巨变,工业革命都显得苍白无力。这种转型的速度和规模都是前所未有的,城市化与消费、科技与竞争、老龄化与劳动力等方面互相联系、盘根错节,并且在它们之间还有互相放大的效应。这些变革难以预测,影响力也更加强大。它们不仅挑战着我们的素质和技能,还挑战着我们的想象力。今天的管理任务更加艰巨的原因之一是,我们亲眼目睹的变革带来的次级影响和三级影响具有超乎想象的潜能。

我们来看一个例子。包括谷歌在内的几家公司都在研发自动驾驶汽车。这些车辆配备了无线通信技术,理论上就能实现自主导航,同时还能避免碰撞事故。如果自动驾驶汽车成为标准技术,很可能会令交通事故和交通事故的死亡率大幅下降。这一人人乐见的成果也会对其他产业和行业造成一系列影响,比如专职驾驶员的需求将会减少,应急响应人员的数量将会下降,健康保险公司的盈利也会提升。我们或许还将看到人们对人造肾脏的需求量越来越大,越来越紧迫。这是为什么呢?尽管在驾照上勾选同意"器官捐献"的人数越来越多,但无人驾驶技术使交通事故的死亡率大幅下降,而交通死亡事故则是移植肾脏的主要来源。如果无人驾驶汽车确实能够实现广告中宣传的功能,那么这一个拯救生命的机制就会受到间接冲击。

有多少人能够将无人驾驶汽车技术与对人工肾脏需求造成的四级影

响联系起来，然后制定远景规划呢？这个例子看起来有些牵强，但这就是世界的发展趋势。这就像往一口平静的池塘里投掷一块石头，某个领域的技术突破或创新造成的影响将会不断向外扩散。

旧有的确定性不复存在，成熟的经济关系分崩瓦解；波动性越来越强，快速决策的能力成为压倒一切能力的必备素质；挑战从四面八方蜂拥而来，这些或许会让读者产生一种深深的危机意识和困惑感。管理者声称对付不确定性成了首要任务，且任何一种解决方法似乎都需要付出过高的成本和过长的时间。不确定性还会让人或组织失去行动力。尤其对于拥有市场地位的企业而言，更是如此。市场地位越牢固的公司，付出的代价越惨重。

但是，趋势突破时代也是一个十分乐观的时代，这种乐观不仅来自横扫一切阻碍的新贵公司。即便在这个复杂而充满挑战的时代，有些趋势也是十分明确的。我们的社会越来越富裕，国与国之间越来越不平等。我们的寿命更长，生活质量更高。"毫无疑问，大环境已经发生了改变。我认为这种改变还将继续下去，"诺华制药公司首席执行官丹尼尔·魏思乐（Daniel Vasella）说道，"新兴经济体的人们寿命更长了，人口在增长和富裕程度在上升，这些现象中孕育着风险和机遇。"作为消费者，我们今天能够享受到越来越多的产品和服务。随着时间流逝，大多数人不以为然的电灯、疫苗、摆脱饥饿、自由通信等现代生活中的奇迹还正在覆盖越来越多的人群。在未来数年里，新兴经济体还将有数亿人口在全球财富民主化的进程中摆脱贫困，跻身中产阶级。科技将为数百万人带来商机，引发了新一轮的创业浪潮，把社会根基从教育转向健康。此外，这些领域的进步为管理者提供了一套站在打破新趋势的潮头的方法，迫使他们去开拓新途径，驾驭更加复杂的组织。"世界从来就是错综复杂和充满波动性的，"福特公司前 CEO 艾伦·穆拉利（Alan Mulally）在 2013 年说道，"现在，我们拥有了认识它、理解它和应对它的各种方法。"

当然，问题在于如何在趋势的浪潮中如鱼得水，又不被激起的浪头吞噬。在前面 10 个章节中，我们列举了在这个新兴世界中实现成功的各种战术、战略和心态。有些案例说起来容易，做起来难，尤其是涉及重置我们的直觉的时候。直觉是生活经验和知识的产物。直觉也是我们历经苦难付出大量时间后，我们对世界的理解。直觉还是在数十年经历或职业生涯中建立起来的。不论直觉是显性的，还是隐性的，那些具有高度责任感的成功人士对他们的直觉都是非常信任的。让一个经验丰富的领导者在短时间内重置其对各种事物的直觉，这无异于让一名信使拿一匹陪伴他多年的骏马交换一种未经测试的新交通工具（汽车）。这么做违反了信使的直觉，可能会让他陷入困难，令他产生困惑和被人们疏离。但对于信使、客户乃至整个经济体，甚至马匹而言，这种付出都能带来回报，且回报都是非常丰厚的。

即便如此，转变也并非易事。社会科学家和行为经济学家发现，人类倾向于维持现状，即使有充分证据，人类也不愿意改变想法和做法。1988 年，波士顿大学经济学家威廉·萨缪尔森（William Samuelson）和哈佛大学经济学家理查德·泽克豪瑟（Richard Zeckhauser）关注到一个案例：为了开采蕴藏在某个小镇地下的褐煤，德国政府需要把这个小镇搬迁到其他地方。当局提出了许多新城镇的规划建议，但该镇居民选择了一个"看起来与旧城镇的蜿蜒布局非常相似的方案，这种布局方式被毫无道理地延续了几个世纪"。一个重新规划的小镇，本可以理性地重新布局自己的生活空间，但人们却选择了复制旧有的城镇布局。

还有一个类似现象。有些企业经常对自己制定和执行远景规划的能力感到自豪，但当他们需要拿出真金白银支持某项战略时，他们就会陷入一种令人吃惊的惯性之中。

麦肯锡公司发现，1990 ~ 2005 年，美国公司几乎总是根据过往经验，而不是未来机会配置资源。实际上，三分之一的公司都没有改变原有的资源配置模式。即便在 2009 年全球经济衰退期间，这种被动的行为方式也没有发生改变。

如果领导者想重置他们对于组织的直觉,那么他们应该做些什么呢?

一个最基本的认识是,为了推动必要的变革,领导者首先必须培养自己重置直觉的能力。麦肯锡公司通过研究和客户调查表明,在企业经历的所有转型努力中,50%以失败告终。原因有二:要么是高层领导者无法推动变革的榜样,要么是领导者怀有拒绝改变现状的内生倾向。在应对不断变化的局势时,许多领导者都会关注技术解决方案。他们侧重于改变政策、流程或组织架构。这样做虽然是必要的,但还远远不够。假如海平面上升 1 米,传统思维倾向于把现有的防波堤加高 1 米或用支柱加高海滨地区的建筑,而不是从根本上反思建筑滨海房屋、房产保险和房屋保护的逻辑。

首先,领导者要学会自我觉察。领导者要想有效应对变革,了解自身的倾向和偏见,对推进决策过程的因素有所认识是十分必要的。此外,领导者还必须投入时间与精力改变解决问题的心态和行为。

其次,在组织中营造好奇心和学习氛围。在一个快速变革的时代,停滞不前为企业带来巨大伤害的例子不胜枚举。正像管理学大师汤姆·彼得斯(Tom Peters)指出的那样,成功的领导者必须习惯"做一名学生,就好像我们从未担任过领导职位一样。"了解、监控和驾驭大量不断变化的趋势会给你带来巨大回报。在麦肯锡公司,全球研究院扮演着内部智库和研究机构的角色,职责是深入研究大趋势,生成有价值的分析和观点。只需要每天花一些时间跟踪不断变化的外部环境(并鼓励其他组织也这么做),我们就会得到截然不同的结果——要么驾驭趋势,要么被趋势吞噬。比尔·盖茨掌管微软公司期间,他经常到一间偏僻的湖边小屋独处一两周,思考大量问题。全球最具实力的资产管理公司之一黑石集团 CEO 拉里·芬克(Larry Fink)表示他现在每天仍然坚持学习,就像初创投资事业时一样。芬克说:"我经营这家公司差不多有 25 年了。现在我们每天还会用一个小时研究世界各地和各个市场。在我看来,如果你不学习,不把自己当成学生,你就很可能落后于他人。"

再次，在自己周围聚集一批合适的人，他们可以充当整个组织的"思维重置催化剂"。大型组织和群体不要只是欣然回应来自高层的命令或指示。21 世纪的企业不会像 19 世纪的军事组织一样行事。人们倾向于回应同伴、竞争对手以及同事的行为和想法。我们更加喜欢根据亲眼所见，而不是他人告诉我们的信息反思那些可能实现或希望实现的事情。许多年以来，人们一直认为在 4 分钟内跑完 1 英里是一件不可能实现的事情。但这主要是因为没有人做这件事情。没有一条物理定律规定，人们在 4 分钟内无法移动 1 英里。1954 年，罗杰·班尼斯特（Roger Bannister）在牛津的一次比赛中，打破了"4 分钟魔咒"，数十年以来形成的固有观点瞬间被颠覆。班尼斯特成为历史上第一位 4 分钟内跑完 1 英里的选手，但他并不是最后一位。1957 年，又有 16 名选手打破这一纪录。通过证明这件事情的可能性，班尼斯特成了赛跑领域的"催化剂"，很快就重置了人们对长跑运动员极限的集体直觉。我们在登山高度、计算机处理速度和汽车的燃油效率等方面也发现了不少类似例子。大型企业的直觉重置有时候看起来也像不太可能完成的任务，但有时候只需要某个人接纳一个新观点，或者积极地摒弃旧有思维方式就能实现。

又次，灵活性是在趋势突破时代繁荣发展的又一重要的属性。在职业体坛，过去依靠蛮力和速度取胜的训练方案渐渐纳入了旨在提高运动员灵活性和平衡感的瑜伽、拉伸和其他运动内容。为什么呢？对于 300 磅的橄榄球边卫、200 磅的网球选手或 100 磅的体操运动员而言，如果他们的灵活性越好，在比赛对抗过程中就越能避免受伤和更加有效地做出反应。这一点同样适用于企业。随着外部环境的变化，那些具有灵活适应能力的公司就能抓住新机遇。他们之所以能够这么做，是因为这些公司的领导者非常重视培养灵活性，而不是以应对"未知的未知物"成本太高或过于困难为由而置之不理。遗憾的是，除了培养灵活性之外，另一种选择就是对所有人都没有好处的"等等看"思维。21 世纪，培养灵活性并不一定需要在前期投入大笔资金。一个辅助的销售办事处（而

管理学大师汤姆·彼得斯说:
"做一名学生,就好像我们从未担任过领导职位一样。"

不是新的总部)、一间临时商铺(而不是大卖场)、一辆流动餐车(而不是大型餐厅),甚至最基本的"精益"持续改进技能都是企业快速应对破坏性事件的方式,这也是在稳定环境中提供持续改进所做的尝试。灵活性绝不是一种防御手段,成功的企业已经将技术弹性、订单生产能力以及动态劳动力安排视为建立组织灵活性的方法。

最后,也是最重要的一点,所有领导者都必须学会抵制一种诱惑,即过于关注未来的风险而不是机遇。 环顾当今世界,我们有足够理由感到悲观,特别是当我们谈及地缘政治的时候。2008年金融危机或年轻人的高失业率让我们的心灵满是伤痕。近年来,即便悲观主义者也获得了应得的回报。必须指出的是,许多指标的长期趋势都是向上和向好的。1930年,随着"大萧条"的影响力扩散至全球,英国著名的经济学家凯恩斯大胆预测,100年后,发达国家的生活水平将比当时提高4~8倍。尽管在过去100年里,人类经历了"大萧条"、两次世界大战以及冷战,他的这一乐观预期还是变成了如今的现实。

我们相信,即便在趋势突破时代,乐观主义者依然会赢得胜利。正是由于这些强大的趋势力量,我们生活的这个世界,在下一个10年甚至更远的未来将会变得更好。**塑造未来世界的人一定是那些非常了解我们正在见证的变革的程度和持久性,并愿意重置直觉的人,他们也必将获得丰厚回报。**

致　谢

　　麦肯锡公司为我们提供了沟通思想、制订方案以及与全球各地的客户和同事一起成长的机会，这是加入麦肯锡最令人庆幸的事情之一。我们在本书中论述的经验和趋势并不是抽象或学术的概念。这是身处各个市场、各个行业以及全球各国的我们每天都要面对的问题。我们很幸运成为这家公司的一员。麦肯锡公司承诺向内部研究机构麦肯锡全球研究院提供资助，以便我们了解世界的运行规律和演变规律。

　　麦肯锡公司领导团队从一开始就在背后默默地支持我们的研究。我们要特别感谢公司现任及前任总经理多米尼克·巴顿（Dominic Barton）和伊恩·戴维斯（Ian Davis），还要感谢MGI总裁埃里克·拉巴耶（Eric

Labaye）以及 MGI 理事会理事雅克·卜黑（Jacques Bughin）、图斯·达鲁瓦拉（Toos Daruvala）、海因茨-彼得·埃尔斯特罗特、阿查·列克（Acha Leke）、斯科特·尼奎斯特（Scott Nyquist）和谢瑞什·桑科（Shirish Sankhe），还有戈登·奥尔（Gordon Orr）、彼得·查尔德（Peter Child）和马丁·赫特（Martin Hirt）等公司其他领导。

构成本书内容框架的大量基础研究都是在 MGI 的赞助下完成的。我们对 MGI 负责人和高级研究员的帮助深表谢意。他们是：迈克尔·崔（Michael Chui）、苏珊·伦德（Susan Lund）、亚纳·雷米斯（Jaana Remes）、安努·马德加伏卡（Anu Madgavkar）、简·米施克（Jan Mischke）、成政珉（Jeongmin Seong）、弗雷泽·汤普森（Fraser Thompson）和斯里·拉玛斯瓦米（Sree Ramaswamy）。

几位 MGI 的外部顾问和校友审阅了本书材料并提供了宝贵的指导建议。他们是：马丁·贝利（Martin Baily）、理查德·库伯（Richard Cooper）、霍华德·戴维斯（Howard Davies）和查尔斯·罗克斯伯勒（Charles Roxburgh）。

有关轶事、指标、指导意见和真实性检查等事务，我们按照行业和任务性质向我们的同事求助。几位同事对本书做出了巨大的贡献，我们要对"战略与企业融资实践"部门的帕特里克·维格里（Patrick Viguerie）、伊丽莎白·斯蒂芬森（Elizabeth Stephenson）、尤瓦尔·阿茨蒙（Yuval Atsmon）以及商业技术办公室的保罗·威尔莫特（Paul Wilmott）致以谢意，感谢他们在本书成书过程中所做的贡献。

从收集观察数据和想法到编辑成书的过程中，我们对手稿进行了几次修改和严格的内部编辑和审查。斯里·拉玛斯瓦米和珍妮特·布什（Janet Bush）与安德里亚·泽特纳（Andrea Zitna）领导的麦肯锡顾问团队密切合作，这其中还包括大卫·加西卡（David Gasca）、勒南·安德雷德（Renan Andrade）、内森·卡普兰（Nathan Kaplan）和温霍·古（Wonhoe Koo），感谢你们。

麦肯锡出版社的同时负责将经济学和行业研究的原始材料提炼成易于理解的高质量素材。瑞克·柯克兰（Rik Krkland）负责该项目从概念到成为现实的过程的领导工作，并帮助我们与纽约的出版界展开谈判。《麦肯锡季刊》团队令我们对本书中的某些争论感到自豪。我们要特别感谢艾伦·韦伯（Allen Webb）、弗兰克·科姆（Frank Comes）和迈克·伯瑞索（Mike Borruso）。同时还要感谢 MGI 的编辑与公关团队，他们提供的支持和建议让更多读者了解了我们的研究，他们是：珍妮特·布什、杰夫·路易斯（Geoff Lewis）、朱莉·菲尔波特、瑞贝卡·罗博伊（Rebeca Robboy）和蒂姆·比科姆（Tim Beacom）。

几位重要的编辑专家对本书手稿和证据进行了文字润色。特别感谢丹尼尔·格罗斯（Daniel Gross），他的优雅语言功底和一流的编辑直觉为本书最终付梓做出了重要贡献。莎莉·萨蓬（Sari Sapon）为书中的证据赋予了生命。玛丽·莫里斯（Marie Morris）对手稿进行了再编辑。

公共事务出版社（Public Affairs）的标准和理想与我们十分吻合。该出版社的创始人彼得·奥斯诺斯（Peter Osnos）和出版商克莱夫·普里德尔（Clive Priddle）看到了本书的出版价值。约翰·马哈尼（John Mahaney）就本书内容提供了早期建议，并对本书进行了专业编辑。TK 对本书手稿进行了再编辑，TK 设计公司尽其所能让本书具有了良好的视觉吸引力。如有必要，可了解更多 TK 的信息。

[1] Atsmon, Yuval, Peter Child, Richard Dobbs, and Laxman Narasimhan, "Winning the $30 Trillion Decathlon: Going for Gold in Emerging Markets", *Mc-Kinsey Quarterly,* August 2012.

[2] Atsmon, Yuval, and Max Magni, "Meet the Chinese Consumer of 2020", *Mc-Kinsey Quarterly,* March 2012.

[3] Banfi, Francesco, Paul-Louis Caylar, Ewan Duncan, and Ken Kajii, *E-journey: Digital Marketing and the "Path to Purchase"*, McKinsey & Company, January 2013.

[4] Barton, Dominic, Andrew Grant, and Michelle Horn, "Leading in the 21st Century", *McKinsey Quarterly,* June 2012.

[5] Barton, Dominic, and Mark Wiseman, "Focusing Capital on the Long Term", *Harvard Business Review,* January–February 2014.

[6] Bouton, Shannon, David Cis, Lenny Mendonca, Herbert Pohl, Jaana Remes, Henry Ritchie, and Jonathan Woetzel, *How to Make a City Great,* McKinsey &Company, September 2013.

[7] Bouvard, Francis, Robert Carsouw, Eric Labaye, Alastair Levy, Lenny Mendonca, Jaana Remes, Charles Roxburgh, and Samantha Test, *Better for Less: Improving Public Sector Performance on a Tight Budget,* McKinsey & Company, July 2011.

[8] Brynjolffson, Eric, and Andrew McAfee, *The Second Machine Age: Work, Progress, and Prosperity in a Time of Brillliant Technologies,* New York: W. W. Norton, 2014.

[9] Bughin, Jacques, Michael Chui, and James Manyika, "Ten IT-enabled businesstrends for the decade ahead", *McKinsey on Business Technology 33, spring*

2014.Bughin, Jacques, and James Manyika, "Measuring the Full Impact of Digital Capital", *McKinsey Quarterly,* July 2013.

[10] Chatterjee, Ishan, Jöm Küpper, Christian Mariager, Patrick Moore, and Steve Reis, *The Decade Ahead: Trends That Will Shape the Consumer Goods Industry,*McKinsey & Company, December 2010.

[11] Chomik, Rafal, and Edward R. Whitehouse, *Trends in Pension Eligibility Ages and Life Expectancy, 1950–2050,* OECD Social, Employment and Migration Working Papers No. 105, 2010.

[12] Chui, Michael, James Manyika, Jacques Bughin, Richard Dobbs, Charles Roxburgh,Hugo Sarrazin, Geoffrey Sands, and Magdalena Westergren, *The Social Economy: Unlocking Productivity and Value through Social Technologies,* McKinsey Global Institute, July 2012.

[13] Clements, Benedict, Victoria Perry, and Juan Toro, *From Stimulus to Consolidation:Revenue and Expenditure Policies in Advanced and Emerging Economies*, IMF,Departmental Paper No. 10/3, October 6, 2010, www.imf.org/external/pubs/ft/dp/2010/dp1003.pdf.

[14] Cummings, Jonathan, James Manyika, Lenny Mendonca, Ezra Greenberg, Steven Aronowitz, Rohit Chopra, Katy Elkin, Sreenivas Ramaswamy, Jimmy Soni, and Allison Watson, *Growth and Competitiveness in the United States: The Role of Its Multinational Companies,* McKinsey Global Institute, June 2010.

[15] Dobbs, Richard, Susan Lund, Charles Roxburgh, James Manyika, Alex Kim,Andreas Schreiner, Riccardo Boin, Rohit Chopra, Sebastian Jauch, Hyun Kim, Megan McDonald, and John Piotrowski, *Farewell to Cheap Capital? The Implications of Long-term Shifts in Global Investment and Saving,* McKinsey Global Institute, December 2010.

[16] Dobbs, Richard, Anu Madgavakar, Dominic Barton, Eric Labaye, James Manyika,Charles Roxburgh, Susan Lund, and Siddarth Madhav, *The World at Work: Jobs,Pay, and Skills for 3.5 Billion People,* McKinsey Global Institute, June 2012.

[17] Dobbs, Richard, Jeremy Oppenheim, Adam Kendall, Fraser Thompson, Martin Bratt, and Fransje van der Marel, *Reverse the Curse: Maximizing the Potential of Resource-driven Economies,* McKinsey Global Institute, December 2013.

[18] Dobbs, Richard, Jeremy Oppenheim, Fraser Thompson, Marcel Brinkman, and Marc Zornes, *Resource Revolution: Meeting the World's Energy, Materials, Food,and Water Needs,* McKinsey Global Institute, November 2011.

[19] Dobbs, Richard, Herbert Pohl, Diaan-Yi Lin, Jan Mischke, Nicklas Garemo,Jimmy Hexter, Stefan Matzinger, Robert Palter, and Rushad Nanavatty, *Infrastructure Productivity: How to Save $1 Trillion a Year,* McKinsey Global

Institute,January 2013.

[20] Dobbs, Richard, Jaana Remes, James Manyika, Charles Roxburgh, Sven Smit, and Fabian Schaer, *Urban World: Cities and the Rise of the Consuming Class,* McKinsey Global Institute, June 2012.

[21] Dobbs, Richard, Jaana Remes, Sven Smit, James Manyika, Jonathan Woetzel, and Yaw Agyenm-Boateng, *Urban World: The Shifting Global Business Landscape,* McKinsey Global Institute, October 2013.

[22] Dobbs, Richard, and Shirish Sankhe, *Comparing Urbanization in China and India,* McKinsey & Company, July 2010.

[23] Dobbs, Richard, Sven Smit, Jaana Remes, James Manyika, Charles Roxburgh, and Alejandra Restrepo, *Urban World: Mapping the Economic Power of Cities,*McKinsey Global Institute, March 2011.

[24] Doheny, Mike, Venu Nagali, and Florian Weig, *Agile Manufacturing for a volatile world case studies,* McKinsey & Company, 2012.

[25] Elstrodt, Heinz-Peter, James Manyika, Jaana Remes, Patricia Ellen, and César Martins, *Connecting Brazil to the World: A Path to Inclusive Growth,* McKinsey Global Institute, May 2014.

[26] European Commission, *The 2012 Ageing Report: Economic and Budgetary Projections for the 27 EU Member States* (2010–2060), European Commission, February 2012.

[27] Garemo, Nicklas, Jan Mischke, and Jonathan Woetzel, "A Dose of Innovation to Ease Infrastructure Strains?", *McKinsey Quarterly,* September 2014.

[28] George, Katy, Sree Ramaswamy, and Lou Rassey,"Next-shoring: A CEO's Guide", *McKinsey & Company,* January 2014.

[29] Greenstone, Michael, and Adam Looney, *A Strategy for America's Energy Future:Illuminating Energy's Full Costs,* The Hamilton Project, Brookings Institution,May 2011.

[30] Gupta, Rajat, Shirish Sankhe, Richard Dobbs, Jonathan Woetzel, Anu Madgavkar, and Ashwin Hasyagar, *From Poverty to Empowerment: India's Imperative for Jobs, Growth, and Effective Basic Services,* McKinsey Global Institute,February 2014.

[31] Hattingh, Damian, Bill Russo, Ade Sun-Basorun, and Arend Van Wamelen, *The Rise of the African Consumer,* McKinsey & Company, October 2012.

[32] Heck, Stefan, and Matt Rogers, *Resource Revolution: How to Capture the Biggest Business Opportunity in a Century* ,New York: New Harvest, 2014.

[33] Hirt, Martin, and Paul Willmott, "Strategic Principles for Competing in the Digital Age", *McKinsey Quarterly,* May 2014.

[34] Li, Guangyu, and Jonathan Woetzel, "What China's Five-year Plan Means

for Business", *McKinsey Quarterly,* July 2011.

[35] Lund, Susan, Toos Daruvala, Richard Dobbs, Philipp Häle, Ju-Hon Kwek, and Ricardo Falcón, *Financial Globalization: Retreat or reset*,McKinsey Global Institute, March 2013.

[36] Ma, Guonan, and Wang Yi, *China's High Saving Rate: Myth and Reality,* Bank for International Settlements, Working Papers No. 312, June 2010.

[37] Manyika, James, Jacques Bughin, Susan Lund, Olivia Nottebohm, David Poulter, Sebastian Jauch, and Sree Ramaswamy, *Global Flows in a Digital Age: How Trade, Finance, People, and Data Connect the World Economy,* McKinsey Global Institute, April 2014.

[38] Manyika, James, Armando Cabral, Lohini Moodley, Safroadu Yeboah-Amankwah, Suraj Moraje, Michael Chui, Jerry Anthonyrajah, and Ache Leke, *Lions Go Digital: The Internet's Transformative Potential in Africa,* McKinsey Global Institute, November 2013.

[39] Manyika, James, Michael Chui, Brad Brown, Jacques Bughin, Richard Dobbs, Charles Roxburgh, and Angela Hung Byers, *Big Data: The Next Frontier for Innovation, Competition, and Productivity,* McKinsey Global Institute, May 2011.

[40] Manyika, James, Michael Chui, Jacques Bughin, Richard Dobbs, Peter Bisson, and Alex Marrs, *Disruptive Technologies: Advances That Will Transform Life, Business, and the Global Economy,* McKinsey Global Institute, May 2013.

[41] Manyika, James, Michael Chui, Diana Farrell, Steve Van Kuiken, Peter Groves, and Elizabeth Almasi Doshi, *Open Data: Unlocking Innovation and Performance with Liquid Information,* McKinsey Global Institute, McKinsey Center for Government, and McKinsey Business Technology Office, October 2013.

[42] Manyika, James, David Hunt, Scott Nyquist, Jaana Remes, Vikram Malhotra,Lenny Mendonca, Byron Auguste, and Samantha Test, *Growth and Renewal in the United States: Retooling America's Economic Engine,* McKinsey Global Institute,February 2011.

[43] Manyika, James, Jaana Remes, Jonathan Woetzel. "A productivity Perspective on the Future of Growth", *McKinsey Quarterly,* September 2014.

[44] Manyika, James, Jeff Sinclair, Richard Dobbs, Gernot Strube, Louis Rassey, Jan Mischke, Jaana Remes, Charles Roxburgh, Katy George, David O' Halloran, and Sreenivas Ramaswamy, *Manufacturing the Future:The Next Era of Global Growth and Innovation,* McKinsey Global Institute, November 2012.

[45] Nguyen, Hanh, Martin Stuchtey, and Markus Zils, "Remaking the industrial Economy", *McKinsey Quarterly,* February 2014.

[46] Pélissié du Rausas, Matthieu, James Manyika, Eric Hazan, Jacques

Bughin, Michael Chui, and Rémi Said, *Internet Matters: The Net's Sweeping Impact on Growth, Jobs, and Prosperity,* McKinsey Global Institute, May 2011.

[47] Reinhart, Carmen M., Kenneth S. Rogoff , *Financial and Sovereign Debt Crises:Some Lessons Learned and Those Forgotten,* IMF Working Paper No. 13/266, December 2013.

[48] *This Time Is Different: Eight Centuries of Financial Folly* ,Princeton, NJ: Princeton University Press, 2011.

[49] Sankhe, Shirish, Ireena Vittal, Richard Dobbs, Ajit Mohan, Ankur Gulati, Jonathan Ablett, Shishir Gupta, Alex Kim, Sudipto Paul, Aditya Sanghvi, and Gurpreet Sethy, *India's Urban Awakening: Building Inclusive Cities, Sustaining Economic Growth,* McKinsey Global Institute, April 2010.

[50] Spence, Michael, *The Next Convergence: The Future of Economic Growth in a Multispeed World* ,New York: Farrar, Straus & Giroux, 2011.

[51] Stock, James H., and Mark W. Watson, *Has the Business Cycle Changed and Why?,* National Bureau of Economic Research Working Paper No. 9127, August 2002, www.nber.org/papers/w9127.

[52] Towson, Jeffrey, and Jonathan Woetzel, "All You Need to Know about Business in China" , *McKinsey Quarterly,* April 2014.

[53] United Nations, *World Population Prospects:* The 2012 Revision, UN Department of Economic and Social Aff airs, Population Division, June 2013, http://esa.un.org/wpp.

[54] Winter, Jay, and Michael Teitelbaum, *The Global Spread of Fertility Decline: Population, Fear, and Uncertainty* ,New Haven, CT: Yale University Press,2013.

[55] Woetzel, Jonathan, Gordon Orr, Alan Lau, Yougang Chen, Elsie Chang, Jeongmin Seong, Michael Chui, Autumn Qiu, *China's Digital Transformation:The Internet's Impact on Productivity and Growth,* McKinsey Global Institute, July2014.

[56] World Bank and African Development Bank, *eTransform Africa: The Transformational Use of Information and Communication Technologies in Africa,* World Bank and African Development Bank, December 2012.

中资海派出品
为精英阅读而努力

一部颠覆了东西方经济发展观的警醒之作

**奇迹式的增长之后，
"新常态"下的经济路向何方？**

持续35年年均9.8%的高速增长后，下一步如何借鉴西方，调整经济政策，降低通货膨胀，缩小贫富差距，合理分配收入？

创造了经济奇迹的中国，怎样避免欧美的覆辙，确保经济增长不再以破坏环、境为代价，让民众享受优质的空气、食品与饮用水？

保持经济繁荣的同时，如何切实有效地进行配套改革，营造机会公平的社会环境，增加就业机会，完善社会保障制度，让老百姓活得更体面和有尊严？

［美］查尔斯·肯尼 ◎著
谭 浩 ◎译
定价：42.00元

著名财经评论家　　时寒冰
著名经济学家、中央财经大学教授　　王福重
经济学者、中央电视台特约评论员　　张　捷
倾力推荐

世界银行高级经济学家/全球发展中心
高级研究员 查尔斯·肯尼
最新力作

**探究西方经济增长的本质
挖掘中国后发优势的潜力**

中资海派出品
为精英阅读而努力

[美] 乔治·马格努斯 ◎著
刘寅龙 ◎译
定价：38.00 元

2022，中国能否位居世界第一？
全球经济重新洗牌，未来方舟由谁掌舵

◆ 欧洲历史上的繁荣是抢来的吗？今日的欧债危机是否事出有因？

◆ 新兴市场国家的世纪是否已经到来？"中国模式"神话还会继续吗？

◆ 经济失衡，中国是否会重蹈日本的覆辙？气候变化，中国如何应对灾难引爆点？技术创新，中国到底缺哪环？

余永定　世界经济学会会长
尼艾尔·弗格森　《货币崛起》作者 哈佛大学历史学教授
吉莲·邰蒂　《金融时报》美国版执行主编
倾力推荐

[美] 丹比萨·莫约 ◎著
刘寅龙　王祖宁 ◎译
定价：38.00 元

未来 20 年资源大博弈，中国在行动
拨开谣言迷雾，全面剖析中国式资源战略

◆ 资源大博弈中中国遥遥领先，凭借的仅仅是财大气粗吗？资金优势背后还有何其他因素？

◆ 春风得意的中国能否最终掌握资源市场定价权？它的行动又将对全球产生怎样的影响？

亚马逊商业投资类超级畅销书
《纽约时报》《金融时报》《卫报》彭博新闻社等
倾力推荐
世界银行与高盛集团高级经济顾问影响世界 100 人之一 丹比萨·莫约 最新力作

中资海派出品
为精英阅读而努力

无法回避的大国冲突及对地理宿命的抗争

亨利·基辛格　美国前国务卿
托马斯·弗里德曼　《纽约时报》专栏作家
邱震海　凤凰卫视资深评论员
曹景行　资深媒体人、时事评论员
马鼎盛　香港著名军事评论员
宋忠平　资深军事评论员
何帆　中国社科院世界经济与政治研究所副所长
马凯硕　新加坡前外交部长及常驻联合国代表
王缉思　北京大学国际关系学院院长
林利民　《现代国际关系》期刊主编
倾力推荐

[美] 罗伯特·D.卡普兰 ◎著
涵朴 ◎译
定价：49.80元

只需倾听，就能把任何人变成终生的挚友和忠心的客户

◆ 如何绕开客户的潜意识抗拒，从"成交"到"至交"？
◆ 会议中有人反应过激，如何让他快速恢复理智？
◆ 弱势的表达者要想赢得更多听众，应该怎么做？
◆ 怎样与冷战中的另一半重归于好，或让顽皮的孩子乖乖听话？

沃伦·本尼斯　当代领导理论大师
弗朗西斯·赫塞尔本　德鲁克基金会 CEO
马歇尔·古德史密斯　《管理中的魔鬼细节》作者
倾力推荐

[美] 马克·郭士顿 ◎著
苏西 ◎译
定价：38.00元

中资海派出品
为精英阅读而努力

[美] 马克·郭士顿 ◎著
陈书 ◎译
定价：39.80元

以真诚的社交互动激发
消费者对品牌的持续追捧

宝洁旗下的品牌——秘密，原本已被挤出女性用品市场，却因一则简单的广告销量激增85%，它是如何做到的？

孙路弘　　科特勒营销集团高级顾问
刘杰克　　著名品牌与网络营销专家
谢家华　　美捷步CEO、《三双鞋》作者
约翰·麦基　　Whole Foods公司创始人兼联席CEO
凯西·希恩　　顶级户外奢侈品牌巴塔哥尼亚CEO
罗纳德·沙伊克　帕纳拉面包创始人、董事长兼联席CEO
倾力推荐

[美] 戴维·刘易斯 ◎著
张淼 ◎译
定价：42.00元

每个"惊艳"的营销细节背后
都藏着一个诱惑"上帝"的心理学家

◆ 为什么脑白金、恒源祥的广告语让人不胜其烦却久久难忘？
◆ 从"饭后嚼一粒"到"两粒一起嚼"，益达创造了怎样的消费习惯？
◆ 为什么一提起加多宝，人们首先想到的都是"红罐"？

《金融时报》
IBM公司　全球最大的信息技术和业务解决方案公司
英国保诚集团　全球最大的上市人寿保险公司
鼎力推荐

中资海派出品
为精英阅读而努力

批量复制干将，成为高潜力管理者，实现稳健晋升

无论你是冉冉升起的白领新星，还是久经职场的金领精英，掌握书中关键对话技巧，更加精准有效地"选、育、用、留"得力干将，让你的下一次升职再快一些。

通用电气、可口可乐、宝洁、沃尔玛等
全球《财富》100强企业人力资源总监
精准高效"选、用、育、留"高潜力士必读书目

林永青　价值中国网总裁
唐秋勇　HRoot总经理、《人力资本管理》总编
胡华成　中国人才就业网创始人兼CEO
倾力推荐

[美] 艾伦·S. 伯森　　◎著
理查德·G. 施蒂格利茨
伍文韬　◎译
定价：48.00元

一剂针对"聘错人"顽疾的猛药，从此不再头痛！

◆ 你是否录用了不合适的人，一回到办公室后就要救火？
◆ 你不得不每周工作60小时，只为替C级员工收拾烂摊子？
◆ 你是否常常痛恨为何聘错人还要给他发薪水？

80多位全球杰出商界人士
亲身实证、倾情口述、真诚推荐！

彼得·德鲁克嫡传弟子经典作品

[美] 杰夫·斯玛特　　◎著
兰迪·斯特里特
任月圆　◎译
定价：48.00元

"iHappy 书友会"会员申请表

姓　名（以身份证为准）：_____　　性　别：_____

年　龄：_____　　　　　　　　　　职　业：_____

手机号码：_____　　　　　　　　　E-mail：_____

邮寄地址：_____　　　　　　　　　邮政编码：_____

微信账号：_____（选填）

请严格按上述格式将相关信息发邮件至中资海派"iHappy 书友会"会员服务部。
邮　箱：zzhpHYFW@126.com
微信联系方式：请扫描二维码或查找 zzhpszpublishing 关注"中资海派图书"

优惠订购	订阅人		部门		单位名称	
	地址					
	电话				传真	
	电子邮箱			公司网址		邮编
	订购书目					
	付款方式	邮局汇款	中资海派商务管理（深圳）有限公司 中国深圳银湖路中国脑库 A 栋四楼			邮编：518029
		银行电汇或转账	户　名：中资海派商务管理（深圳）有限公司 开户行：招行深圳科苑支行 账　号：81 5781 4257 1000 1 交通银行卡户名：桂林　　　卡　号：622260 1310006 765820			
	附注	1. 请将订阅单连同汇款单影印件传真或邮寄，以凭办理。 2. 订阅单请用正楷填写清楚，以便以最快方式送达。 3. 咨询热线：0755－25970306 转 158、168　传　真：0755－25970309 转 825 E-mail：szmiss@126.com				

→利用本订购单订购一律享受九折特价优惠。

→团购 30 本以上八五折优惠。